# The Major Operations 燃海的怒火
## 美国独立战争中的海军行动
### of the Navies
#### in the War of American Independence

[美] 阿尔弗雷德·赛耶·马汉 著
周薇薇 陈海霞 译

中央编译出版社
Central Compilation & Translation Press

图书在版编目（CIP）数据

燃海的怒火：美国独立战争中的海军行动 ／（美）阿尔弗雷德•赛耶•马汉著；周薇薇，陈海霞译. --北京：中央编译出版社，2024. 10. -- ISBN 978-7-5117-4636-8

Ⅰ．K712.41；E712.53

中国国家版本馆CIP数据核字第2024KV3568号

**燃海的怒火：美国独立战争中的海军行动**

| 责任编辑 | 苗永姝 |
|---|---|
| 责任印制 | 李　颖 |
| 出版发行 | 中央编译出版社 |
| 网　　址 | www.cctpcm.com |
| 地　　址 | 北京市海淀区北四环西路 69 号（100080） |
| 电　　话 | （010）55627391（总编室）　（010）55625179（编辑室） |
|  | （010）55627320（发行部）　（010）55627377（新技术部） |
| 经　　销 | 全国新华书店 |
| 印　　刷 | 北京文昌阁彩色印刷有限责任公司 |
| 开　　本 | 880 毫米×1230 毫米　1/32 |
| 字　　数 | 196 千字 |
| 印　　张 | 9.125 |
| 版　　次 | 2024 年 10 月第 1 版 |
| 印　　次 | 2024 年 10 月第 1 次印刷 |
| 定　　价 | 79.00 元 |

新浪微博：@中央编译出版社　　微　信：中央编译出版社（ID: cctphome）
淘宝店铺：中央编译出版社直销店（http://shop108367160.taobao.com）
　　　　　（010）55627331

本社常年法律顾问：北京市吴栾赵阎律师事务所律师　闫军　梁勤
凡有印装质量问题，本社负责调换。电话：（010）55627320

复仇号遗迹，1776年本尼迪克特·阿诺德在尚普兰湖上的一艘纵帆船，现在在提康德罗加堡陈列

# 序言

《皇家海军史》是桑普森·洛与马斯顿有限公司出版的系列丛书，共7卷，总主编为已故的威廉·莱尔德·克劳维斯爵士。《燃海的怒火：美国独立战争中的海军行动》是系列丛书中的重要一卷，出版公司已同意单独成书重新出版，作者为此表示衷心的感谢。

一直以来，人们在对军事行动进行讨论或讲述时，都会聚焦于战争中几次重大的战事，本书的不同之处在于，后面的导言中，作者将对美国独立战争的全过程做出经验性总结。以可靠的史实为基，总结出的经验对现在和将来都具借鉴意义，即以史为鉴，以证现在。而历史与当下的本质相似之处就在于无论古今，海军实力皆为成败之本。

然本书已写成15年，重新通读全书，进行细致修订，但需要修改的内容相比预期少之又少。书中省略了各个战斗中出现的诸如舰船名称、指挥官姓名等内容的脚注，这些脚注对于一般性

**燃海的怒火：美国独立战争中的海军行动**

参考文献、大部头的百科全书不可或缺、恰如其分，但对于当下的阅读助益不大。一些保留 W. L. C. 首字母的注释由《皇家海军史》一书的编辑撰写。

阿尔弗雷德·赛耶·马汉<br/>1912 年 12 月

# 目录 CONTENTS

导　言　战火蔓延之势 …………………………………………… 1

第一章　尚普兰湖战役（1775—1776）………………………… 6

第二章　波士顿、查尔斯顿、纽约、纳拉甘塞特湾的海军
　　　　行动及特伦顿战役（1776）………………………… 30

第三章　战争决胜时期：布尔戈恩投降，豪攻占费城
　　　　（1777）………………………………………………… 51

第四章　英法两国开战（1778）………………………… 58
　　　　英军撤离费城，德斯坦（D'Estaing）和豪在纽约、纳拉甘塞

燃海的怒火：美国独立战争中的海军行动

特湾和波士顿展开军事较量，最终豪勋爵大获全胜返回英格兰，德斯坦令美军大失所望

第五章　欧洲海战：韦桑岛战役拉开序幕（1778）············ 83

第六章　西印度群岛的海军行动：英军入侵乔治亚州和
　　　　南卡罗莱纳州（1778—1779）················ 101

第七章　欧洲海域战争（1779）······················ 122
　　　　盟军舰队入侵英吉利海峡，罗德尼摧毁两支西班牙舰队，接管直布罗陀

第八章　罗德尼与德吉尚的西印度群岛之战（1780）········ 134
　　　　德吉尚返回欧洲，罗德尼前往纽约，康沃利斯勋爵驻扎卡罗莱纳州，康沃利斯准将发起两次海军行动，罗德尼重返西印度群岛

第九章　西印度群岛海战（1781）····················· 168
　　　　罗德尼占领圣尤斯特休斯，德格拉斯接替德吉尚，多巴哥向德格拉斯投降

第十章　约克镇沦陷前的海军行动：康沃利斯投降
　　　　（1781）································ 179

第十一章　欧洲海军战况：达比驰援直布罗陀，多格河岸
　　　　　之战打响（1781）······················· 197

第十二章　西印度群岛的最后一次海战（1782年4月
　　　　　12日）……………………………………………… 206
　　胡德与德格拉斯短兵相接，罗德尼与德格拉斯兵戎相见

第十三章　豪勋爵重返战场，直布罗陀终解围（1782） … 243

第十四章　东印度群岛的海军行动：叙弗朗的大业
　　　　　（1778—1783）………………………………… 250

索　引……………………………………………………… 277

# 导　言　战火蔓延之势

托马斯·巴宾顿·麦考莱在文章中对普鲁士国王腓特烈大帝进行评价中写道:"在普鲁士名不见经传的土地上,他的邪恶所带来的灾难人尽皆知。腓特烈大帝曾信誓旦旦保护周边邻国,后来却四处出击肆意掠夺,以此为始,战争蔓延至科罗曼德尔海岸,在那里黑种人被迫拿起武器;而北美五大湖地区也燃起战火,红种人在那里兵戎相见。"[①]

战争如火,会呈蔓延之势;特别是在当今国际争端频发、通讯高度发达的时代,战火的蔓延会比以往任何时候更快。欧洲各

---

[①] 托马斯·巴宾顿·麦考莱的辉格史观是基于英国的宪政历史传统,在政治上主张以法律和议会限制王权,并以此作为评判历史是非功过的价值尺度,因此对对普鲁士国王腓特烈二世的军事扩张持反对观点。国内历史学界一般认为:腓特烈二世的军事扩张确定了普鲁士在中欧的强国地位,形成普奥二元制争霸的局面。其中"黑种人"是指印度德干半岛的科罗曼德尔海岸位于印度东南部,居民有白色人种和黑色人种,多黑色人种。"红种人"是指独立战争时期,北美五大湖地区的印第安部落整合起来组成联盟与英军合作。红种人曾被认为是第五大人种,是对美洲印第安人的一种误称。——译者注

### 燃海的怒火：美国独立战争中的海军行动

国政府联系最为密切、于事态发展最为敏感，尽管各国目的不尽相同，但都对大家共同关注的区域表达深刻忧虑、保持高度警惕；以巴尔干国家与土耳其帝国交恶为例。巴尔干的人民亲眼看见，相同血脉、相同信仰的同胞，在土耳其帝国的暴政压迫下痛苦不堪，施加暴政的政府无法与己融合、无法提供保护。民族传统不同、种族文化不同的人，共同生活在同一个政府的管理之下，其政治管理的难度不能轻视、不容忽视，土耳其帝国欧洲省份的情形，就是一个永恒的教训。土耳其帝国虽已腐朽不堪、日落山上，却依然存在，仅仅是因为其他各国还没有为应对骚乱做好准备，随时而来的骚乱可能如星火燎原，波及远离爆发地的其他国家。

自此观点发表后，巴尔干半岛爆发了真正的战争。各欧洲大国担心欧洲土耳其的动荡对其自身扩张计划产生不利影响，并没有代表与信仰相同却饱受压迫的马其顿基督徒，对事态发展进行有效的干预。在过去的30年里，这片土地的引火之薪愈加干燥，一触即燃。1877年的《柏林条约》对改善管理作出了相关规定，然而现在我们才得知，土耳其于1880年也制定了这样一个类似的计划，只不过被束之高阁。最终，人民忍无可忍揭竿而起，战火自燃。在各类宗教中只有基督教认同对个人福祉的尊重，在国家自治能力的发展过程中，基督教是一个必要因素，只有认识到这一点，才能确保和平的实现，除了自治这条路，不存在其他统治异族的道路。因此，如果继续让基督教徒受制于非基督群体，这种调和无望的状态将持续发酵，终有一天会在不经意间爆发。预防原则是唯一安全的措施。该原则并非是对公开的抗议进行压制，而是要缓和人民的不满。①

美国独立战争也不例外，符合战火蔓延的一般规则。当我们的祖先开始煽动民众反对《印花税法》及其后的相关政策时，他们并未预料到，这样的行动会扩展到东印度和西印度，蔓延至英吉利海峡和直布罗陀，就好似英国政府在制定《印花税法》时点燃了火柴，随后便星火燎原。本尼迪克特·阿诺德（Benedict Arnold）在尚普兰湖上智计百出，以小博大，为殖民地民众争取到了一年的时间，于1777年迫使伯戈因（Burgoyne）投降。阿诺德的行动为战争赢得了更多时间，实现了战略防御的首要目标，这一点对毫无准备的殖民地民众来说至关重要。伯戈因投降被视作战争中的决定性事件，也正是因为这个事件，1778年法国决定介入，而这又促使西班牙于1779年加入战斗。英国与法国和西班牙这两个大国开战后，海上战事连绵不绝，干扰了中立贸易，导致了武装中立同盟的形成；荷兰加入战团，与英国在1780年开战。战争行为的扩大不仅影响到西印度群岛，而且通过荷兰在西印度群岛和东方这两个地区以及好望角的属地，对东方也产生了影响。荷兰卷入全面战争，叙弗朗（Suffren）才被派往印度，才有了航海途中他在好望角（当时是荷兰的属地）的杰出的军事表现。

之所以单独出版这部分内容，是希望能够让美国读者了解到这场战争所波及的广度，我们的独立宣言只是这场斗争的前奏，

---

① 阿尔弗雷德·赛耶·马汉是一名虔诚的基督徒，从某种程度上看，马汉的世界观和人生观都源自基督教。他的基督教信仰尤其是圣公会教堂生活不仅主导着他的个人生活，更对他关于海军和地缘政治主题的作品产生重大影响。本部分言论是作者的宗教世界观在军事思想上的体现。——译者注

### 燃海的怒火：美国独立战争中的海军行动

也许未来还有更多的经验需要学习；哪怕距离我们的海岸有千里之遥，也有可能将我们卷入难以预料的战争旋涡，尤其是只要我们允许架起沟通的桥梁，外界战争的火苗就会一步步蔓延到美洲大陆。而这小小的火苗，会点燃惊天大事！我们的门罗主义就其预防能力而言，归根结底只是国家制定的预防措施，措施规定，不应该将外来的因素散落于美洲大陆各处，这些外来因素会成为异国之火在此处蔓延的燃料；那些有思想的人，哪怕被贬低为情感冷漠、动机不纯，也要站出来反对亚洲移民的国家政策，仅仅是因为他们感知到了相似的危险，这种危险源于存在着无法同化的群体，其种族和传统特征与美国截然不同，其背后隐藏着一个强大的亚洲军事和海军帝国的同理心和力量。①

尽管这些政策中的每一项都有利于在国际冲突中维护国家安全与和平，但如果没有建立并维系一支强大的海军力量，安全与和平只会是空中楼阁。在本书所介绍的所有战斗中，华盛顿（Washington）表示，针对成败海军拥有决定性的一票。在北美独立战争的两个重大决定性时刻，阿诺德在尚普兰湖，德格拉斯在约克城，都有幸行使了这一决定成败的投票权力。80 年后，美国之所以能成功镇压分裂活动，也是海军的功劳，其贡献已经超过了任何其他的单一力量。我们未曾仔细地核算过，南方海岸的封锁到底会对联邦政府的财政和军事效率产生多大影响，这种损失有可能完全无法估量。在美国的两次转折点上，控制水域都

---

① 马汉认为他的海权思想具有普遍适用性，但事实上其思想有着固有的历史局限性，该部分对亚洲移民及外来因素的观点体现了他个人狭隘的国际政治视野和排斥其他文明的思想。——译者注

显示了决定性意义。未来，想要维护国家的安全与和平，取决于能否成功保持海军实力；这也是美国在日益进步的世界里扮演重要角色的必要条件。

美国人口众多，却地广人稀；美国十分富饶，但临海地区人口匮乏。在4000英里外的日本，每平方英里的人口超过300人，而我们位于太平洋的三个大州平均人数都不到20人，这是一个异常可怕的事实。我们不能通过将其他地区的居民移居到临海地区来补充缺失，也无法找到有效的方法弥补这一不足；如果沿海地区空虚，陆地部队也无法实施有效保护和防御。在这种一方人数多而另一方人数少的对抗中，只有在海军，人的组织和发展才会有如此重要的作用。借鉴所需作战力量与陆地性质之间的对应关系，只有在海军，整体人数的劣势才能够通过具体的人员补充被弥补。通过严格的逻辑和推理得出的结论为：只有海军力量才能够如此经济而又高效地确保国家安全。事实上，在确保国家安全问题上，节约和效率同等重要。太平洋问题可能是20世纪最大的世界性问题，在这个问题上，没有一个大国像美国一样是最大和最直接的受益者。而归根结底，太平洋问题本质上就是海军问题，这是除了国家安全与和平之外保障美国福祉的第三大要素。

## 第一章　尚普兰湖战役
## （1775—1776）

在大不列颠及它的美洲殖民地的敌对关系形成初期，由于经验所指、理据所证，人们已经普遍认识到对海洋和内陆水域的控制将对国际角逐产生重大影响。原因显而易见，海岸绵长，则遍布通航水道，而陆地则交通不便，往来受限，一些重要的陆地区域未经开发，荒野纵横。所谓经验，指的是人类必经困苦与挫折才能积累的看似粗浅却非常实用的知识。凭此前的法国战争的经验，美国接受了充分论证后的一些推论，他们意识到英国海军具有巨大优势，尽管当时英国海军还没有取得后来无可争议的霸主地位，美国领导人却已经早早去争取和波旁王国、法国和西班牙等这些英国的宿敌缔结联盟。只有通过这种方式，才能形成对霸权的制衡，否则英国的霸权必将凌驾其他国家之上。

在萨拉托加，殖民地民众用了三年时间，完成了迫使伯戈因军队投降的目标，展示了自身的军事力量。这一成就堪称具有

## 第一章 尚普兰湖战役（1775—1776）

"决定性"意义，因为此次胜利，也仅因此，法国决定参战。可以毫不犹豫地说，殖民地民众的胜利是海军力量的胜利，也是自身力量的胜利。因此次胜利，其他国家的海军也开始加入了这场角逐，使之从局部战争转变为全球性战争，最终促成了殖民地的独立。伯戈因之所以被迫在萨拉托加投降，是因为本尼迪克特·阿诺德（后期加入英军，被美国人称为"叛徒"）率领一支小规模海军不屈不挠，英勇顽强，在尚普兰湖上成功将敌人拖住一年之久。战火从美洲到欧洲，从英吉利海峡到波罗的海，从比斯开湾到地中海，从西印度群岛到密西西比河，最终蔓延至遥远的印度教半岛水域，这一场战役的各个阶段皆有迹可循，其始于萨拉托加，于1776结束于尚普兰湖，当时靠一支装备简陋的舰队先于敌军占领了尚普兰湖。除此之外，此次战役战绩彪炳，更能证明清晰的理解、全方位的大局观比战争本身的意义和规模更加重要。

1775年，也就是法国人被逐出北美大陆的15年后，殖民地民众的军事力量不断向圣劳伦斯河谷汇集，为当地的武装斗争指明了方向，尚普兰湖、其支流乔治湖和哈德逊河的重要意义日益凸显，这些水域可以形成一条连接圣劳伦斯和纽约的贯通水路，哪怕水路并非连续不断。加拿大抵御陆地进攻的优势在于它地处偏远地区，人们到达此处之前必须穿越大片荒野，当然圣劳伦斯防线的力量也不容小觑，蒙特利尔和魁北克的防御哨所就在它的北岸。无论是加拿大对外攻击还是迎战外来袭击，加拿大南面的这片荒野都起到了天然的防御作用；但是当来犯者成功穿越这片荒野时，南面就失去了与敌军对抗的强大而天然的阵地。从南面

燃海的怒火：美国独立战争中的海军行动

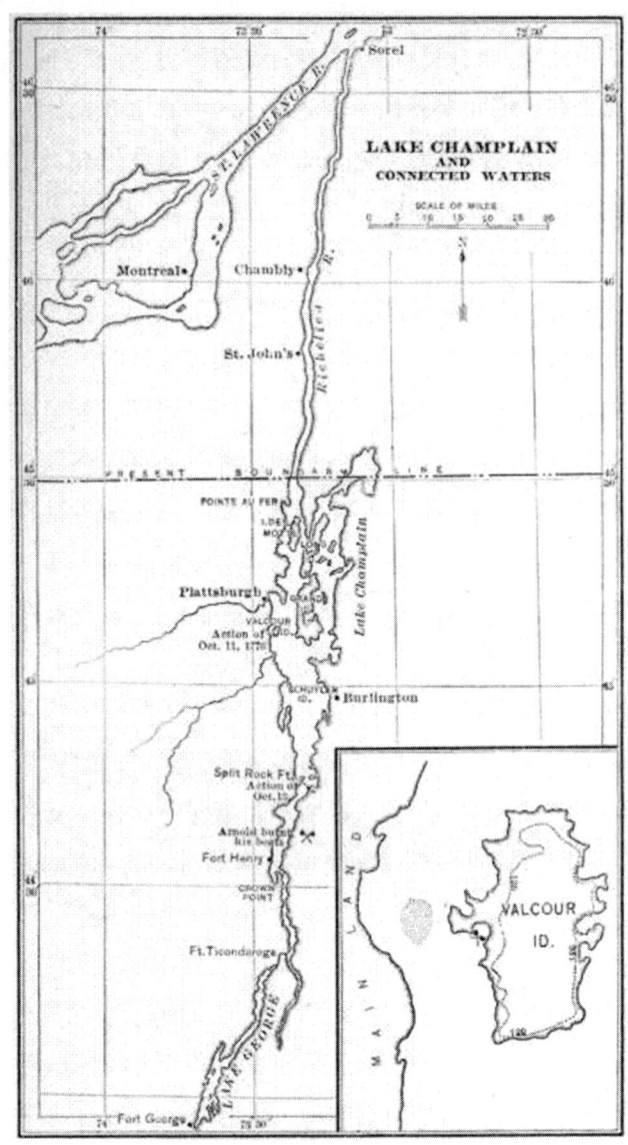

尚普兰湖及相关水域

## 第一章 尚普兰湖战役（1775—1776）

发起的进攻将落在圣劳伦斯防线的正面或侧翼，加拿大向外发起的进攻会使纽约及其附属地区成为战斗后方。

在这些北方的军事条件中，美国人对这些天然军事屏障印象深刻，在此前几次战争中，这些屏障助力加拿大民众长期与人数优势明显的英国殖民者进行对抗。美国起义者对这种战争思路非常熟悉，他们将圣劳伦斯视为进攻的基地，在前所未有的人数匮乏、力量不足的劣势下，认为在圣劳伦斯及其哨所的军事和驻防得到加强之前，最好抢占先机，占领这些天然堡垒。战争起始，美国的起义者就对此作战战略了然于心，先于英国政府掌握了战争主动权，而英国政府却仍然优柔寡断，对那些认定的"叛乱分子"不敢采取相应的防控措施，不能对认定的敌人进行雷厉风行的打击。

在此形势下，1775年5月，伊桑·艾伦（Ethan Allen）和本尼迪克特·阿诺德率领270名美国人夺取了提康德罗加和克朗角这两个驻防力量不足的哨所。这两个哨所位于尚普兰湖上游水域，那里的河宽不足三分之一英里。提康德罗加哨所建在尚普兰湖和乔治湖入口形成的一个半岛上，克朗角哨所则建在距提康德罗加哨所下方12英里的海角上。[1] 这两个哨所在以往的战争中曾是英国人的前沿阵地，也是大家公认的要塞。曾经做过海员的阿诺德在湖上发现了一艘纵帆船，登船后他迅速操控船只向湖的下游驶去。在距离圣约翰还有30英里的时候，因风力太大，帆船无法继续前行。圣约翰是狭长河道低处上的另一个要塞，河道在此处逐渐变细，一直通往圣劳伦斯的出口——黎塞留河。由于纵帆船无法继续前行，阿诺德便带着30个人上了小船，连夜奔袭，

燃海的怒火：美国独立战争中的海军行动

于次日凌晨6时对哨所发动袭击。哨所里只有一个中士和十几个士兵。行动迅速获得了卓有价值的回报，俘虏们透漏，计划会有一支大规模的部队从加拿大出发，前往提康德罗加；情况属实，因为这支部队第二天就抵达了圣约翰。此时，阿诺德已经离开要塞，带走了此处的一艘单桅帆船，并摧毁了其他一切能漂浮的航道指示设施。通过这些小的作战技巧，两名现役军官带队就能暂时控制尚普兰湖以及从南部通往尚普兰湖的通道。由于没有航道，英国军队一直无法下水，寸步难行。英国驻加拿大总督兼总司令盖伊·卡尔顿爵士（Sir Guy Carleton）加强了圣约翰的工事，并建造了一艘纵帆船，但他的兵力仍然不足以与美国海军抗衡。

夺取这两个哨所是一种进攻性的战争行为，美国国会最初仍抱有与英军和解的想法，对此次军事行动并不满意。然而事态以迅雷不及掩耳之势发展，夏天尚未结束，美国就下达了进攻加拿大的命令。9月4日，蒙哥马利（Montgomery）将军接到任命，率领两千人从克朗角登陆，很快抵达圣约翰，双方短兵相接，战事延绵，最终英军在圣约翰要塞于11月3日投降。13日，蒙哥马利进入蒙特利尔，从那里沿圣劳伦斯河向波因特奥特布斯角进发，波因特奥特布斯角在魁北克以北20英里，蒙哥利马将军与阿诺德在此处会合。此前，阿诺德于10月成功穿越了位于肯纳贝克河和圣劳伦斯上游之间的北部荒野。这支队伍出发时兵力多达1200人，征途中，历经千辛万苦，途中牺牲士兵多达500人。阿诺德率队于11月10日到达魁北克对岸，用了三天的时间纠集船只过河。13日晚上，这位富有冒险精神的指挥官带着他的小

· 第一章　尚普兰湖战役（1775—1776）·

型突击队，沿着 16 年前沃尔夫（Wolfe）走过的这条路登上了亚伯拉罕高地，并以特有的胆识宣告了对这个区域的占领。这一宣告英国政府当然不予承认，但驻守此处的英国驻加拿大总督卡尔顿并没有立即对这支来势汹汹的 700 人的小分队采取反攻行动，这也说明了英国当时对加拿大的统治已是软弱无力。与阿诺德会合之后，蒙哥马利立即挺进魁北克，并于 12 月 5 日抵达。此时已是冬季，由于兵力不足，装备不良，军队无法进行常规的包围打击，蒙哥马利将军在 1775 年 12 月 31 日晚上做出英明决定，冒一线生机决然向这个美国最坚固的堡垒发起进攻。胜利的信号还未来临，蒙哥马利将军却在战斗中阵亡，在他的部下面前倒下，再未醒来。

　　美军退到河上游 3 英里处，进入冬季营地，并对魁北克进行围困封锁，此时，冰层将魁北克与海洋隔绝开来。1776 年 5 月 14 日，卡尔顿在给陆军大臣的信中写道："五个月来，这座城市一直被叛军严密包围。"5 月 6 日，魁北克与"惊奇"（the Surprise）号经通讯联系得到增援，围城之困才得以解除。"惊奇"号是查尔斯·道格拉斯（Charles Douglas）[2] 上尉率领的先遣舰队，3 月 11 日从英国出发，抵达魁北克。4 月 12 日清早，道格拉斯抵达圣劳伦斯河口处，发现冰层延伸至大海约 20 英里，由于冰层堆积较厚，即便是专业熟练的控船操作也无法让舰船继续前行。情况紧急，不容拖延，道格拉斯驾驶自己的"伊西斯"（the Isis）号 50 门炮舰，以 5 节（每小时 5 海里）的速度，撞向一块约 10 或 12 英尺厚的大冰块，测试撞击效果。盐水和含盐空气可能具有软化作用，冰块被撞后碎裂。"这次测试的结果鼓舞人心，"道格拉斯进行了慷慨激昂的讲话，他说，"这是英国战舰为国王和国家的神圣事业而做出的努力，是魁北克勇敢的捍卫者竭尽全力的结果，无畏厚重的冰层，无惧坚硬的冰面，战舰将横穿冰域雪原，我们坚信我们西边的地平线浩瀚无疆。夜幕降临前，风雪交加，我们被迫停航，或者更确切地说，船队再难前进。我们已经在暴风雪中穿行了大约8法里（24英里），一路行来，船底的护板和几个船首破浪板是我们唯一的依仗，连一块橡木板都已经成为奢望；但哪怕即将舰船被困，看到彼得森勋爵（Lord Petersham）在这艘船刚刚航行过的冰面上训练他的部队时，所有的阴霾一扫而光。"九天后，舰船到达安提科斯蒂岛，自此处，冰层问题迎刃而解，但是受到大雾、无风带和气流的影响，航行再一次延误。

舰队刚一到达，美国人就立即撤离此地。在冬季，舰队虽然时常会收到补给增援，但由于天气极其恶劣，天花肆虐席卷整个营地，这些补给很快就消耗殆尽。5月1日的航行记录显示，1900人中，只有1000人尚有战力，当时船上只剩下三天的补给，而圣约翰是距离此地最近的地方。当然，军舰到达后，居民们就无法再向美国人提供援助。此时，美国海军再一次确定了对加拿大的未来军事战略，不久之后也将决定尚普兰湖的命运。

当200名士兵下船登陆时，卡尔顿大步而出，他说："去看看这些夸夸其谈的老爷们在干什么。"像他这样品行高贵的人按理不应该发出这样的讥讽之言，正是这些"老爷们"为了一丝微弱成功希望一直"忍辱负重"。卡尔顿计划采取军事行动，但是支持这一决定的人少之又少，这或许是因为他们谨小慎微，或许是因为坚守魁北克的可能性微乎其微。卡尔顿发现敌军此时正

## 第一章 尚普兰湖战役（1775—1776）

菲利普·舒勒
（Philip Schuyler）少将

爱德华·佩洛（Edward Pellew）
后被任命为海军上将，
埃克斯茅斯勋爵

匆忙准备撤退，他的舰队现身后，美军就放弃了营地。他们在河两岸的部队现在已被舰队分开，美国军队先撤退到索雷尔，也就是黎塞留号进入圣劳伦斯的地方，然后继续逐步撤退。直到6月15日，阿诺德才离开蒙特利尔；6月底，英军联合部队仍然驻扎在当前边界线加拿大一侧。7月3日，部队抵达克朗角，陷入了天花和补给稀缺的困境。

随即，英美双方都在为尚普兰湖一役摩拳擦掌。美国人的船队规模虽小，但仍保持极大的优势，因其沿袭了一年前阿诺德军事行动中敏捷决断的风格。6月25日，指挥北部作战的美国将军舒勒（Schuyler）写道："我们有幸在尚普兰湖上拥有海军优势，我有信心敌人不会在此次战役中获胜，尤其是我们正加紧建造多艘贡多拉尖舟，现在已经有两艘即将完工。"美军方面，当时阿诺德已因精通专业技术而被任命负责海军准备工作。他说："需要 300 名木匠，建造大量的贡多拉尖舟、双桅桨帆船，数量至少要达到二三十艘，而找这么多木匠并非易事。"阿诺德的想法确实于危急关头至关重要。他说："在我看来，加强我们能在湖上作战的海军力量举足轻重。在克朗角和费尔角之间有一片水域，能够容纳大型船只通行。我认为双桅桨帆船最适合这片水域，造价也最低。也许装有 36 磅炮的护卫舰也是不错的选择，护卫舰能携带 18 磅榴弹炮，在湖面上安稳前行，比起其他任何在圣约翰建造或停靠的船只，性能都更加优良。"

然而对于美国军队来说，人力物力与敌方英国相差甚远。英国人有能力实现阿诺德关于帆船的构想，严格来说，是关于内陆水域未知力量的构想，虽然尺寸可能相对较小。这样一艘船，在两艘性能相似的舰船的帮助下，一入水就会主宰湖面，定鼎战局。然而，对其进行停放和装备都需要时间，而彼时，最宝贵的也是时间。在这段宝贵的时间里，阿诺德的两艘纵帆船起到了决定性作用。当时，与卡尔顿一起考察提康德罗加美军阵地的，还有德军特遣队指挥官里德塞尔（Riedesel）男爵。他写道："如果我们能提前四周开始征讨行动，一切都会在今年（1776 年）结束，战果会甚合人意；但是，我们一无住所、二无军需供给，根本无法在尚普兰湖的南岸停留。"英军的行动滞后给美军防御带来了有利的局面，扭转了不利战局。设想如果在 8 月 20 日至 9 月 15 日期间，纽约失守，同时坚不可摧的提康德罗加又陷入敌军之手，会对美国产生什么样的打击呢？另外，如果提康德罗加

## 第一章　尚普兰湖战役（1775—1776）

真的沦陷，当年由于威廉·豪（William Howe）爵士远征切萨皮克，而在1777年被破坏的计划，无疑在1776年就能得以推行。一份当时发行的英文报纸记录了这样一条重要信息："1776年9月26日，伦敦收到了8月12日从加拿大传来的信息：伯戈因将军率领的军队认为，在这个季节穿越湖泊难以成行，美国各地的海军力量过于强大，他们目前无法与之抗衡。为此，他们需要建造更大的船只，然而船只最早也只能在第二年夏天建造完毕。解决这个问题的方案是[3]，豪将军和伯戈因将军需同时抵达哈德逊河，联手合作；同时两军应该在奥尔巴尼附近会合，从而切断南北殖民地之间的所有联系。"[4]

由于阿诺德雄心勃勃的造船计划无法实现，他只能退而求其次，建造贡多拉尖舟和桨帆船，这些船不止由他负责督造，也在战斗中交由他指挥。作者还不能完全确定这两种船型是否只是在名称上有所差别。贡多拉尖舟底部较平，在速度、敏捷性、适航性等方面都比不过那些装有龙骨的桨帆船。桨帆船上有帆，可以迎风航行。阿诺德更青睐桨帆船，他果断停止了贡多拉尖舟的建造。他写道："桨帆船移动迅速，在开阔的湖面上，会使我们的优势更加明显。"桨帆船可配置船员80人，贡多拉尖舟只能配置45人；通过配置船员人数和船上的炮台数可以判断，贡多拉尖舟的体积只有桨帆船的三分之一到二分之一。这两种船的武器装备特性非常相似，只不过桨帆船上的装备更加轻盈。美军对于一艘英军俘获的桨帆船的描述和道格拉斯船长的描述一致：船头安装有一门18磅炮和一门12磅炮；船尾处有两门9磅炮；船舷处有四到六门6磅炮。这让人不禁联想到现代铁甲舰，人们对船头、

15 船尾和船舷火力的优点颇有争议，实际情况也是如此。贡多拉尖舟有一门12磅炮和两门6磅炮。另外，所有英美双方的船只都配备有转轮炮。

阿诺德克服了美国当时所有行业资源匮乏的重重困难，8月20日，他建造的三艘纵帆船、一艘单桅帆船和五艘贡多拉尖舟试航成功，随后十天他率船队一直在尚普兰湖上游巡航。9月1日，他集结队伍迅速向上游挺进，于9月3日，在距离圣约翰以北25英里处，选择了一个较低的狭窄水面下锚停靠，行进航线在各处海岸向上延伸。侦察兵不间断地向他通报英国海军战斗准备的进展情况，进而得知此时战局尚毫无危险；然而，占据阵地的前沿位置，与敌军形成正面对峙，必定不利于开展水上侦察工作，好在也有可能会对敌人造成一定的压力。阿诺德随后发现，英军在锚地的两侧都建造了炮台，无奈只能率队撤退到更为宽阔的湖面上。之后，他在瓦尔库尔岛周围水域以及西海岸进行探测，此处正是他打算驻扎的地方。9月23日，他撤退至此。

英国军队这边遇到的困难也并不比他们的对手少，只是困难不同而已。美军的主要困难在于在建造船只方面木匠人手不足，材料匮乏，船员的数量也远远不够，沿海地区的补给只能满足其中的部分要求，不过他们建造船只的地点是湖边，所以可以直接驶入通航水域。圣劳伦斯河上，一支庞大的运输船队和战舰为英国军队提供了充足的补给资源，这些资源在道格拉斯船长手上得到了有效而充分的利用；但要把这些资源运到尚普兰湖，却是一
16 项漫长而艰巨的任务。黎塞留河大部分是浅滩，急流冲过，极易阻塞。航行的起点是圣约翰，到达此处的最佳方案是驾驶100吨

·第一章　尚普兰湖战役（1775—1776）·

级的双桅船，抵达距离圣劳伦斯下游 10 英里处的昌布里。人们设想将平船和长船拖到上游，但是工程师们发现有些河道的河床太软，无法承受 100 吨的重量，所以任何容量的船只都必须通过陆路运输。道格拉斯下令，在昌布里将两条纵帆船的船板和船框拆掉，通过陆路运到圣约翰，再将其重新组装。在魁北克，一艘新船正在制造中，重约 180 吨。他命人把船体拆开，最后拆到几乎只剩下龙骨，再用 30 艘长船把这些船的船体组件运走，运输船船长同意为道格拉斯运送这些船体组件，并连同木匠一起运抵尚普兰湖为船只重组服务。战舰上的水兵和运输船上的志愿者共同组成了一支拥有 700 名海员的海军，该海军有正规海军军官指挥，军事实力让美军望尘莫及。最大的船是一艘三桅横帆船，被命名为"坚毅"号，船上的炮台装备了 18 门 12 磅炮，该船由约翰沙恩克中尉负责指挥。另外，"玛丽亚"（Maria）号由斯塔克中尉指挥，"卡尔顿"（Carleton）号由詹姆斯·理查德·戴克雷斯中尉指挥，这两艘纵帆船分别携带了 14 门和 12 门 6 磅炮，是英国舰队的主要力量。另外，还有被称作"雷霆"（the Thunderer）号的橡皮艇以及被命名为"忠诚的皈依者"号的大型贡多拉尖舟。这两艘军舰同样装备精良，但由于行动笨重，在战斗中似乎没有发挥任何重要作用。此外，舰队出发时，还有 20 艘炮艇随行，均携带从 24 磅到 9 磅不等的炮弹，有的还配有榴弹炮。[5]

7 月 21 日，道格拉斯写道，"所有海军舰船已经准备到位，我们毫无悬念已将对尚普兰湖的绝对统治权纳入掌控。"这个希望的确可期，微风稍起，帆借东风，"坚毅"号凭借一己之力就可以把湖面上的所有可见物消灭殆尽。但天时不予，从写这封信

· 17 ·

燃海的怒火：美国独立战争中的海军行动

时起，到10月4日目视"坚毅"号离开圣约翰，十多个星期过去了；10月9日，卡尔顿准备完毕，率领舰队进发。彼时，尚普兰湖北端集结的美军已经增加到8000到10000人。据悉[6]，英国陆军共有士兵13000人，其中6000人驻扎在圣约翰及周围地区。

阿诺德的最后一批集结部队于10月6日抵达瓦尔库尔。在当天及11日的行动中，除了留下一艘双桅船和一艘桨帆船，他将湖上所有的美军船只全部投入参战。也就是说，他的作战舰队包括两艘纵帆船、一艘单桅舷侧船、四艘桨帆船和八艘贡多拉尖舟，我们可以合理推测，这些船的火力主要依靠船头的火炮，至少，船头集中了最猛的火力。他的舰队据此预估的最大火力为：两门18磅炮，13门12磅炮，一门9磅炮，两门6磅炮，12门4磅炮，两门2磅炮可同时开炮，但没有转环；在15艘船上84个炮位上装有32门炮。为了对抗该火力，英国人不得不在三艘舷侧船上安装九门12磅炮和13门6磅炮，在20艘炮艇上，另配备20门铜炮，"从9磅到24磅不等，有的还配有榴弹炮"[7]，合计共42门炮。这份清单中的火力统计并没有包括木船和贡多拉尖舟，因为这两种船不易指挥。如果把舷侧船包括在内，那么英国的武器装备就有三门24磅炮，三门12磅炮，四门9磅炮，以及一架榴弹炮，共计53门炮。事实上，另外的这11门炮只有在特殊情况下才能投入战斗，因此可以忽略不计。

要想正确理解道格拉斯上尉所说的"重大事件"的含义，这些细枝末节的交代很有必要。这是一场大陆之争，战斗的指挥者战前殚精竭虑，战中表现可圈可点，可堪赞誉；特别是阿诺

## 第一章 尚普兰湖战役（1775—1776）

德，此人可谓命运不济，曾为抗敌救国付出良多，后来却因现代战争中滔天的叛国罪行而声名狼藉。至此时，美军凭借拼劲和胆识仍然掌握着对尚普兰湖的控制；阿诺德决心冒一次险。他不清楚敌人的全部兵力有多少，但他想："对方兵力即使稍逊于我方，其战斗力也不容小觑。"[8] 而且，随着冬季将逝，行动滞后就等同于失败，卡尔顿的行动计划也因此只能推迟到明年春天。如果在提康德罗加的炮火下，失去了尚普兰湖，那么美军现有的海军力量，前所未有的舰队，其价值何在？所以，哪怕像以前一样牺牲分遣舰队也在所不惜，但这显然是一个冒险的战术。

阿诺德最初的想法是舰船一边前进一边作战；基于此，对于移动性能良好的桨帆船，阿诺德格外重视。人们并不确定他什么时候对英军"坚毅"号的装备和炮台了如指掌，但能肯定的是他一直保持着密切关注。在瓦尔库尔，英国的一个中型舰队刚驶出狭道，或者在这之前，阿诺德就已经发现了它的踪迹。这是因为阴差阳错，卡尔顿之前得到了错误的情报，以为友军在格兰德岛附近活动，所以一直有意在附近航行，瓦尔库尔很快就纳入美军的视线之内。10月10日晚，英国军队在格兰德岛和长岛[9]中间水面下锚停泊。第二天早上，他们乘着强劲的东北风，沿着格兰德岛继续航行，对之前收到的情报路线深信不疑。但是，舰船顺风而下，竟然没有进行彻底的敌情侦查，实在是过于疏忽轻敌。结果，英军航行到瓦尔库岛的时候才发现美军的身影，该岛的海岸延绵2英里，都是120英尺到180英尺高的岩壁，使得舰队被迫从南面，即下风处发起进攻。

英国军队被发现之初，阿诺德的副手沃特伯里（Waterbury）

燃海的怒火：美国独立战争中的海军行动

提出，敌人优势明显，舰队应立即开拔，"在主航道水域"边撤退边应战；港口的地理位置"不利于我们与人数占优势的敌军作战，我们处于岛屿和主航道之间，英军会从四面对我们形成包围之势"。沃特伯里认为应该先考虑保存军事实力，然后再考虑战果，显然这个提议从军事策略角度看是错误的。阿诺德的判断力更加敏锐，他决定继续坚持作战。此时，对方的方帆舰队是顺风航行，船行速度和攻击方向更有优势，而自己的船队速度不一、火力分布不均，在这种形式下撤退，结果将是灾难性的。由于协同开火和成功撤离的可能性微乎其微，即便撤离成功，也意味着输掉了这场战争。还不如依靠一个地势有利的位置，保持火力覆盖。敌人一旦发现我方舰队，会从北边河口进入，河道中间有个 5 英尺高的小丘，会将敌方最大的军舰吸引过来；如果这个预测能够实现，敌军只有驶过这个岛之后才会发现舰队，只能从背风处发起进攻，双方的交火只能限于局部，无法有序组织作战。阿诺德的军事推演成功了，两天后，阿诺德安全撤离，证明他没有冒险撤退极其明智。

瓦尔库尔位于尚普兰湖西侧，距离主湖约 0.75 英里，岛的中部延伸出一个半岛，将瓦尔库尔与尚普兰湖的距离缩小到半英里。有资料显示，美国舰队当时就停靠在这个半岛的南部。凭此地利，阿诺德有信心，所率部队不会被敌军发现。他在给提康德罗加总司令盖茨的信中说："这个港口的位置非常好，如果敌人冒险沿湖而上，绝不会比我们更有优势。而我们若想要发起进攻，敌军则插翅难逃。即便我们不幸战败，也可以全身而退。这个季节，风力较为强劲，一旦起风，我们的船能顺应有利天时，

· 第一章 尚普兰湖战役（1775—1776）·

而他们的船却无法稳于湖上。"这封信写于战斗前三个星期，从信中可以明显看出，阿诺德当时并不觉得对方的军事实力与己方的军事实力有什么实质上的区别。后来，阿诺德曾对当时的停靠位置进行了描述，那是"在岛西侧的一个小海湾里，我们尽可能靠近这个海湾，这个位置让敌舰很难做到同时攻击，而敌方战舰，则会直面我们整个舰队的炮火打击"。虽然遗憾阿诺德没有透露更多细节，但显然他的战术思想精准合理。后来有英国军官称，当时美军舰队停泊的队形为半月形。当英国舰队终于发现敌人时，立即迎风而上投入战斗。阿诺德派出一艘名为"皇家野蛮"号的纵帆船和四艘桨帆船应战，另外两艘纵帆船和八艘贡多拉间舟仍然停在锚地，静观其变。阿诺德说，由于指挥不利，"皇家野蛮"（the Royal Savage）号在上午11点，在瓦尔库尔的掩护下驶近时，没有其他船只支援，落入了"坚毅"号射程范围，随后又受到"卡尔顿"号的攻击，受到稍远处"玛丽亚"号和一些炮艇的夹击。"皇家野蛮"号被三发12磅炮击中，被迫在瓦尔库尔岛南端靠岸。"坚毅"（the Inflexible）号和紧随其后的"卡尔顿"号继续前行，只是偶尔开火；这表明阿诺德手中仍有远距离攻击的桨帆船，因为小船在对抗舷侧船的九门大炮时，应该保留18门大炮。在瓦尔库尔岛和主航道之间，东北风偏向北吹，不利于军舰航行；而且，悬崖上掉落的岩石使"卡尔顿"号的前帆和后帆受损，然后"几乎落入叛军的半月形舰队中间"。此时，J. R. 达克雷斯（J. R. Dacres）上尉勇敢地用斜系船缆让船定锚。追击开始，"玛丽亚"号连同"卡尔顿"号甲板上的指挥官托马斯·普林格尔（Thomas Pringle），命令军舰向下

燃海的怒火：美国独立战争中的海军行动

风向行驶，在当时的情况下无法开展近距离打击。此时，20艘炮艇中的17艘炮艇在压制住"皇家野蛮"号之后，停靠在了美国舰队近距离的射程之内。里德塞尔（Riedesel）男爵形容道："炮火连天，火力强大。"由于木船在战斗中无法发挥作用，"雷霆"号木船上的爱德华·朗克罗夫特（Edward Longcroft）上尉和船上的船员一起登上了"皇家野蛮"号，并一度将炮口对准了她以前的朋友——"玛丽亚"号上的斯塔克（Starke）上尉；但这位"老朋友"的炮击迫使他再次弃船，这位老朋友下令向"皇家野蛮"号开火，这艘船很可能要再次被缴获。当时"两艘叛军的船离'皇家野蛮'号很近，随即这艘船就被击中了。"美军的炮火则集中在"卡尔顿"号的中心位置，致使这艘船遭受重创。指挥官达克雷斯上尉昏迷不醒，另一名军官失去了一只胳膊，只有爱德华·佩洛先生，也就是后来的埃克茅斯勋爵，仍在全力坚守。"卡尔顿"号的缆绳被打掉后，船头直面敌军，火炮失效。普林格尔上尉要求"卡尔顿"号立即撤退，但此时这艘船已无法行动。为了能让失灵的"卡尔顿"号转向，佩洛（Pellew）不得不迎着密集的炮火，来到船头的斜桅上，把三角帆逆风展开，但船体受损无法扬帆启航。这时，两艘炮艇前来援助，"将'卡尔顿'号拖离密集的炮火，带到远处的安全地带。这次援救的荣誉应该归功于'爱西斯'号的大副约翰·柯林（John Curling）先生和海军少校帕特里克·卡内基（Patrick Carnegy）先生，当然也离不开'金发女郎'（the Blonde）号上的大副爱德华·佩洛先生的努力，是他从'卡尔顿'号的船头桅杆上扔下了牵引绳。"[10]"卡尔顿"号上的这次经历开启了佩洛的成名之路；然而很奇怪的是，海军

· 22 ·

## 第一章　尚普兰湖战役（1775—1776）

部长和豪勋爵曾许诺授予他中尉头衔，但迟迟没有落实，给出的理由是因为他一直在前线作战，但"前线"本就是在"两位上官的管辖范围之内"。[11]当"卡尔顿"号脱离战场后，船舱里已有两英尺深的积水，八名船员阵亡，六名船员受伤，船员中近半数伤亡。在这次规模不大却非常轰动的战事中，美军这一方除了"皇家野蛮"号之外，还损失了一艘贡多拉尖舟。"卡尔顿"号受到重创，一艘由德国中尉指挥的英军炮艇也被击沉。傍晚时分，"坚毅"号直接驶入美军近距离射击范围内开火。道格拉斯记录道："当时，有五艘舷侧船压制了他们的整条防线"，一艘船身轻便、配备集中炮台的新船，比起对方的十几艘轻型船（每艘船携带一到两门炮，并且已经交战数小时）来说，无疑具有明显的优势。

夜幕降临时，"坚毅"号驶离炮火射程，英军舰队在岛屿与主航道之间的通道南端列队停泊；舰队排开向东延伸，一直排到宽阔的水域。伯戈因第二天在圣约翰给魁北克的道格拉斯写信道："我战术上的神来之笔，就是整个舰队在敌人北向列队，因此他们今天一早肯定会投降，或者在战斗中被我们牵着鼻子走。印度人、轻型部队与舰队联合出击，将他们从陆路溃败撤退的计划斩断。"英国舰队对此信心高涨，放松了警惕性。美军指挥官立即与其他军官商议，决定尝试撤退。沃特伯里写道，"撤退是秘密进行的，我们经过的时候敌军毫无察觉。"晚上7点，撤退开始，一艘桨帆船打头阵，贡多拉尖舟和纵帆船紧随其后，阿诺德和他的副手乘坐两艘重型桨帆船断后。这次出其不意的行动得到了大雾的掩护，大雾直到第二天早上8点才消散。美国舰队悄悄经过时，没有看到任何一艘敌军战舰有察觉的反应。天亮时，他们已经离开了英军的视线。里德塞尔在谈到这一事件时说："舰船全部停锚，给了敌人可乘之机，他们连夜秘密撤退，在顺风向的有力条件下，绕着左翼潜行，在夜色的掩护下逃脱了。"他又说，第二天早晨，英军一片哗然，卡尔顿愤怒至极，率队追赶，甚至都忘了给已经登陆的部队下达命令；但是，他仍没有追上撤离的美军，随后返回瓦尔库尔。直到夜幕降临，侦察兵才传来消息说，在北向8英里以外的舒勒岛发现了敌人的踪迹。

由于船体受损，风力过大，美军的撤退陷入困境。12日，他们不得不下锚停船，修复损坏严重的船体和船帆。阿诺德很有先见之明，他写信给克朗角，要求如果风向为南风，务必派平底驳船过来把船只拖走，但是由于时间紧迫，这些驳船没有及时到达。两艘贡多拉尖舟受损严重，毫无修复价值，只能忍痛击沉，到目前为止，美军已经损失了三艘贡多拉尖舟。下午两点，美军继续撤退，但由于刮起了南风，贡多拉尖舟的行驶速度非常缓慢。傍晚时分，英军再次出船追击。当天晚上，风势有所缓和，天亮时，美国舰队距离克朗角28英里，距离瓦尔库尔14英里，还有5英里的距离优势。阿诺德的报告记载："后来，南风又起，我们无论是展帆还是划行都行进艰难。当我们到达斯普利特洛克时，敌军从东北方向追上来，已经与我们并行了。阿诺德和沃特伯里的两艘桨帆船——"国会"号和"华盛顿"号一直在后方航行，首当其冲地遭到了"坚毅"号和两条纵帆船的集中火力攻击，这样这两艘军舰被行动缓慢的美军舰队落在了后方。这场战斗发生在上游的狭长地带，那里的湖面有1到3英里宽；阿诺德的报告显示，战斗持续了五格拉斯（两个半小时）[12]，美军军舰

· 第一章　尚普兰湖战役（1775—1776）·

不断后撤，最后撤到距离克朗角大约 10 英里的地方。在这里，"华盛顿"（the Washington）号又战斗了一段时间，发现无法撤离之后，阿诺德冷静地做出判断，指挥"国会"号和另外四艘贡多拉尖舟迎风前进，在东边的一条小溪处上岸，这样敌人就无法再继续追击，除非他们有小船，否则无法从此处通过。在此处他下令放火焚烧船只，直到确定这些船必定会炸毁而分崩离析，才出发穿过树林撤退到了克朗角。"只余野蛮"这句话带有古雅的地方色彩的一语双关，为这场海战画上了句号。

短短三天内，美队经历了战斗和撤退，损失了一艘纵帆船、两艘桨帆船和七艘贡多拉尖舟，原有 15 艘船中，10 艘被毁。死伤人数达 80 多人，其中 20 多人是阿诺德桨帆船上的船员。部队原有 700 人，几乎全军覆没。考虑到当时的物质条件和组织难度，语言之力在勇于战斗的英雄主义面前也略显苍白，英雄主义还展现在领导者的个人军事才能上。英军伤亡人数不超过 40 人。

虽然尚普兰湖上的美国小型舰队被消灭了，但从来没有任何一支部队，无论规模大小，能像这只海军一样，生而壮烈，死而光荣，就是他们，在那一年拯救了尚普兰湖。1777 年英国战役惨败，从而直接导致 1778 年美国与法国结盟，无论人们对此事态作何猜想，也无论人们对战斗中的重大失误作何评判，1776 年的尚普兰湖战役，成功拖延了敌人的战略步伐。

10 月 15 日，也就是阿诺德最终战败的两天后，美国驻军撤出克朗角，一个星期后，里德塞尔抵达提康德罗加。在克朗角，卡尔顿给道格拉斯写了一封信。他写道："如果我们的军队都能来增援，把敌人赶出他们的防御工事简直易如反掌。"的确如此，如果再早四个星期，美军就会全线溃败。当然，在圣约翰建造"坚毅"号也只需要四个星期，虽然这种速度只是偶尔有之，但代表了大英帝国建造船只的速度。如果没有阿诺德的船队，这两艘英国纵帆船完全可以速战速决。"总的来说，先生，"道格拉斯在离开魁北克前发来的最后一封信中写道："我敢说，如果不是卡尔顿将军授权我采取非常措施，将'坚毅'号从魁北克送到战场，今年在尚普兰湖上的战役就不可能取得这样辉煌的成果。"道格拉斯之后的电文内容进一步表明了当时人们对这次胜利的重视，他向英国驻马德里大使发出了一封特别的电文，其中写道，"让大家及早了解欧洲以南大陆上发生的这一重大事件能让我们更好地为陛下服务。"政府的想法与道格拉阿斯的想法如出一辙，参与战斗的军官被授予重奖，这也表明了此次战役的重要性。卡尔顿被授予巴斯骑士勋章，道格拉斯被授予男爵勋章。

双方在1776年尚普兰湖战役中表现出的英勇精神从前面的叙述中可见一斑。在军事智慧方面，涉及两位指挥官的战术，双方的表现不能一概而论。10月11日，英军军舰顺风而泊，没能及时发现暗中撤退的敌人，就是一个重大失误；要知道，在以前的战争中，尚普兰湖是英国舰队频繁行动的地方，简直是再熟悉不过。由于地理原因，"发现敌军时，'玛丽亚'号所处的位置太远，风向不定，无法近距离作战，'坚毅'号和'卡尔顿'号得到信号前往追击"[13]，出于同样的原因，"坚毅"号对"卡尔顿"号也无法及时救援。美军舰队借着地势之利，集中优势力量对付敌人的部分兵力。阿诺德当晚潜行撤退一事着实令英军尴尬，此处不再赘述，这就类似于胡德在圣基茨从德格拉斯眼皮底下溜走一样。[14] 从军事分析的角度看，不以小事而轻忽，总是利大于弊。

**本尼迪克特·阿诺德**

自始至终，阿诺德都表现出非凡的指挥能力和毫不畏惧的勇气。虽然我们对他组建舰队的过程了解不多，对他加强军队力量的准备工作也知之甚少，阿诺德仍然赢得了大家的敬佩，人们敬佩他还因为他意识到了一个重要的军事思想，这一思想虽未表之以言，却显之以行：海军的使命之一就是争夺水域控制权，即使不能取得最终的胜利，拖延敌人的战略步伐也一样战果卓著。他的行动比语言更有力地向大家表明：在现有条件下，海军如果不能帮助实现拖住敌人的目的，那它的存在就毫无意义；如果停留在海港毫无作为，则更是毫无价值。因为这一点，他勇敢挺进下

**燃海的怒火：美国独立战争中的海军行动**

游狭窄水域；因为这一点，他选择瓦尔库尔作为坚固的防御阵地；还是因为这一点，在探明敌人兵力后，他没有听从沃特伯里提出的撤退建议，而当时出现的意外战果带来的好处，证明他的决定非常英明。阿诺德的英勇点燃了他人生的光辉时刻。当时一位大度的敌人说："他的同胞们之所以崇拜他，主要是因为他心系国家名誉，心念旗帜飘扬，为了避免军舰被敌军所获，坚持让军舰被熊熊大火付之一炬，才转身离去。"后来，他深深地伤害了自己的祖国，污名取代夸耀，抹去了这一光荣的印记。

　　随着舰队被毁，美国独立战争期间尚普兰湖上的海军战事也落下帷幕。卡尔顿当时意识到已经错过进攻提康德罗加的好时机，于是撤退至圣约翰，进入冬季营地。第二年，在伯戈因将军的领导下，军队重整旗鼓，但是威廉·豪爵士没有按照1776年的计划，沿着哈德逊河前进，而是把他的军队带到切萨皮克湾，从那里对费城采取军事行动。伯戈因占领了提康德罗加，攻陷萨拉托加。萨拉托加距离提康德罗加60英里，距离奥尔巴尼30英里，豪本应该在这里接应伯戈因。结果，伯戈因被美国集结的军队拖住，发现自己既无法前进也不能后退，被迫于1777年10月17日缴械投降。他留在提康德罗加和克朗角的驻军撤退到加拿大，而这些据点又被美国军队重新占领。直到1781年，英国军队虽然一直控制着尚普兰湖，不时地在湖面上巡航，但在此期间再也没有发生军事战争。随着1778年英法战争的爆发，一直持续到战争结束，海洋利益之争的焦点都集中在了海上。

· 第一章 尚普兰湖战役（1775—1776）·

## 注释：

[1] 在地图的习惯表述中，北方在上，向北行进通常被称为向上行进。但是从乔治湖到圣劳伦斯的水流方向虽然是向北，却是用"向下"表示的。

[2] 后来在1782年战役中担任舰队舰长（参谋长），见后，第222页。他官至海军少将，获得男爵爵位，1789年去世。

[3] 作者原稿中的"是"是斜体字。

[4]《军事与导航回忆录》，第四章，第291页。

[5] 木船上有六门24磅炮，六门12磅炮和两门榴弹炮；贡多拉尖舟上有七门9磅炮。武器装备的细节描述均来自道格拉斯信件中的内容。

[6] 指来自美方的报道。1776年春天，比特森（Beatson）派出的兵力为13357人。(《军队与海军回忆录》，第四章，第44页。)

[7] 出自道格拉斯的信。

[8] 道格拉斯认为，"坚毅"号的出现完全出乎意料，但是阿诺德得到的消息是第三艘比纵帆船更大的船只正在建造中。按照他的性格，从他写给上司的信中，根本无法确定他知道多少或者隐瞒了什么。

[9] 又称"北海罗岛"。

[10] 出自道格拉斯的信。"爱西斯"号和"布朗德"号是道格拉斯负责的英国中队的船只，当时停泊在圣劳伦斯。信中所提到的军官暂时在尚普兰湖海军服役。

[11] 许诺向佩洛授予头衔的是海军部部长桑德韦奇。

[12] 据《军队与海军回忆录》记载，比特森说的是用时两个小时。

[13] 出自道格拉斯的信。这句话很别扭，通过与作者手中的副本仔细比对后，确认无误。道格拉斯说，他所提供的细节"都是非常严谨的"。

[14] 见后，第205页。

# 第二章 波士顿、查尔斯顿、纽约、纳拉甘塞特湾的海军行动及特伦顿战役（1776）

英国及其北美殖民地之间的冲突引以为鉴，斑斑可考，当大如一国决定诉诸武力时，战争伊始武器物资就需要准备充分，当时这一思想在实践中却鲜少得到认可。当国家打算不惜一切代价执行某一政策时，也需未雨绸缪，考虑全面。"门罗主义"政策（The Monroe Doctrine）就是最好的例证；但是，充分准备并不是三分钟热度，需做到持之以恒，否则这项政策本身就会流于形式。美国之所以失败，主要是因为战前准备不够充分，或者最起码说是因为各方的准备的情况不能协调一致。战前准备从来都是宁可多而有余，不可少而不足。《波士顿港口法案》（the Boston Port Bill）以及1774年制定的配套措施引起了马萨诸塞州（Massachusetts）殖民地民众的愤怒和抵抗，殖民者肯定需要用武力来平息；尤其是《波士顿港口法案》，需要的是海军武力镇压。但

·第二章 波士顿、查尔斯顿、纽约、纳拉甘塞特湾的海军行动及特伦顿战役（1776）·

是，英政府 1775 年的下发的海军补给是按照 18000 名海员配备的，比前一年减少了 2000 人份。1776 年，补给按照 28000 名海员下发，拨款总额从 5556000 英镑增加到 10154000 英镑，但当时为时已晚。半年多来，看到英国军队被困城里，物资匮乏，13 个殖民地的反抗精神星火燎原，各地人民不断揭竿而起，1776 年 3 月 17 日，英军被迫率领 8000 名精兵撤离波士顿。围困波士顿期间，满载英军物资的舰船被俘，货物被美军收归己用，保障了殖民地军队能够一直坚守阵地。争取自由、畅通无阻的交通运输，并对敌人的交通运输进行干扰，是夺取战争胜利的首要条件之一。为了保证交通的顺畅，英国政府需要一支海军部队，这支部队不仅要保护自己的运输船驶入波士顿湾，还要打击其他船只使之不能进入沿海港口，避免它们从那里向包围波士顿的美军运送物资。当时，这只海军部队无论在数量上还是质量上都无法保证波士顿交通运输的畅通；直到 1775 年 10 月，海军上将才被授予了收缴殖民地商船的权力，之前，这些商船在波士顿以外的地方来来往往，畅行无阻，经常为华盛顿的军队运送物资。

撤离波士顿后，豪将军（General Howe）撤退到到哈利法克斯（Halifax），在那里等待陆军和海军的支援，海军中将豪勋爵（Lord Howe）是豪将军的哥哥，被任命为驻北美军指挥官。豪将军是新斯科舍到西佛罗里达、哈利法克斯到彭萨科拉全境部队的总司令。要发起的战役，首要行动目标直指纽约。

然而，英国政府百废待举，众多事情需要顾及，需要一心多用,无法做到就一事而专心致志。实现对哈德逊河和尚普兰湖一线的控制,是否应该从两个据点分别行动,政府尚争论不休;美军在1776年7月初回到了克朗角,卡尔顿的13000名士兵却还在圣约翰周围逡巡,战局表明卡尔顿的大部分兵力在纽约和新泽西大有可为,比在尚普兰湖附近更加有利于战局。因此,从这两个地方向卡罗莱纳州转移数量可观的兵力,从军事角度看合情合理。政府也希望通过此举得到当地保皇党人的支持,毕竟,南北卡罗莱纳州中的保皇党人数蔚然可观;不过,虽然军事行动必须考虑到政治形势,但政治形势绝不能越过军事战略的基本原则。据说豪将军对这种偏离战略中心的做法表示反对。

1775年底,前往南部海岸的军队在科克集结,并于1776年1月从那里启航。军队总指挥由康沃利斯(Cornwallis)勋爵担任,纳尔逊(Nelson)幼年的庇护人——准将彼得·帕克(Peter Parker)爵士任中队指挥,他的巨幅旗帜在"布里斯托"(the Bristol)号50门炮舰上高高飘扬。在经过一段高调的航行后,这支远征军于5月抵达北卡罗莱纳州的费尔角附近。在此处与查尔斯·康沃利斯的上级亨利·克林顿(Henry Clinton)爵士率领的2000人部队会合。此前,豪传达政府的命令,让克林顿爵士于1月南下。克林顿一露面,北卡罗莱纳州的保皇党人就奋起反抗,为首的是弗洛拉·麦克唐纳(Flora Macdonald)的丈夫。弗洛拉·麦克唐纳于30年前送年轻的王子逃离苏格兰,为这一事件蒙上浪漫的面纱,后来她移居至美国。然而,反抗者被镇压了,克林顿认为,面对集结起来抵抗他的庞大力量,试图冒险进攻并

## 第二章　波士顿、查尔斯顿、纽约、纳拉甘塞特湾的海军行动及特伦顿战役（1776）

不是明智之举。帕克到来后，他们决定对南卡罗莱纳州的查尔斯顿发起进攻。于是，舰队于6月1日从费尔角启航，并4日在查尔斯顿港附近停泊驻扎。

查尔斯顿港位于南卡罗莱纳州和乔治亚州沿海的两个海岛之间。它的北边是沙利文岛，南边是詹姆斯岛。主入口沙坝并不在港口入口处附近，而是在离入口处有一段距离的南面。在沙坝中，航道通向北面，通往沙利文岛附近。因此，为应对此次攻击，美国军队在沙利文岛南端匆忙修建了一个简陋的堡垒，后来以指挥官的名字将其命名为莫尔特里堡。此处的天文地理条件需要船只在南风到来时才能启航。在沙坝上测深和设置浮标后，7日，英军运输船和护卫舰穿过航道，在沙坝内停靠；但"布里斯托"（the Bristol）号必须拆除一些火炮，直到10日才跟上舰队。9日，克林顿带着500人亲自登陆，15日，所有部队都在沙利文北边的长岛上岸。据悉，这两个地方之间的水道相通，这样舰队就可以通过战术转移或其他方式与海军合力进攻；但事实证明这个想法根本行不通。这条水道的低水位只有7英尺深，舰船根本无法通过；只要一支小规模的美军小队蹲守在岛上的灌木丛中，随时都可以出手对敌人的行动进行阻击。因此，战斗只能以舰船攻克堡垒的方式进行。

由于英军不熟悉作战环境，因而将进攻日期定于23日；推迟进攻极为不妥，在此期间，美国人对不完善的防御工事进行了加固。23日，风向对英军不利。25日，"试验"（the Experiment）号50门炮舰抵达，穿过水道，重新装上枪炮后，准备开始进攻。27日上午10点，风向为东南风，船只启航，但不久风向又转为西北风,英军不得不在距离沙利文岛近 1 英里处再次下锚停泊。第二日,风向利好,英军开始进攻。

从平面图上看,莫尔特里堡呈方形,每个角上都有一个堡垒。在构造上,四个侧面由棕榈圆木建造,用螺栓相连,交叉对接,对向两侧平行,彼此相距 16 英尺,中间的空隙已用沙子填充。交战时,南面和西面的正面已经完工;其他方位的正面只有 7 英尺高,但上面有厚厚的木板,足以抵挡敌人的徒手攀爬。31 门 18 磅炮和 9 磅炮已经就位,其中南面有 21 门,用来压制来自航道的敌人。里面有一条横贯东西的横档,能够帮助炮手抵挡住来自后方的射击;但如果敌人的船只通过堡垒并在堡垒北面停泊,北面没有这样的掩护来抵挡纵向而来的火力。莫尔特里(Moultrie)说:"战斗开始之前,大家普遍认为,尤其是海员士兵认为:尽管我们有炮台,但两艘护卫舰就足以让城镇毁于一旦。"英军海军指挥官帕克可能也深有同感,所以看起来从容不迫。战斗开始时,美军驻军只有 26 门大炮,每门大炮只有 28 发子弹,但英国人对此并不知情。

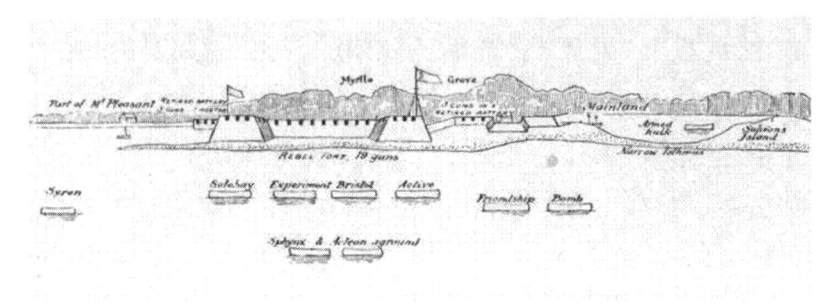

**1776 年,莫尔特里堡攻击战**

· 第二章　波士顿、查尔斯顿、纽约、纳拉甘塞特湾的海军行动及特伦顿战役（1776）·

帕克计划派遣两艘带有 50 门炮舰的"布里斯托"号和"试验"号，以及两艘 28 炮护卫舰——"活力"（the Active）号和"索莱贝"（the Solebay）号从正面进攻；另外两艘同级别的护卫舰——"行动"（the Actæon）号和"塞壬"（the Syren）号，以及一艘 20 炮护卫舰"斯芬克斯"（the Sphinx）号穿越堡垒，在水道上方的西面停靠掩护，这样既可以保护重型船只免受火舰袭击，又可以攻击英军的主炮台。一艘名为"雷霆"号的炸弹船以及名为"友谊"（the Friendship）号的武装运输船对主攻火力进行攻击协助，这两艘船将驻扎在莫尔特里堡东面的堡垒偏东南方向处。上午 10 点 30 分，起锚指令下达，当时已经潮涨水起；11 点 15 分，"活力"号、"布里斯托"号、"试验"号和"索莱贝"号，以"活力"号为基准，依次向东排列停泊。这些舰船训练有素，能够熟练地找到自己的位置，没有出现丝毫混乱，不仅能做到火力齐开，而且火力速度快、持续时间长、炮弹定位准；但它们所处的位置有一个明显的缺陷，可能是因为此处水位较浅，或者是因为避免搁浅，他们选择停靠的地方距离攻击目标太远，因而霰弹无法发挥作用。尽管船上炮弹充足，但是船身侧面当然不如岸上堡垒工事坚固，故而应该靠近敌人，通过密集射击压制敌方的炮火。炸弹船"雷霆"号在指定位置停泊，虽然这艘船射击精准，但效果甚微。莫尔特里报告说："大部分炮弹都落入堡垒之间，那里有一个沙泥潭，那些落在泥沙里的炮弹被尽数吞没，不见踪影。"在这次战斗中，迫击炮床断裂，炮弹也因此没有了用武之地。

美军堡垒内弹药匮乏，因此驻守官兵接到明确指令，如果距

**燃海的怒火：美国独立战争中的海军行动**

离敌船超过400码，不得开火。"活力"号当时正在向堡垒进逼，遭到了四五发炮弹的袭击，但除此之外，直到船只停下，堡垒内都没有任何攻击动作。据美军估计，当时这艘舰船和堡垒的距离约为350码。这时，堡垒指挥台上传来了指令："注意那个准将，注意那两艘50门炮的舰船。"从美军损失情况可以看出，美军士兵确实严格遵守了命令。事实证明，他们的战斗防御几近完美，在作战资源如此匮乏的情况下，美军能冷静应战，并尽量精准射击。棕榈木建造的工事被枪弹击中却能不碎裂，因而堡垒的外层表面保持良好。有时，在同时被三四发炮弹击中时，城齿就会摇晃，以至于人们担心莫尔特里堡会被击穿，但堡垒最终经受住了考验，只是留下了一些被炮击的痕迹。战斗中，美军的旗杆被击中，战旗掉到了堡垒外面的沟里，一名年轻中士贾斯珀（Jasper）不惧猛烈的炮火跳出了堡垒，将旗帜捡回来重新挂好，勇气可嘉。

同样，在考验耐心的持久战斗中，英军全体官兵表现也非常英勇。无论帕克对这次防御战的价值曾经做过什么样的预估，但他在战斗部署中没有显露任何轻敌自负之处，而是保持着一贯的细致而缜密的风格，就像他部署进攻时一样娴熟而有力；英军舰队本来预期的是一场轻轻松松的战斗胜利，最后却发现他们面对的抵抗和攻击，一如在特拉法加的主力舰所承受的炮火一样猛烈，甚至时间更长。在这种情况下，人们的顽强精神会受到意外和挫折的严峻考验。"试验"号船体不大，船员人数可能不超过300人，却有23人死亡、56人受伤；而"布里斯托"号在系缆被打掉后失灵，船头向南，船尾朝堡垒，遭到了长时间的猛烈炮击，几乎无任何招架之力。詹姆斯·索玛雷斯（James Saumarez）

## 第二章 波士顿、查尔斯顿、纽约、纳拉甘塞特湾的海军行动及特伦顿战役（1776）

先生（后来成为杰出的海军将领，被授予德索玛雷斯勋爵称号，此时还是个海军候补军官）三次尝试更换系缆，终于成功使该舰摆脱了这一不利局面，最后该舰有40人死亡，71人受伤；战斗刚开始时，后甲板上的海员就全军覆没。伤者中有海军准将本人，他在战斗中冷静英勇，表现亮眼，虽然这样的品质于战斗中并不少见。当时，后甲板清理完毕后，他独自站在船尾舷梯上，索玛雷斯劝他下来，他却微笑着回答说："你想摆脱我，是吗？"拒绝下来。舰长约翰·莫里斯（John Morris）受伤非常严重。帕克比较低调，说自己只是受了点轻伤；但逃兵们说，有几天他必须在两个人的搀扶下才能走路，甚至裤子被子弹或枪弹碎片擦过，衣衫褴褛。其他船只的伤亡情况为1人死亡、14人受伤。美军的伤亡共37人。

3艘军舰奉命对堡垒正面发起进攻，但它们并没有进入指定位置。帕克报告说，由于舵手的失误，它们行驶到了中间地带。其中两艘船在开火之前就已经发生了相互碰撞。这两艘船在涨潮时下沉触底，几个小时后才漂浮起来，不得不撤退；紧随其后的第三艘船，也就是"活力"号28门炮舰，被击中后着火，而后被船上的官兵弃船。在它被焚毁之前，美军登船，缴获了一些旗子、船钟和一些其他战利品。莫尔特里在报告里说："如果这些战舰真的炮轰堡垒，敌人早已经如愿以偿。"

夜幕降临，夜色渐深，主力部队一直坚守阵地，对战双方持续交火，中间偶有停顿。两小时后，英军注意到堡垒的炮火回击速度渐慢，以为美军已是强弩之末，实际上美军是为了节省弹药。下午3点31分到6点，战场一片死寂，之后重新发出两三声零星的炮响，帕克猜测对方弹药已所剩无几。在整个交战过程中，美军的攻击都很克制，他们害怕弹药耗尽。

"大约晚上9点，"帕克在报告中说道，"当时天色很暗，我们的大部分弹药已经耗尽，官兵疲惫不堪，潮水渐退，舰队东侧没有取得任何进展，展开进一步进攻的可能性微乎其微，我命令各船撤退到之前的锚地。"除了船员伤亡，船体严重受损外，"布里斯托"号的主桅被九发炮弹打中，只能降帆处理，后桅的情况更严重，只能拆除。由于美军部队没有重点攻击护卫舰，所以护卫舰的损伤较小。查尔斯顿港的战斗是北美独立战争期间军舰间首次展开的真正较量，战役性质堪比邦克山战役（the battle of Bunker's Hill），正式的陆战就是一年前以邦克山战役拉开帷幕。这两次战役都表明：作为攻方，在没有掩护的情况下，从正面进攻堡垒，困难和危险会大大增加。而作为守方，即使指挥官没有经过专业训练，只要足够冷静、果敢、睿智，也会取得战斗优势，只要他能够在做好防御部署的同时，还能意识到坚守战线的重要性，时刻牢记放弃即意味着失败、耻辱和灾难。对于没有作战经验的官兵，根据所处的战斗环境，有必要统一作战目标，保证作战纪律能够令行禁止。尽管帕克在指挥战术上可圈可点，也从未轻敌，尽管他对军队之间相互配合抱有合理性期望，但美军的顽强抵抗，美军的猛烈炮火，都让他感到震惊不已。帕克开始怀疑，或者说不再相信，作战经验和实战的重要作用。在"布里斯托"号上服役的一些海员出生于殖民地，战斗结束弃队而去。他们提到，"布里斯托"号上的船员说："都说美国佬挺不过两轮炮击，但我们从来没有看到过比他们更顽强的敌人。"堡

## 第二章 波士顿、查尔斯顿、纽约、纳拉甘塞特湾的海军行动及特伦顿战役（1776）

垒的火力减弱时，有些英国士兵喊道："他们打完了。"有士兵回应道："上帝啊，真是太好了，我们这辈子从来没被打得这么惨过。""舰队中所有的普通士兵都在大声夸赞美军"，这些豁达的英国士兵不吝于对敌人发出赞美的声音，溢美之词随处可见。美国官兵配得上敌人的赞美，除了战斗时有失败，其他方面毫无指摘之处，尽管一些船员是运输船上的志愿者临时补上，经验不足，尽管战舰上疾病弥漫，物资短缺，但他们团结一心，不畏失败，不惧伤损。英美双方共同的朋友埃德蒙·伯克（Edmund Burke）说得不无道理："英军的英勇精神光芒万丈，但在相似的战斗中，我们的战舰也从未经历过如此沉重的打击。"几个上尉军官在战斗中阵亡，需要重新任命；之前佩洛在尚普兰湖战役中首次被授予了军职，如今索玛雷斯也在查尔斯顿港战役得到了自己人生的第一个军职，他被帕克任命为"布里斯托"号的上尉。两年后，当"布里斯托"号驶向牙买加时，他的下属、在后甲板上服役的纳尔逊和柯林伍德（Collingwood）也得到了军职任命。

对莫尔特里堡的进攻并未继续。休整过后，海军部队前往纽约，并于8月4日抵达，在豪兄弟二人的指挥下参加了夺取纽约的战斗。

英国在1776年夏秋之季，最耀眼的胜利无异于占领纽约港和纽约市。帕克和克林顿在查尔斯顿战败之时，阿诺德在尚普兰湖上正加紧舰队准备，威廉·豪爵士和海军上将豪勋爵两兄弟抵达纽约湾，他们不仅是舰队的最高指挥官，还是和平谈判官员，负责与起义的殖民地谈判。

### 燃海的怒火：美国独立战争中的海军行动

威廉·豪爵士之前在哈利法克斯苦等援军不见，最终耐心耗尽，于 1776 年 6 月 10 日率军离开哈利法克斯。25 日，他乘坐一艘护卫舰，先于运输船抵达纽约湾的入口——桑迪·胡克。29 日，也就是帕克在莫尔特里堡被击退的第二天，后续部队抵达纽约；7 月 3 日，从加拿大撤退的阿诺德到达克朗角，英军在下湾西侧的斯塔腾岛登陆。12 日，悬挂着豪勋爵旗帜的"老鹰"（the Eagle）号 64 门炮舰抵达。之前，豪勋爵品行高尚，对殖民地民众友好谦逊，因而备受美国人的尊敬，他的哥哥乔治·豪，在 1758 年的战役中牺牲于尚普兰湖附近，美国人民因此爱屋及乌；7 月 4 日，宣布独立的决定性的一步已经迈出。8 日后，英军海军上将抵达。用了一个月的时间与殖民地新政府进行谈判，英国不承认其代表的殖民地新政府，谈判无疾而终。在此期间，虽然没有大型的军事行动，但英国巡洋舰一直在海上拦截美国商人，海军上将抵达纽约后立即派出四艘战舰，沿哈德逊河向上行驶 25 英里，一直到塔里敦，沿河巡航。这支舰队由海德·帕克（Hyde Parker）指挥，他后来在 1801 年成为纳尔逊在哥本哈根的总司令。两岸炮台炮击不断，炮声轰鸣，也没能阻止军舰的示威巡航。到了 8 月中旬，很明显，美国不会接受豪兄弟提出的任何谈判条件，因此英军认为有必要诉诸武力。

在 1776 年的夺回纽约的战役中，鉴于整体战役的性质，尤其是敌军部队的陆海组成，英国海军所起的作用并不明显，这让人们忽略了一点：没有海军，这些行动根本无法得到推进，海军为整个战役提供了作战基地，保证了交通物资的畅通。一场战争

・第二章　波士顿、查尔斯顿、纽约、纳拉甘塞特湾的海军行动及特伦顿战役 (1776)・

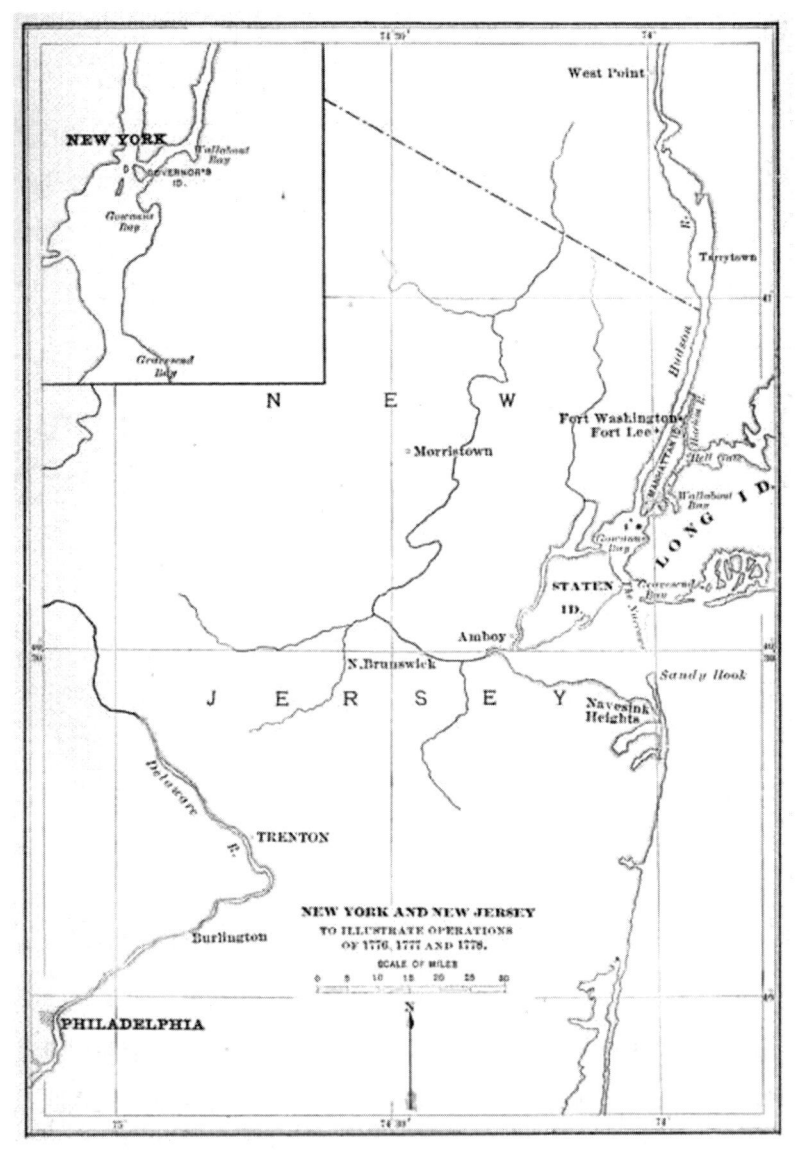

纽约和新泽西：1776、1777 和 1778 年的行动

### 燃海的怒火：美国独立战争中的海军行动

中，人们更加关注前线如火如荼的精彩战斗，如果把战役比作建筑，海军就是地基，毫不引人注目，但实际上，于建筑而言，维护地基不可或缺。小型军事行动构成了海军的总体行动布局，无论把兴趣点放到小型军事行动的局部还是整体，研究大规模军事行动的历史学家都不能忽视海军力量对整个战局产生的广泛而普遍的影响。要想让人们了解得更多，最好的办法就是勾勒出战斗场面、描述出陆海联合行动细节，研究出海军在陆海联合中的作用。

纽约港分为上湾和下湾两部分，它们之间有一条狭长的通道，位于长岛和斯塔滕岛之间，被称为纽约湾海峡，英国军队当时驻扎于斯塔滕岛。长岛构成了纽约湾海峡的东岸，海岸线沿东北偏东方向蜿蜒 110 英里，在长岛和大陆之间有一片宽阔的水域，名为长岛湾，几乎一直延伸到纳拉甘赛特湾。纳拉甘赛特湾是一个优良的锚地，符合沿海海上作战的地理条件，被英军选为作战基地。长岛湾和纽约上湾之间有一条弯曲而充满险阻的通道，被称为东河，全长 8 或 10 英里，与纽约市比肩，河宽近 1 英里。[15]在东河与纽约湾汇合处，哈德逊河也从北面流入，交汇处形成了一个近 2 英里宽的河口，因从北面流入，故称"北河"。靠近两者汇合处的地方是总督岛，位于纽约上湾半英里处，处于纽约海岸的中心位置，地辖两河入口。在东河和北河之间，大致从北向东北偏东的方向，有一条长条陆地，逐渐向南缩窄。如果没有这片陆地的延伸，半岛的尽头将会被哈莱姆河围成一个平均长度约 8 英里的岛屿。哈莱姆河是一条连接东河和北河的一条狭窄河流，部分河道可通航。这个岛的最南端被称作曼哈顿，纽约

## 第二章　波士顿、查尔斯顿、纽约、纳拉甘塞特湾的海军行动及特伦顿战役（1776）

市当时的城市面积还未扩展至此。

东河和北河都可供大型船只航行，东河全河道都可通航，北河是从河口到其上方100英里处可通航。显而易见，在这片地域实行的整体军事行动中，对水域的控制必定会发挥重要作用。但由于华盛顿掌握的兵力有限，他无法按照预期，将城市的防线向前推。下湾由英国海军把守，斯塔滕岛无力反击只能放弃，这样就已经失去了纽约湾海峡的强大防御阵地，防线只能向纽约地区回缩。

环绕曼哈顿岛海岸，美军建立了一些小型独立工事，碉堡横跨岛屿而建，曼哈顿岛南端1英里处，有条小河横贯东西，碉堡工事沿着这条小河贯穿小岛。总督岛也被征用，建成了一个阵地前哨。北河两岸建造起坚固的防御工事，占据了纽约北部8英里的一个制高点，对在此通过的舰船进行阻击，这样的布置战力强大，但起初并不为人所知。这一防御计划有一个致命的弱点，那就是城市对面的长岛海岸比曼哈顿海岸地势更高，如果长岛海岸被占领，那么纽约市和它下面的所有防御点都会一攻即破。因此，长岛海岸是美军的主要防线和重要阵地。为了保护这个防线，一排工事沿岸而起，工事侧翼定在瓦拉布特湾和戈瓦努斯湾，这两处是长岛海岸的两个凹陷处。华盛顿当时指挥的兵力为18000人，其中9000人驻扎在这里。而英军在黑森军的三个小分队到达后，豪的军队已有34000人之多，克林顿从查尔斯顿那里又带来了3000人的兵力。[16]

8月22日，英军穿过斯塔腾岛，到达长岛海岸的格雷夫森德湾。此次登陆由海军负责，部队的运输由威廉·霍特姆（William Hotham）准将负责，19 年后，他晋升为纳尔逊在地中海的总司令。中午，15000 名士兵和 40 门野战炮被运到了岸上。美军对英军的前进几乎毫无招架之力，但是豪将军很谨慎，不急不躁。27 日，增援的兵力已达 25000 人，英军才在美军的防线前开始行动，打死、致伤或者俘虏共 1500 人。华盛顿希望能把豪带领的部队引进这个阵地并吸引对方火力，从微薄的兵力中又抽调了 2000 人顶上；但豪在邦克山曾出色地指挥过战斗，他冷静自制，阻止了急于进攻的军队。美军的后面是一条近 1 英里宽的急流，敌人兵力是他们的一倍，而他们与敌人之间只隔着一条不堪一击的防御工事。

27 日上午，彼得·帕克爵士带领一艘 64 门炮舰、两艘 50 门炮舰和两艘护卫舰向纽约进发，为左翼军队提供支援；但由于吹起北风，再加上退潮，舰船距离海岸还有 3 英里的距离，无法靠岸。在接下来的两天里，他们不能也无法靠近，这对美军来说还算幸运。28 日天色渐暗之时，豪带领舰队逐步靠近。华盛顿审时度势，明白己方身处劣势，如果被围攻，失败必不可免，于是决定撤退。29 日夜里，10000 名士兵悄悄地离开了阵地，带着他们所有的物品、武器和弹药，登船横渡河面撤离到曼哈顿岛。敌人的战壕只有 600 码远，但撤退并没有引起任何怀疑，也没有一个士兵给敌军发信号。当晚夜色清朗，月光皎洁，但是黎明时分下的一场大雾，给秘密撤退争取了更多的时间。雾气升起时，英军发现美军最后一支小队正在过河，马上开火，但是已经望尘莫及。这几声无效的炮声是美国人在这次迅速而巧妙的撤退过程中

## 第二章 波士顿、查尔斯顿、纽约、纳拉甘塞特湾的海军行动及特伦顿战役（1776）

唯一的干扰。总督岛的美军驻兵也在同一时间一并撤退。

海面上畅通无阻，渔民已成为美军的主要战力，航海技术娴熟，对这次成功逃跑至关重要；尽管这次撤退行动安排得当，执行的力度令人钦佩，但"逃跑"这个词最适合定义这次撤退。华盛顿凭借这次撤退，保存了半数以上的军队战力，同时他也使美国人民立国战争的伟大事业免于毁于一旦。一方抓住了机会必然意味着另一方错失了战机。英国陆军和海军都必须为这次失误承担责任。显而易见，当敌人兵力众多时，应该严密注意敌军的撤退路线。这是两位总司令需要注意的细节，而执行则应主要交给海军，毕竟美军从阵地撤退只能通过水路完成。防控敌军撤退，监视、侦查和预防并不难，但俘获撤退的船只却不容易做到，因为无论是白天还是夜晚，曼哈顿岛射出的炮火，让舰船难以靠近停泊；但是，几艘配备消音桨的船只，完全可以执行监视任务、发出警报，军队收到警报就能及时发起攻击，把敌人的撤退过程从中截断，将敌人带来毁灭性打击。

华盛顿现在把他的大部分兵力撤到了哈莱姆河防线。驻军右侧，哈莱姆河以南，有一个以他名字命名的堡垒，监控着河面；它对面的泽西海岸建造了李堡。驻扎在纽约的军队有 4000 人。在进行了一次娱乐性质的和平谈判之后，豪决定出兵占领这座城市。为了转移敌方对主要行动的注意力，掩护部队前进，豪命令两支分舰队打下哈德逊河和东河的炮台。9 月 13 日和 15 日，两只分舰队分别完成任务。攻打东河炮台的舰队遭受了严重的损失，桅杆和索具遭到严重破坏；[17]继几周前海德·帕克远征塔里敦之后，这两支舰队的成功再次证实了华盛顿观点是正确的，五

### 燃海的怒火：美国独立战争中的海军行动

年后他将这一观点告诉了格拉斯（de Grasse）。他认为，仅仅依靠炮台，是无法阻止顺风航行的军舰的。这个战略观点现今在海战中被广泛接受，现代舰船依靠蒸汽动力，替代了顺风的条件，攻打堡垒会更加轻松。15日，豪的军队由霍瑟姆负责指挥，在帕克船队的掩护下穿过了美军防线。纽约驻军沿着岛的西岸悄悄撤走，在哈莱姆河上与主力部队会合；这场撤退发生在距离敌人前线1英里的侧翼，在关键时刻，一位精明的美国妇女邀请豪将军共进美餐，豪被美食与懈怠耽搁了脚步，美军又一次成功撤退。

尽管许多重要的阵地接连被夺，但美军仍然继续转移，躲开英军主力。看起来豪并不相信战争中最具决定性的因素是敌人的组织力量。英国政府的主要目标是控制哈德逊河谷和尚普兰湖，因此，豪下一步就是要夺取华盛顿对哈莱姆北部半岛的控制。在他看来，这个堡垒坚不可摧，不适合正面进攻，所以他决定经由长岛海峡向其左翼和后方进攻。在推进过程中，他需要通过被称为"地狱之门"的海峡，此处水道蜿蜒，水流湍急，此时，海军再次发挥了重要的作用。该行动于10月12日开始，也就是阿诺德在瓦尔库尔被击败的第二天。豪的主要作战目标得以达成，华盛顿不得不放弃哈莱姆河的防线，将战线转到左侧。两军之间你来我往，激烈交火，最后，华盛顿退回到哈德逊河对岸的新泽西州，下令撤离华盛顿堡，并决定把他对哈德逊河谷的控制权交给西点军校，该军校位于纽约以北50英里处，位于河西岸，具有得天独厚的地理优势。华盛顿做出这样的决定，实属无奈，他在兵力上没有任何优势，作战的地点又在两个通航水道之间，此处已经被敌军控制，他孤立无援、危险环伺。10月9日，海

## 第二章 波士顿、查尔斯顿、纽约、纳拉甘塞特湾的海军行动及特伦顿战役（1776）

德·帕克带着三艘船又一次成功打下华盛顿堡和李堡，这再次证实了华盛顿之前的观点，即堡垒无法阻挡顺风而行的军舰的进攻。这次战斗中，舰船受损严重，其中包括两艘最重级别的护卫舰，战斗使9人丧生、18人受伤；美军的补给主要来自哈德逊河西侧，因此英军对他们交通物资的控制也不能掉以轻心。

11月初，华盛顿带着5000人进入新泽西州；不久之后，他又指示其余部队赶来会合。行动中，他的一个下属出现了重大指挥失误，另一个下属没有服从命令，给队伍带来了严重打击。华盛顿堡的驻军在接到华盛顿的命令后并没有撤离，豪以迅雷不及掩耳之势占领了堡垒，俘虏了这里的2700名驻军；这对美军绝对是惨重的损失。另一方面，尽管华盛顿下了明确的指令，哈德逊河东岸的指挥官查尔斯·李（Charles Lee）将军还是没按照命令与主力会合。这时，华盛顿在新泽西州只剩下6000人，在纽约的兵力也只剩下7000人。无奈之下，他只能以特拉华州为界，与敌军拉开距离。鉴于此，华盛顿带领部队通过新泽西州迅速撤退，并在12月8日带着3000人的军队进入宾夕法尼亚州，部队人数骤降是因为征兵期满士兵退伍。哈德逊河另一边的小分队，由于同样的原因，士兵人数每天都在减少，在行进路线上逐渐向他靠拢；小分队的指挥官在路上不幸被俘，但剩余队伍最终还是和华盛顿顺利会师。有几个营队也从提康德罗加赶来会合，他们是卡尔顿退到尚普兰山脚下后释放了的战俘。因此，华盛顿在特拉华西岸的兵力增加至6000人。

8月22日到12月14日期间，豪带领部队在新泽西州的驻地过冬，只对精心谋划的几个阵地发起进攻，除了战斗中不可避免的战损外，英国军队别无其他损耗。然而，虽然英军在人数、装备、纪律和海战指挥上都比敌军更具压倒性优越，但只要美军还存在，仍是一个有组织的团体，即便他们逃跑了，也不能说英军取得了战役的全面胜利。那一年，威廉·豪爵士被授予巴斯勋章，在此之前，勋章的红丝带还从未以如此轻松的方式挂在一个人胸前。如果威廉·豪能像他的两个哥哥一样才华横溢，华盛顿即便再机警、坚定、锐意进取，也几乎无法完成兵力撤退。美军人数虽然骤减，但部队仍然是一个充满活力的组织，美军再次重整旗鼓，反抗运动更加如火如荼。果然，不到一个月，华盛顿就发动了进攻，收复了新泽西州的大片地区。

无论人们对军事行动的功过如何评说，海军所做出的支持和不懈努力都是有目共睹的。威廉·豪爵士在不同的场合提及这一点，他或者总结概述，或者具体阐述，以不同的方式表明自己对此观点的认同。威廉·豪爵士的表达一贯谨慎又拖沓，一位海军上将用一句话总结了他的观点："我有责任向各位大人汇报，但我无法准确地描述出，在一场场战斗中，各级军官和海员表现出的是怎样的坚韧不拔、怎样的行动敏捷，他们历经艰辛却坚守岗位。"

这次战役的最终战果意义重大。通过本次战役，联合远征军占领了罗德岛和纳拉甘塞特湾。这支队伍于12月1日离开纽约，8日在纽波特登陆，中途没有遇到任何抵抗。其中，海军由五艘50门炮舰船和八艘小型舰艇组成，彼得·帕克爵士任指挥官；陆军部队共有士兵7000人，由中将亨利·克林顿爵士指挥。在这次战役中，英军夺取并关闭了一个私掠船的港湾，这个港湾是

## 第二章 波士顿、查尔斯顿、纽约、纳拉甘塞特湾的海军行动及特伦顿战役（1776）

私掠者们的聚集地，也是私掠船停靠的锚地，所有从欧洲前往纽约的船只都要从该锚地的两侧通过。占领纳拉甘塞特湾不仅有利于英国战舰控制邻近水域，还为它们提供了一个沿海作战的核心基地，且舰船进出都不会受到潮汐因素的影响。三年后，英军仓促地撤离了罗德岛和纳拉甘塞特湾。罗德尼随后用下面的话表达了对失去这个阵地的痛惜："撤离罗德岛可能是最致命的决定。这等于放弃了美国最好的、最优良的港口，要知道，它能让整个英国海军随时在港湾安全驻留；舰队从那里出发，可以在48小时内包围美国的三个重要城市——波士顿、纽约和费城。"

从1776年底到1777年，英军开始连吃败仗，不断的败绩对国外的政治形势产生了深远的影响，尤其影响了法国和西班牙政府的态度，因而1777年被认定为战争的决定性时期。12月20日，豪向政府报告，他已进入冬季营地。他写道："我认为，我们的战线拉得太长了，但我仍然按照部署前去攻打伯灵顿，占领了蒙茅斯县全域；我从不怀疑民众的忠诚，也完全相信前线哨所兵团的实力，我断定我的军队不会有任何危险。"华盛顿迅速利用了这种毫无理由的安全感。在圣诞节的晚上，一场突如其来的暴风雪袭击了特伦顿的英军哨所，1000名战俘四散逃走；美军领导人率军再次退到了特拉华河的后面，但四天后又恢复了攻势。康沃利斯此时正在纽约准备启航前往英格兰，为此又匆忙回到前线，却仍然没能挽回战果。美军发起一系列迅速而有序的攻击，新泽西州还是被美军收复；1月5日前，美军在泽西山丘的莫里斯顿建立起作战总部，集结起主力部队，由于部队左翼靠着哈德逊河，所以军队又恢复了与战略中心的联系。纽约到特拉华

燃海的怒火：美国独立战争中的海军行动

河交通航线的一侧，是美军的一处险要之地，威廉·豪曾将战线轻易推进至此，但目前他只能将此战线收缩；在撤退和失败的阴霾下，他被迫重整旗鼓，继续战斗，这不仅给普通民众留下了印象，也让军事评论家印象深刻。比特森写道："国王陛下的军队在泽西地区进行的所有伟大征服之战中，只保留下来两个地方，布伦瑞克和安博伊；战役开始时英军确实取得了辉煌战果，但是冬季来临时，优势逐渐丧失，狡猾的敌人日益迫近，作战任务极其严峻。"他带着有意或无意的幽默，随即以这样一句话结束了这一年的纪事："陛下对豪将军在这场战役中表现出的能力和发起的行动心满意足，10 月 25 日，他授予他最尊贵的巴斯勋章。"

## 注释：

[15] 当时的填海造地让河面变窄。

[16] 比特森在《军事和海军回忆录》中记录（第六卷，第 44 页），豪军队有 34614 人，并没有把克林顿的分队计算在内（第六卷，第 45 页）。

[17]《詹姆斯上将日记》，第 30 页。（海军档案协会）

# 第三章 战争决胜时期：
# 布尔戈恩投降，豪攻占费城（1777）

1777年，英国政府的核心战略目标与1776年的目标一致，即控制哈德逊河和尚普兰湖一线。该战略目标由两支远征军负责执行，两支队伍分别从战线两端出发，向战线中心——哈德逊河航道终点城市奥尔巴尼进发。此前一年，英军摧毁了美军船队，重新夺取了纽约，已初步清除了障碍。英国海军在完成这两个作战任务中做出了突出贡献，剩下的任务需要两个作战基地得到加固后才能继续进行。1777年间，英军在哈德逊河上的防御工事不够坚固，尚不能阻止美国海军和联合远征军的进攻，在战斗过程中这一点已经得到了验证。

伯戈因将军接手了北方的战事。由于美国人没有能力再建一支新的海军部队与卡尔顿的海军抗衡，美军在战事上也按兵不动。因此，当伯戈因率领舰队出发时，一路顺畅，毫无阻拦，7月2日抵达提康德罗加，在此发现了一个位置极佳的指挥点，美

**燃海的怒火：美国独立战争中的海军行动**

军此前并未注意到这个位置的重要意义，因此没有及时建立炮台。英军占领该地后，美军被迫从此处撤离，之后英军在此处建起一座炮台。美军撤退走的是水路，斯克芬顿·卢特威奇上尉（Skeffington Lutwidge）（几年前曾与纳尔逊一同在北冰洋服役）领导的英国海军于湖上立刻展开追击，战果不菲；他们毁掉了之前封锁河道的障碍物，摧枯拉朽地摧毁了湖上的漂浮物、平船运输船以及阿诺德船队遗留的部分物品，这些遗留物品逃过了一年前被摧毁的命运，此次却没能幸免。这次战斗发生于7月6日，至此之后，战役向前推进主要以陆军为主。虽然英国海军在乔治湖发现并建造了据点，伯戈因也在此建立了一个补给站，然而他并没有利用海上运输为军队行军服务。爱德华·佩洛（Edward Pellew）当时还只是一名海军后补军官，带领一队海员一直随军作战，共赴远征，同甘共苦。据说，伯戈因战后打趣这位年轻的海军军官说，要不是他们这么努力，也不会有后面的困难。佩洛和他的士兵在危急关头重新整修了一座桥，伯戈因才得以在哈德逊河上游率军穿过。但穿过后由于自然条件艰苦，敌军实力强大，部队在进军过程中行进缓慢，20天内才行进了20英里。7月30日，这支部队抵达距离奥尔巴尼40英里的爱德华堡，被迫在那里停留到9月中旬。由于战争指挥部的疏忽，命令威廉·豪爵士沿哈德逊河进军并与伯戈因会合的指令没有发出，因此，豪酌情行使了他的指挥权，在充分考虑政治因素的情况下，决定重新向费城发起进攻。他派人进入新泽西打探，见识了华盛顿的实弹演习，发现攻打新泽西这条路太过冒险。于是，他留下8000人的兵力与亨利·克林顿爵士一起驻守纽约，自己带领14000人登

## 第三章 战争决胜时期：布尔戈恩投降，豪攻占费城（1777）

船，转而前去支援伯戈因；整个战队大约有280艘军舰，7月23日，威廉·豪直接率领五艘64门炮舰、一艘50门炮舰和十艘小型舰艇，从桑迪胡克启航。为了不暴露行军目的地，迷惑华盛顿，他们兜兜转转，可谓煞费苦心；但是，伯戈因的行动和英国军部的目标几乎人尽皆知，对方指挥官又卓有能力，对一个违背合理军事原则的战术安排，不难做出正确判断，所以英军根本没有必要欲盖弥彰。华盛顿写道："从某种程度上说，豪放弃支援伯戈因这件事本身就非常蹊跷，所以我必须走出迷障，不被迷惑，才能完全确认真相。"当时，他曾怀疑这支队伍会重返纽约。

7月31日，伯戈因抵达爱德华堡，在那里坚守了六个星期之后，豪的舰队停靠在特拉华州的海角附近。美国海岸的夏季盛行西南偏南风，适合船只沿河而上行进；但是情报显示，敌人已经封锁了向上行进的航道，费城下方一段距离的航道防御同样严密。即便占领了这座城市，能否保住战果还需要看能否全面打通水上航道，通过之前的试探性战斗发现，全军都无法确保与另一个海上基地——纽约进行陆路交通运输，因此豪决定取道切萨皮克河。他当时认为，沿切萨皮克河向北行进应该不会遇到任何阻击。没想到，在接下来的两周时间里，西南风和海浪成了舰队最大的阻碍；8月15日，舰队终于到达切萨皮克湾，随后又过了一个星期才到达海湾的最北端。8月25日，部队在切萨皮克湾登陆。华盛顿虽然长期备受质疑，一直在据理力争，但是他兵力严重不足，因此豪在前往费城的路上没有遇到强大的阻击，并于9月26日占领费城。在此前一周，伯戈因抵达哈德逊河西岸的斯蒂尔沃特，这已是他行军的极限，此处距离奥尔巴尼还有20

### 燃海的怒火：美国独立战争中的海军行动

英里。三周后，由于人数与美军相差悬殊，他撤退到了萨拉托加，战败后不得不在此（萨拉托加）宣布投降。

豪勋爵一直在切萨皮克湾北端坚守，直到确信他的弟弟不需要他的支援才离开。9月14日，他带着舰队及护航队沿切萨皮克湾向南行进，并派遣一支先遣队前往特拉华州，以便在必要时协助主力军。此时南风强劲，需要等上十天才能出海；随后，恶劣的天气让舰队行进雪上加霜，出海时间再次推迟。这位海军上将不得已与护航队分开，匆匆沿河而上回返。10月6日，他到达切斯特附近，此处距离费城10英里；早在一周前，英国海军就已经在此地着手清除障碍，这里的两条战线，均处于位于特拉华河较远处的泽西海岸上的炮台火力范围之内，南面的炮台已有军队驻扎；豪到达时，尽管船只遭到了美国桨帆船和火船的阻挠，但还是为大型船只接近上方的防御工事开辟了通道。防御工事主要有两个，一个是泽西海岸上红岸的防御工事，另一个是河另一边的泥岛上名为米夫林堡的要塞。[18]此处航道只有200码宽，位于半英里处，防御固若金汤，部队无法突破登岛，这两处防御工事阻挡英舰队足足有六个星期之久。米夫林堡获得了两座浮动炮台和多艘桨帆船的助攻支援。这些桨帆船不仅在战斗中可攻可守，还可为美国驻军的物资和弹药补给提供保障。

10月22日，英国陆军和海军分别对红岸堡垒和米夫林要塞发起了协同进攻，战事惨烈。陆军被美军击退，指挥官被杀，损失惨重。由一艘64门炮舰、三艘护卫舰和一艘单桅帆船组成的舰队同时对泥岛要塞展开军事进攻；然而，航道可能由于设置的

## 第三章 战争决胜时期：布尔戈恩投降，豪攻占费城 (1777)

障碍物而发生了改变，造成了64门炮舰和单桅帆船搁浅，当天无法上浮。23日，美国人的炮台、桨帆船和火船对这两艘船集中开火，64门炮舰在准备打火的过程中起火爆炸，单桅帆船也被烧毁，海员弃船而去。

只要这两个防御工事还在，英军在费城的所有补给就只能用船运到岸边，再经陆路长距离运输。事实证明，要想清除这个防御工事，直接进攻是行不通的，因此英军采取了更为谨慎的做法，由陆军建造炮台，海军将炮运送至岸上，再将其装进炮台；但是对要塞决定性的打击来自一艘小型武装舰船——"警戒"(the Vigilant)号20门炮舰。11月15日晚，这艘小炮艇引航一个装有3门24磅炮的浮动炮台，成功通过了河道西侧的航道，突破到防御工事的后方。当晚，美军放弃了米夫林堡。比特森说，美军伤亡共近400人，英军伤亡43人。如果这一数字无误，那就说明美军比起英军，战斗实力相差悬殊，却仍能顽强坚守阵地，他们一定是不可战胜的。泥岛要塞失守后，红岸堡垒无法再发挥其优势，21日，英军的进攻迫在眉睫，美军不得不撤出堡垒。美军舰船沿河向上游撤退，但退路已绝，最终全军覆没。现在，行进障碍已被清除，英军占领特拉华八周后，打通了特拉华河沿线的水上交通航线。但短短六个月后，他们又无奈撤出了特拉华。

几场战事后，10月17日伯戈因投降的消息让威廉·豪的胜利喜悦荡然无存。他知道，英国政府一定会让他为此次战败负主要责任；在切萨皮克的时候，他收到了一封来自战争总指挥的信，信中让他无论如何都要放下手头的其他任务，全力支援伯戈因，但现在想要挽回战败的态势，为时已晚。

亨利·克林顿爵士在纽约已经通过实际战斗证明，对费城的围困战，豪完全可以带着他的20000名士兵沿哈德逊河行进。从10月3日开始，克林顿率领3000名士兵，在一个海军护卫舰小分队的护航下，在一周内到达了位于哈德逊河上游50英里处的西点军校。沿途的美军工事被攻占，军事防御被夷平，物资和船只被烧毁；而这样一支微不足道的小分队，乘着轻型舰船，又继续向上行进50英里，摧毁了更多的军用物资基地，途中所遇到的军事抵抗不值一提。当然，如果豪采取同样的行军路线，他不得不考虑在切萨皮克向费城的行进途中，可能会与华盛顿的10000名美军短兵相接；他的队伍从起点一直到奥尔巴尼，都可凭借一条可通航的河流做掩护。在河流两侧，豪可以通过浮桥往返，该浮桥一直掌控在英国海军手里，由他们把守。防御工事已被克林顿毫不费力攻下，其他如新泽西州的山地、华盛顿的策略等，都没有对豪的物资运输或他队伍侧翼的安全构成威胁。

1777年的战役就这样落下帷幕，英国人损失惨重，表面看似胜利，结果一败涂地。战役结束时，他们占领了纳拉甘塞特湾、纽约市、纽约港以及费城。纳拉甘塞特湾是一个军方必争的海军基地，更适合帆船停靠，对此，罗德尼曾给出充分的解释。当时的纽约港和现在一样，已成为美国大西洋沿岸最大的军事基地；尽管这两个基地无法进行陆路交通运输，但在一场主要以海上较量为主的战争中，它们作为海军基地能够遥相呼应，互为支撑。费城除了分化和分散英国的战争专注力之外，在战事中没有

### 第三章 战争决胜时期：布尔戈恩投降，豪攻占费城（1777）

起到任何作用。费城军队的物资给养离不开海上运输，除了海战之外，无法在其他情况下与纽约的部队联手作战。克林顿接替了豪的总司令职务，虽然当时所处位置与费城相距不到 100 英里，但他不得不从纽约绕路，航行 200 多英里才到达费城，其中一半时间用于渡过激流险滩；部队在转移时也需历经同样艰难的行军过程。鉴于此，在英法开战后，海洋的控制权的重要性还没有显现时，英军不得不放弃费城。他们在此处总共驻扎了不到九个月的时间。

1777 年间，英国陆海联合部队发动了多次突袭，目的是破坏美国的军事物资基地和其他资源。总的来说，突袭行动有助于实现中断或干扰敌人交通运输的伟大目标，其重要性可与战争的主要战役相提并论；但单看突袭行动，它的重要性很值得推敲，因此我们只是简单地提及，不做详细论述。可以说，这些突袭行动虽然规模不大，但作用明显，当前英国在世界各地进行的许多远征战争和小型战争中，海军所起的作用也一样明显，所起到的作用与 1808—1812 年威灵顿在西班牙半岛战役中所发挥的作用也有异曲同工之妙。陆地部队依赖海洋，而海洋由海军掌控。

## 注释：

[18] 舒尔基尔河口的下方，距离现在的联盟岛海军造船厂不远。

# 第四章　英法两国开战（1778）

英军撤离费城，德斯坦（D'Estaing）和豪在纽约、纳拉甘塞特湾和波士顿展开军事较量，最终豪勋爵大获全胜返回英格兰，德斯坦令美军大失所望

法国政府对1777年的战事志得意满，因为他们发现，美国人的实力和战术足以对英国形成牵制，因此他们认为此时是发起战争的最好时机。1778年2月6日，法国与美国签署了两项条约，一项是法美友好通商条约，另一项则是美法缔结防御联盟的秘密条约，法国对不久前宣布独立的殖民地政府予以承认。3月13日，法国驻伦敦大使向英国政府通报了法美友好通商条约的内容，承认"美国1776年7月4日的独立宣言，宣布美国完全独立"。英国随即召回其驻法大使，尽管英法两国没有发表声明，但两国联手的战争蓄势待发。4月13日，一支由12艘战舰和五艘护卫舰组成的法国舰队在德斯坦伯爵[19]的带领下，从土伦出发，驶向美国海岸的特拉华湾，意欲对豪的舰队进行拦截。在直

## 第四章 英法两国开战（1778）

布罗陀海峡以西 40 英里处，德斯坦奉命展开进攻。

英国内阁已经嗅到了战火的气息，甚至在此前一年就已经感受到了战事的临近；遗憾的是，1777 年的战役胜利让英军冲昏了头脑，由于自信过度而疏于准备。舰船的实际数量和装备情况与英国海军部给出的配置标准相差甚远，船员的配备也面临重重困难，一度人员没有增长。为了加强对驻美英军的增援，英吉利海峡驻扎的舰队不得不从自己的船只上抽调船员和物资。法国的土伦舰队行踪成谜，法国政府声称舰队将驶往布雷斯特，因为当时 20 多艘战舰在布雷斯特已处于备战状态。6 月 5 日，在德斯坦出发八周之后，一艘护卫舰终于传来了确切消息，这艘护卫舰在直布罗陀海峡盯上德斯坦舰队，一直沿途严密监视德斯坦的行踪，并也在海峡以西 90 里格处随舰队进入了大西洋。随后，英军前往美国增援的部队获准出发。6 月 9 日，在海军中将约翰·拜伦（John Byron）[20]的带领下，13 艘战舰向纽约驶去。

舰队配备不及时以及行军进程的延误，侧面却偶然引发了一个特别却又让人震惊的后果，那就是对商业造成了消极影响。大量西印度船只，满载物资，为保卫岛屿提供物资保障，为了等待护航的舰船，它们在朴茨茅斯滞留了三个月之久，整个舰队的 80 艘帆船在集结准备好出发之时又延误了五个星期；据记载，"5 月 19 日风向利好，但由于护航船'博因'（the Boyne）号和'红宝石'（the Ruby）号尚未准备到位，延误到 26 日舰队才启航。"45 名船主和船长联名上书海军部，对此情况进行申述。他们说，"护航队原定于 4 月 10 日启航"，许多

#### 燃海的怒火：美国独立战争中的海军行动

商船早在2月就已经准备就绪。"各位大人，这样欺骗公众的做法难道不可耻吗？这三个月来，有200艘满载粮食等物资的船只每天在斯皮特黑德等待。每艘船每月的平均费用为150英镑，因此，自2月份以来，整个西印度船队的费用高达90000英镑。"

北美战争爆发前，西印度群岛主要依靠美洲大陆殖民地提供粮食和其他必需品。战争爆发后，物资供给中断，民众生活窘迫，痛苦不堪；种植园主不断向政府申述，强烈要求政府出面解决问题。另外，美国的私掠者大肆掠夺商业资源，西印度群岛的工业被彻底摧毁，进出口贸易受到严重影响，让经济雪上加霜。

1776年，无论白人或黑人，食用盐的价格飙升，开始上升50%，后上涨到100%，而奴隶（即劳动阶级）主要依赖的食物玉米则上涨了400%。与此同时，糖的价格下降了25%，随后再次下降了40%，朗姆酒价格的跌幅超过37%。在有关情况的报道中，"饥饿"和"饥荒"这两个词出现最多，1778年这两个词仍被反复提及。船只保险费用上升23%，实际损失中还包括船只被俘获的损失，[21]再加上美国停止了贸易往来，以及随之而来的价格下跌，导致战前每100英镑的利益可能就要缩水66英镑。尽管面临诸多困难，1778年的西印度船队还是在4月10日到5月26日之间，用了六周的时间等待护航舰。舰队启航后，英国港口对所有船只实行严格禁运，甚至不允许市场上的船只在朴茨茅斯和怀特岛之间通行，船员只能为本国舰队提供服务。

拜伦出海三天后，奥古斯塔斯·凯佩尔（Augustus Keppel）

上将也率领 21 艘战舰出海,在布雷斯特附近巡航。他奉命阻止土伦与布雷斯特舰队会合,如遇到两者中任何一方,立刻展开进攻。6 月 17 日,他发现了两艘法国护卫舰。为了防止他们报告自己的行踪,这位英国海军上将派出两艘护卫舰,向法国护卫舰提出与凯佩尔上将对话。"贝尔·波尔"(the Belle Poule)号 36 门炮舰拒绝了这一请求,并与英舰"阿雷图萨"(the Arethusa)号 32 门炮舰交火。法国国王随后宣布,这一事件标志着英法战争已经打响。不过,尽管凯佩尔和德斯坦均下达过进攻命令,进入了战斗状态,但实际上,正式的战争还未开始。

拜伦在巡航途中遭遇巨浪袭击,逆风强劲,船只被大风吹得七零八落,损毁严重。8 月 18 日,也就是从普利茅斯出发后的第 67 天,拜伦没有让其他舰船同行,乘旗舰独自出发,抵达纽约以东 90 英里的长岛南部海岸附近。此处法国的 12 艘舰船在背风处(北面)停泊,相距拜伦所去的地方 9 到 10 英里远,这些舰船除桅杆受损外,其他部分也有不同程度的损毁。英国船只靠近后,发现这是一支法国德斯坦的舰队,舰队遭遇狂风,船体受损;豪的部队也受到了这场大风的影响,但损失不大。拜伦独自行动在外,对现有情况一无所知,认为继续前往纽约或纳拉甘塞特湾是不明智的行为。当时,风向偏南,他乘船前往哈利法克斯,于 8 月 26 日到达。拜伦舰队中的一部分舰船也驶来哈利法克斯,另外少数舰船抵达纽约,与豪成功会合,幸运地逃过了敌人的攻击。

如果一直等待政府的支援,豪勋爵的部队可能早就溃散了。他认为,自己之所以能够全身而退,一部分原因是自己行动敏捷,另一部分原因是对手的一再拖延。5月初,他收到了英国政府的指令,让他迅速放弃费城和特拉华湾。因此,他从纽约和纳拉甘塞特撤出了战舰,将它们集中在特拉华湾河口,运输船上满载军需,只给驻扎的军队留下两周的物资。此时,海岸边可能有大批敌人来犯,因此他不敢冒险,最终选择行军90英里,穿过新泽西州,这一行军方案对大型部队来说风险太大,因而在此前一年并未被采纳。目前,部队应该做的就是做好撤离准备,待撤离时迅速行动,不误时间。5月24日,威廉·豪爵士卸下职务,由亨利·克林顿爵士接替,返回英国,不用再直面责难,谴责他将宝贵战果拱手让人。6月18日,在海军的引领下,12000名英军横渡特拉华河,向纽约进军,开始他们险象环生的征程。第二天,运输船开始顺流而下;但是,由于航行水道复杂,再加上逆风和无风作祟,他们直到6月28日才成功出海。7月8日,德斯坦舰队到达并成功停靠在特拉华河口,比原计划晚了十天之久。华盛顿写道:"即使这只是一条普通长度的水道,但豪勋爵率领的英国战舰以及特拉华河上的所有运输船都在此折戟沉沙,只要亨利·克林顿爵士率领的军队不像伯戈因那么倒霉,他的收获一定比这些人多。"

如果豪的舰队被拦截,纽约就会丧失沿海防御,法国舰队就能轻松地通过港口的沙坝地带;夹在法国舰队和美国舰队之间的克林顿部必定会投降。豪的到来解除了被前后夹击的危机,但仍需进一步推进战果,否则战败的结局只是推迟,却无法避免。舰队和整个护航队借着有利风向,在48小时内从特拉华州赶到桑

## 第四章 英法两国开战（1778）

迪胡克。29 日上午，当豪靠近港口时，他收到了来自英国的信息，带来了有关德斯坦舰队的确切行踪，消息中说在南面距美国海岸不远的海上，该船与德斯坦舰队遭遇并被追击。因此，德斯坦很有可能会在纽约附近现身。

豪采取的措施迅速彻底，他向来因果断有力而闻名遐迩。为了提前获知德斯坦航行轨迹，豪派出大批巡洋舰密切监控，一部分巡洋舰随时向他报告德斯坦的动向，另一部分则在德斯坦身后监视。停泊在纽约的舰船奉命向南行进，驻扎在桑迪胡克对入口进行防御。克林顿在整个行军过程中一直受到华盛顿的压制，他于 6 月 30 日，也就是豪到达的第二天，抵达桑迪胡克以南海岸线上的纳韦辛克高地。前一年冬天，海水在高地和胡克之间的缺口灌入，把胡克围成了一个岛屿。海军在两地之间架设了一座船桥，7 月 5 日，军队通过这座桥抵达胡克，随后前往纽约市。

同日，一艘巡洋舰在弗吉尼亚海岸发现了法国舰队，7 日，该巡洋舰将消息带给了豪；两天后，有消息传来，敌舰队已于 8 日在特拉华河附近停靠，这支德斯坦率领的舰队在此处逗留了两天，这位英国海军上将迅速通知拜伦有关敌方的动态，告知他已经知悉他的到来。尽管豪已经竭尽全力，但战前准备工作仍远未就绪。11 日上午，第三艘巡航舰归队，带来法国舰队正在逼近的消息。当天晚上，英舰队停航在外，于桑迪胡克以南 4 英里之外停靠。这段时间，豪殚精竭虑，设计作战计划，监督作战细节，根据已确定的部署安排船只位置，耐心向舰长们做出详细解释，确保他们能够各司其职，协同作战。

这片被称为"桑迪胡克"的狭长陆地从新泽西海岸向北延

伸，南侧涵盖纽约下湾地带。当时，海峡水道和现在一样，呈东西走向，与胡克形成直角，靠近其北端位置。在海峡北面的陆地上，防御工事还不够坚固，无法抵挡火炮射程内的袭击。因此，人们在胡克海岸边的炮台上安装了五门炮，建成右翼防御工事，七艘舰船列队，绕过海峡的南部边缘，继续向西驶去。法国舰队日益逼近，如果他们想要展开进攻，必须借助东风和潮汐，因此，豪将船只设计成的摆放方式为：头朝东，每两艘船首尾相连，每一个船头都摆在后面船头以北。之所以按照这样的锯齿形状摆放，是因为这样每艘船的舷侧都可以向东倾斜，但又不会与其东边的船相撞。为了集中火力攻击东面，回击敌人从该方向的进攻，每艘舰船的外侧或左舷都装有一个到缆滑轮[23]，除导航舰外[24]。与以往不同的是，这些到缆滑轮并没有被固定在船头的缆绳或锚上，而是被装在距离船首左舷较远的锚上。如果敌人发起进攻，只需紧紧抓住到缆并使缆绳转向，就能使舷侧朝东摆动。如果敌人没有被炮火击中，侥幸逃脱，那么英军只需紧握缆绳，放开到缆，舰船就会迎着东风摇摆，舷侧将再次转向北面，与海峡方向呈垂直角度，这样就可以继续前行并与英军防线平行。当然，即便是如此细节化的安排可能也会遇到炮弹轰断缆绳或打掉到缆的危险情况；但是，在敌人还不能占领炮台之前，他们的桅杆、索具以及船体也有可能受损，这样伤害就相互抵消了。

以上是豪部署的主要防御措施，纽约是固若金汤还是不堪一击都在此一举。舰队中有五艘64门炮舰，一艘50门炮舰，还有一艘武装货船。豪在胡克以外两三英里处，布置了一条由一艘50门炮舰和两艘小船组成的防线，当敌人从此处穿过时，可以

## 第四章 英法两国开战（1778）

对其发起攻击，当敌舰逼近时，能够迅速撤退；另外四艘桨帆船组成了第二条防线，与第一条防线发挥同样的作用。这四艘舰船也驻扎在海峡对面，紧靠着胡克的海岸线，[25]可以随时安全退回浅滩，以免被敌军追击。一艘64门炮舰和一些护卫舰组成了预备队，游弋在主防线内，根据情况需要随时行动。英军目前的兵力为六艘64门炮舰、三艘50门炮舰和六艘护卫舰。德斯坦的舰队由一艘90门炮舰、一艘80门炮舰、六艘74门炮舰和一艘50门炮舰组成。尽管双方实力有很大差距，但豪勋爵可以通过娴熟的战略部署，弥补两军差距，将敌人困于军阵之中。如果法军舷侧面向英军，英军则战胜的希望渺茫。当然这样做，法国舰队也必将在英军最大射程内和军舰迫近时，承受英军炮火的袭击而无法还击。这场赌注无疑是巨大的，英国海员认为胜算很大，他们热血沸腾，战意高昂。战舰上人手明显不足，于是豪从运输船上征召人手。由于人数激增，舰船领导层无法有效管理；许多名字不在船员名单上的人，藏在运送船员的小船上登上战舰。港口里的商船船长和大副为军队提供支援，他们沐浴炮火依然坚守岗位。还有一些人则乘小船在海岸边巡逻，警告其他船只不要靠近；但仍有许多船只落入敌人手中。

与此同时，德斯坦与华盛顿进行了联络，华盛顿的一名副手访问了德斯坦的旗舰。一些来自纽约的舵手也被派出随行。在了解法国重型船只的吃水情况后，舵手们认为，沙坝处的最高水位只有23英尺，这些重型船只根本无法入港。如果情况的确如此，那么豪就无须众目睽睽下在海上和岸边做出防御准备。但是，德斯坦虽然个人性格勇如雄狮，在行军打仗方面却畏首畏尾，自

30 岁加入海军以来，他竟然从来没有从事过低级别岗位工作。旗舰上的一名中尉在做出一番测量后，和舵手确定水位不低于 22 英尺，舰船可以通过沙坝。命运的垂青渐渐偏离，仿佛是在嘲弄那些无能或犹豫不决的人。7 月 22 日，一股清新的东北风吹起，大潮汹涌，沙坝上的水位达到顶峰。[26]

英国舰队上的一位目击者写道："德斯坦和他的中队 8 点开始出发。他们迎风航行，似乎希望在涨潮时找到一个合适的位置横渡沙坝。风向对对方极为有利，正好从法军发起攻击的最有利的地点吹来。当天下午，大潮达到最高点，沙坝上的水位高达 30 英尺。因此，我们预计这将是两国之间有史以来战斗最白热化的一天。对于我们来说，战斗一触即发。一旦战斗失败，运输舰队和补给船队一定会被摧毁，整个陆军也必然与我们一起被消灭。然而，德斯坦缺乏足够的冒险精神，3 点钟，我们发现他向南转向，几个小时之后，消失得无影无踪。"

四天后，豪在这次的战斗报告中写道："过去的三天里，天气有利，是进入港口的绝佳时机，我断定法国指挥官已经大功告成。"显然，这位经验丰富的英国上将根本没有想到敌军会毫无建树。

在 22 日这次露面之后，德斯坦率舰队向南面行驶，当时的风向是东向。英国的侦查船传回消息说，他们一路跟随德斯坦，一直向南，最后到达距离陆地 90 英里的特拉华海角。在英军监视船离开后，摆脱了监视德斯坦转而向纳拉甘塞特湾进发。到达纳拉甘塞特湾后，为了支持美国陆军部队，他和华盛顿发起了一次联合进攻。29 日，他在罗德岛以南 3 英里处下令下锚停靠，等待时机强行突破入岛。

纳拉甘塞特湾由几个岛屿组成。罗德岛和科纳尼科特岛紧邻大海，占地面积最大，其中，科纳科特更靠近西面。它们总体呈南北走向，和海湾的方向一致。两座岛屿将入口分为三个通航水道。东部的水道被称为西空纳特，位于罗德岛上方，无法通航。中部通道是主要的通航水道，西侧与科纳切特上方的水道相连，这两条水道都通往海湾上游。纽波特镇位于罗德岛西侧，距离主入口水道4英里远。

7月30日，也就是法国舰队抵达的第二天，两艘美军战舰在日后大名鼎鼎的叙弗朗的带领下，沿着西部的航道向北航行，在科纳尼科特南端附近停泊。其中一艘战舰在途中被英国炮台击中两次。与此同时，法国的两艘护卫舰和一艘轻型巡洋舰进入西空纳特，由于火炮失效，英国将军罗伯特·皮戈特（Robert Pigot）爵士从科纳尼科特撤出了他的分遣舰队，并将大部分兵力集中在罗德岛南部和纽波特附近。临撤退前，英军放弃并烧毁了一艘名为"翠鸟"（the Kingfisher）号的16门炮单桅帆船，以及一些当时在此驻扎的桨帆船。

纽波特内港的所在地山羊岛仍被英军占领，主航道的防御炮台以及罗德岛南北两面的炮台扼制着通道。8月5日，美军叙弗朗的两艘舰船再次启航，驶过西部航道，在科纳尼科特以北的主航道停泊；他们以前的阵地由另外两艘战舰把守。[27]英国高级海军军官发现南北两边的退路都被切断，便摧毁了那些无法进入内港的战舰[28]。为了阻止敌人从山羊岛和罗德岛之间通过，英军在此处击沉了两艘战舰。为了保护内港锚地，他又在山羊岛和科斯

**燃海的怒火：美国独立战争中的海军行动**

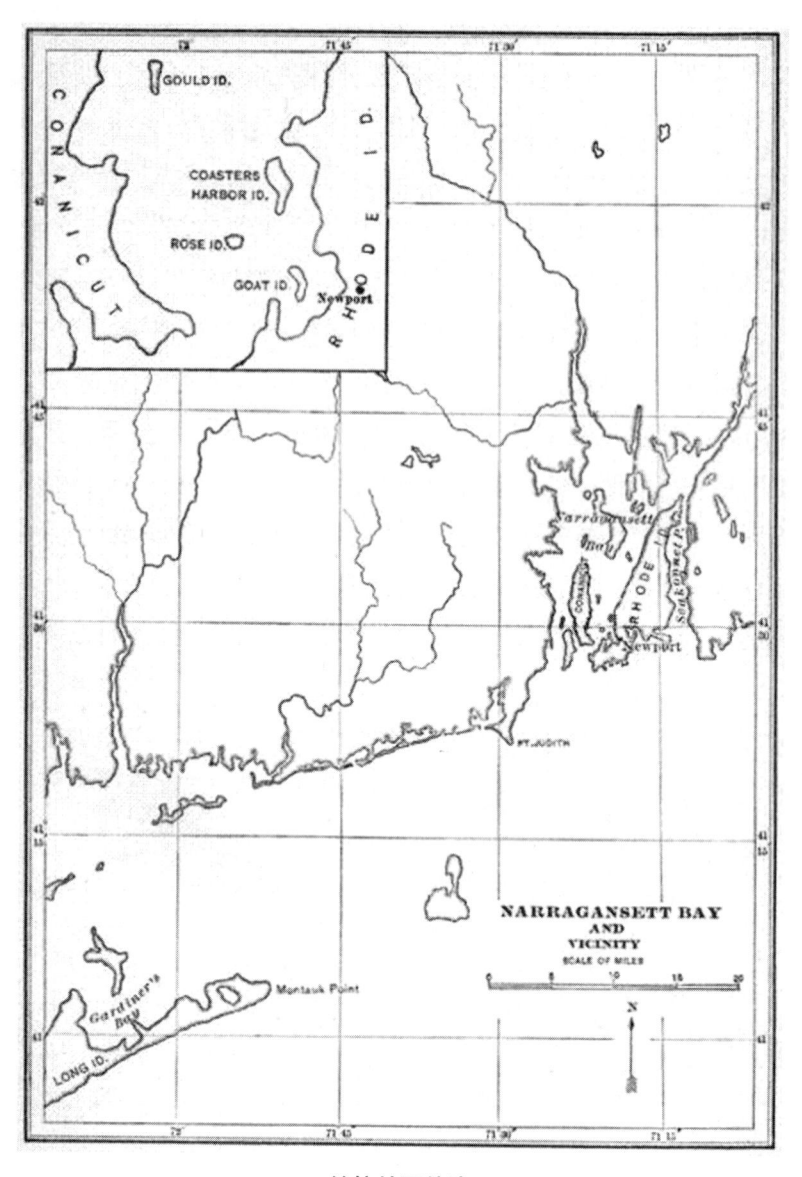

纳拉甘西特湾

特港之间，靠近山羊岛以北的地方，击沉五艘运输船。这些最初的战斗让英军方面也损失了五艘护卫舰、两艘单桅帆船，以及一些桨帆船。法军从俘获的船上卸下枪支和弹药，用以加强自己的防御；船上被俘的1000多名官兵在法军的防御工事中沦为劳工。

8月8日，余下的八艘法国战舰控制了罗德岛和山羊岛的炮台，停泊在山羊岛和科纳尼库特之间的上游处，随后与四艘先前派往西部通道的战舰在此会合。此时，10000名美国士兵已经穿越大陆抵达罗德岛北部，德斯坦立即从舰队中抽调4000名士兵和海员，派往科纳尼科特登陆；随后，他们也将前往罗德岛加入战斗。目前看来，英国驻军大概有6000人[29]，法军凭借优势明显的军事力量，从水陆两面将他们围得水泄不通。然而，这种围困并没有持续多长时间。次日清晨，豪勋爵出现了，他在距海湾入口7英里处的朱迪思角停靠，与法国舰队相距12英里。他带来的舰队，力量大大超过他保卫纽约时所集结的舰队，舰队中共有13艘战舰，其中包括1艘74门炮舰、7艘64门炮舰和5艘50门炮舰，另外还包括几艘较小的船只。然而，哪怕运用海军最精密的计算方法，他军队的实力仍然大大低于对方战力。

豪在纽约的作战部署贯穿始终。战前，他一直为对敌作战做精心准备，敌人撤军后，仍然坚持战后收尾，有始有终。战前，从费城首次到达纽约时，他迅速命令所有舰船做好出海准备，这样的未雨绸缪或多或少推迟了他们占领桑迪胡克的时间，然而这种推迟并没有延误战机，反倒恰逢其时。在接到法军舰船接近的信号时，豪的两艘舰船就已经在水边埋伏多时。7月28日或29日，从哈利法克斯出发的"莱森纳布尔"（the Raisonnable）号64门炮舰[30]抵达，给豪带来了有关敌人新的攻击目标的情报，豪并没有因为他的战前准备而耽误任何时间。"莱森纳布尔"号于27日晚悄悄潜行从法国舰队旁边通过，向罗德岛驶去。26日从西印度群岛到达纽约的"名望"（the Renown）号50门炮舰也有类似的经历。前天晚上，它不知不觉地从敌人后方驶过，全然未被发现。除了这两艘舰船外，来自哈利法克斯的"百夫长"（the Centurion）号50门炮舰和"康沃尔"（the Cornwall）号74门炮舰也赶来与豪的舰队会合；"康沃尔"号74门炮舰于30日渡过沙坝，是拜伦舰队中第一个到达纽约的战舰。另外三艘战舰隶属于豪的舰队。"百夫长"号和"康沃尔"号的增援最为得力，当军舰指挥官得知德斯坦军队在海岸出现时，就立即对他们进行了炮火驱逐，海军上将豪对这两位兢兢业业的指挥官表达了谢意。德斯坦在此时到达对英军来说正是时候，这个时机引起了人们的注意。当时的一篇报道写道："如果德斯坦再早到几天的话，要么两军的交火被阻止，敌军被迫撤离出海，要么敌军为自己的胜利再添凯旋之战，我军再蒙受战败之耻。"

"康沃尔"号在海上历经了52天的狂风暴雨，终于成功抵达。8月1日，也就是它抵达的48小时后，舰队做好了出海的准备，豪也打算启航，然而，起锚的信号刚刚发出，风力立刻升级。只有在涨潮的时候，重型船只才能穿过沙坝，舰队只能原地等待，直到6日早上天气才好转。"罗德岛非常重要，"报道还说，"由当地驻军组成的这一支庞大的英国军队，其命运对战争走向有着不可估量的影响。因此，毫无疑问，海军上将会争分夺秒，不遗余力地支援。"豪获悉法国舰队派出了分遣舰队，就希望可以善加利用并创造机会。简言之，危急关头，他义不容辞，身兼重任，敢冒风险力求获得一个有利的战机。9日，他在朱迪思角外下锚，并与驻军取得了联系，了解了迄今为止的所有战事，也了解到敌人装备精良，船只类型多样，可在岛屿的任意地方下水。

德格拉斯（deGrasse）在约克驻扎时，有消息称一支英国舰队正在靠近，实际上这是一个谣言，华盛顿发出紧急通告，成功阻止了德格拉斯想要放弃切萨皮克的打算，切萨皮克是俘虏康沃利斯的关键所在。此时，驻守在纳拉甘塞特湾的德斯坦，见豪的舰队军事力量如此薄弱，不再甘于只守住阵地并开始试探性出击。[31]当战斗的决定性优势要靠坚守阵地来实现，敌方舰队稍有靠近都会对这两位海军将领的决策产生一定的影响，关于"现有舰队"的影响因素有某些极端观点，以上的说法似乎与之吻合；但是要分析促成某种情况的条件，人们也会提出这样的问题：这种影响是否总是合理的？只要舰队存在就会有这种影响吗？这样的影响是否与人的性格有关？当时对纳拉甘塞特湾战斗的报道，先是描述了英军舰队面临的困难和障碍，分析了其自身劣势，接着写道："因此，作战经验丰富的军官们认为，德斯坦不应该冒险发起进攻；从勋爵的公开信可以看出，他也持有相同观点，认为在这样的情况下，给将军率领的舰队提供任何必要的援助都不利于战局。"按照当时的战况，有两种情况出现，就不应该发动进攻。一种情况是因为战争的需求，海军将领做出不得不牺牲坚守阵地

燃海的怒火：美国独立战争中的海军行动

的决定。况且这个阵地不只是单纯意义上的阵地，更是敌人组织力量的咽喉之地。第二种情况是对实力较低舰队产生了道德责任。

豪一现身，前一天在科纳尼库特登陆的法国海员就被立即召回到船上备战。第二天早晨，也就是 8 月 10 日早 7 点，刮起了强劲的东北风，这样的风向在夏季非常少见。德斯坦立即出海，迅速割断缆绳。两个小时后，他到达海上，向敌人进发。不出所料，豪立即撤退；舰队现在处于劣势[32]，不利于交战，除非能够获取交战的有利条件。为此他必须借助有利风向，如果南风起他就可以抢占进攻的绝佳位置。法国海军上将的目标也是如此，他希望能重创豪这个反应迅速的对手；当天的风向是西南风，尽管豪有着丰富的作战经验，但法军一直保持着开始的优势。夜幕降临时，两支舰队仍保持左舷向南航行，风向不断变化，但整晚双方的航线都没有变化，法军舰一直缀在英军舰左舷方向后方 5—6 英里处。到 11 日凌晨 3 时，法舰逐渐赶上英舰，双方舰队已经目力可及。豪在发送的快报中写道：早上（未说明具体时间），风向基本稳定，我们在东北偏东方向航行，在比前一天晚上更远的地方，正尽量夺取有利风向的位置。

当天，豪从"老鹰"号 64 门炮舰上摘下军旗，将其挂到了"阿波罗"（the Apollo）号 32 门炮舰上，自己的指挥舰则在两艘炮舰之间，以便更好地指挥行动。发现舰队无法占据上风位置后，由于不想离罗德岛太远，他连续改变航向，绕了一个大圈：上午 8 点向南，然后转向西南，再向西，直到最后，下午 1 点 30 分时，舰队已转向西北方向，整个舰队呈现出战斗队形。法国海军上将小心谨慎地在外圈跟随，但速度更快，因此他们早晨朝向

· 72 ·

东北偏东方向，也就是舰队当时出发的方向，与英国舰队的右舷同向迎风而行，下午4点，法军转向东南偏南方向，左舷或船尾方向受风，向背风处驶去。这时，豪估计法军先锋舰距离英军殿后舰距离有两三英里，他根据法军的列队习惯判断，德斯坦应该采用与英军相同的队形进行编队，以期"在背风处与英军舰队交战"，这样，他就可以在风浪越来越大时利用下层甲板火炮的优势。根据法军指挥官新的动向，德斯坦以重型舰船为先锋舰队，整个舰队几乎紧跟英军，豪由此推测法军意图最先对己方的殿后舰发动攻击。因此，他命令舰队中火力最强的舰船，也就是"康沃尔"号74门炮舰，与"百夫长"号50门炮舰交换位置，从舰队中锋出发，殿后航行。与此同时，他发出信号，让舰队向中锋靠拢。鉴于1780年4月17日的行动中，罗德尼（Rodney）的做法宣告失败，豪将军的这一战术细节值得参考借鉴。英军现在只需坚定地等待法军进入两军中间地带，并在德斯坦认为恰当的时候，向英军舰队的后方发起攻击；目前，海上的情况对敌军舰队中的大型炮舰非常有利。然而，德斯坦很快就放弃了进攻的打算，据说原因是"因为天气状况，舰船向南航行，风势加大，雨势滂沱，对交战十分不利"。另外，对于一场军事战斗，这个时间的确过晚。日落时分，英国人已经将顶帆收起，海面上的情况比较复杂，豪没能返回"老鹰"号。[33]

飓风呼号，狂风暴雨一直在海岸上肆虐，直到13日晚才渐渐平息，双方舰队的船体一片狼藉，舰船散落四方，损失惨重。12日晚，"阿波罗"号前桅被吹走，主桅断裂。第二天，海军上将目及之处只有两艘英国舰船和三艘较小的船只。天气转好后，

燃海的怒火：美国独立战争中的海军行动

豪登上"凤凰"（the Phoenix）号44门炮舰，向"百夫长"号50门炮舰驶去，他"向南航行，15日发现了法国舰队的10艘帆船，其中几艘帆船在距离五月角以东大约25里格的海面上停泊"[34]。他让"百夫长"号潜伏在那里，指引可能出现在海岸上的拜伦的舰队，引导他们向纽约驶去。随后，豪离开此处，并于17日晚与舰队在指定地点——桑迪胡克会合。每艘舰船都遭到了不同程度的破坏，但程度较轻；22日，舰队再次出海，继续搜寻敌人的踪迹。

法国人的损失更严重。旗舰"朗格多克"（the Languedoc）号90门炮舰船首桅杆被吹走，所有的下层桅杆都落入水中，舵柄被风折断，舵被彻底损毁。"马赛"（the Marseillais）号74门炮舰失去了前桅和船首桅杆。狂风过后，两支舰队散落各处，13日晚，这些受损的舰船分别遭遇了一艘英国50门炮舰；"朗格多克"号和"马赛"号分别遭到了"名望"号和"普雷斯顿"（the Preston）号的攻击。每一次战斗中，火力较小的舰船都更游刃而余；然而，"名望"号和"普雷斯顿"号却在夜幕降临时撤退，它们犯了一个共同错误，那就是把当时的有利时机推到了第二天，而今天过后，这样的时机是否还存在，就不得而知了。黎明时分，其他法国舰船赶来会合，作战机会也悄然逝去。英国"伊西斯"号50门炮舰被"恺撒"（the César）号74门炮舰赶超。在随后的战斗中，"恺撒"号的舵轮被击落，只能被迫撤退；另外两艘英国军舰，其中一艘遥遥可见，另一艘则在英军的记录中从未提及，英法双方都声称在这场拉锯战中占据优势。法国的一名舰长失去了一只手臂。

·第四章 英法两国开战（1778）·

8月15日，法国舰队在豪发现他们的那个锚地进行临时修整，随后再次向纽波特进发。18日，在向南前往长岛的途中，他们被拜伦的旗舰[35]发现。"试验"号50门炮舰被豪派往纳拉甘塞特湾进行侦察，却被法国舰队追击至长岛海峡，只能通过东河去往纽约；在所有50门炮舰中，也可以说在所有舰船中，这是第一艘通过地狱门（指纽约东河湾海峡）的舰船。20日，德斯坦与罗德岛上的美国陆军司令苏利文（Sullivan）将军进行了联络，但只是为了告诉苏利文，他个人和战争委员会都认为，舰队需要前往波士顿进行修整。无论这一决定是否恰当，但从皮戈特发给豪的报告中可以明显地看出战局的严重性。"叛军已经将他们的炮台推近至英国工事1500码的范围内。无论他们在前线有任何企图，自己都不会恐惧；但是，如果法国舰队介入战斗，就不能掉以轻心了。法军可能会登陆，并向着阵地的后方进军，如果战局如此走向，后果不堪设想。"德斯坦不顾沙利文的挽留，第二天就启航前往波士顿，并于8月28日抵达。31日，法军发现了不屈不挠的豪的舰队，在接下来的这三天里，法军的备战情绪十分高涨。49门火炮，18磅和24磅大炮，以及6门迫击炮，已全部就位，锚地内帆影纵横；"法国舰队非但不害怕进攻，反而急切地想要进攻"[36]。法国舰队从罗德岛撤出后，美军也从纽波特撤离。

当豪得知德斯坦再次在罗德岛附近出现时，他早已离开纽约。他仍像以往一样，带上13艘战舰，拜伦舰队的"蒙茅斯"（the Monmouth）号64炮舰加入了豪的舰队，取代了在之前的战斗中被毁坏的"伊希斯"号。在到达纽波特之前，豪得知法舰

### 燃海的怒火：美国独立战争中的海军行动

队已经出发前往波士顿。他期盼着法军能在乔治河岸外侧航行，这样他就能沿着里面较短的航线预先到达位置对他们进行拦截。不过正如我们所看到的，他最后没能如愿，敌人的阵地打造得更加坚固，无法找到突破口进攻。法军向波士顿撤退，标志着 1778 年北美水域的海军战斗的结束。

理查德·豪伯爵　　　　　　查尔斯·亨利·孔德·德斯坦伯爵

德斯坦或许是无法再次对罗德岛发起进攻，或许内心也抵触再次交战，因此豪无可辩驳地成为这场战役中最后的赢家，这是他与其支持者们应该共同享有的喜悦，当然，豪本人也乐于与民共欢。他的舰队离开英国已有两年之久，且大部分时间停留在一个没有船坞的国家，没想到竟能在狂风过后的十天里傲视海上；反观他们的对手，从法国一路行军，三个月内一直在海上训练，却遭到惨败，此前他们就错过了纽约的进攻机会，现在又不得不放弃罗德岛的战场,放弃胜利的曙光,这一切都说明,英国军官和船员在战力上仍然具有决定性的优势。普通官兵作风优良,军队指挥官卓越的品质更加引人注目,否则再优质的士兵也只能是明珠暗投。战斗的复杂形势无限地激发了豪身上的优秀品质:坚定隐忍,坚持如一,不骄不躁;他战术精妙,深思熟虑,枕戈待旦。或许豪并不聪明,但他思路清晰,才思敏捷,战术多变。他身上那种从容不迫、不屈不挠的风格已成为他最具特色的魅力,这种特质助力他在防御战中冷静应对敌人各种战法。豪深知自己肩负重任,总是随时待命,从不懈怠。综合来看,他的能力似乎不够全面,但事实并非如此。他虽然不能深谋远虑,但每一步都能做到稳扎稳打,坚实果断。他带领一支毫无优势的队伍拯救了英国舰队,拯救了纽约和罗德岛,英国陆军部队当时就在纽约和罗德岛两地驻扎,随时需要英国海军的支援,因此可以说,这是海军防御战历史上一个无与伦比的成就。另外,豪的作用还在于:以豪为镜,正己识谬。

豪在1776年组建舰队时,目标是为在殖民地的浅水区战斗,所以舰队主要由巡洋舰和小型战舰组成,50门炮舰只有少数几艘,舰队中并没有64门炮舰以上的舰船。在与法国交恶时,尽管已经有人对此进行了预警,但内阁却还是让这样一支队伍与重火力的舰队相抗,也就是1778年4月从土伦出发的德斯坦的舰队,因此犯下了不可原谅的错误。这样的战斗部署本不该发出,或者至少也应该在舰队抵达美国之前,对其进行增援。实际的战斗中,因为英国海军上将行动迅速,而法军优柔寡断,政府才得以避免了一场灾难性的失败。而事后,官员明哲保身,对豪本应

燃海的怒火：美国独立战争中的海军行动

有的感谢被刻意掩盖，这次的黑幕，加上其他一些忽视海军功绩的事件，让民众愤慨不已。有人试图对豪的战果进行抹黑，不考虑两军军舰火力等级的悬殊，把所有舰船的火炮简单地加在一起，或者把他联合起来对阵德斯坦这支强劲舰队的所有小船也算上，力图证明豪的舰队优势大于法国舰队。一名海军军官被推出来与豪针锋相对，此人虽然有一定的军衔，但在军队里声望很低，他抓住了这个政治的敏感期，利用这个打击豪的机会得到了职位，但也被指控为叛徒。官场上充满尔虞我诈，豪甚至觉得这个后果挺公平，但是对这个人的行为表示蔑视。2加2在课本中等于4，但是在战场上，它们加起来可以等于3，也可以等于5。且不说重型舰船的强大防御能力，集中发射时的猛烈火力，就单单在舰长的指挥下轰向同一个方向就已经让人谈之色变。因为在战斗中，无论是最重要的战事还是细节性安排，统一指挥和统一行动都是确保军事行动成功的首要因素。总的来说，无论是在豪的时代，还是在我们的时代，更强的防御能力、集中火力和统一行动这三个要素永远都是决定大型舰船是否占据有利条件的重要依据。当然，还有一种观点古今相同，就是认为条件要素都不是绝对的；无论是理论还是实践，许多观点在推敲之后都可能最后被证明是无稽之谈。分辨这两个观点的是非之线并非易事，如果我们不清楚到底哪些思路出了问题，就只会认定一方的舰船强大如斯，另一方的舰船肯定不堪一击。需要取这两个观点的中间值，才能得到一个近似到精确值的结果。

豪在9月11日返回纽约时，发现海军少将海德帕克[37]和拜伦舰队的六艘战舰已经到达。既然任务已经完成，豪决定返回英国,在此之前他的回国请求已经获批。尽管他并没有像凯佩尔上将那样断然拒绝执行任务,但他对于镇压殖民地美国民众的做法很反感,不久前这些人还是他的同胞。法国的参战,德斯坦的到来,都让这位身经百战的老将精神为之一振,他不屑于在任务艰巨时只身退避。而现在,英国阵地越来越稳固,兵力优势暂时得到保障,他满心高兴地移交了指挥权,启航返乡;他同战争中那些杰出海员一样,对政府内阁义愤填膺。直到1782年内阁换届,他才再次回到海上执行任务。

## 注释：

[19] 查尔斯·H. 德斯坦伯爵,生于1729年。1758年在印度拉里·托伦达尔（Lally Tollendal）的部队服役。1759年在马德拉斯（Madras）被俘后,被交换到海军。1778—1780年在北美任指挥。1794年被送上断头台。

[20] 诗人拜伦的祖父。

[21] 为了这项工作,劳埃德船级社的秘书专门安排汇编了一份1775—1783年期间损失和捕获船只的总结。就其涉及的商船和私掠船,给出了以下结果。

| 年份 | 英国船只（艘） | | | | 敌军船只（艘） | | | |
| --- | --- | --- | --- | --- | --- | --- | --- | --- |
| | 商船 | | 武装民船 | | 商船 | | 武装民船 | |
| | 夺取的船只[22] | 重新夺取或赎回的船只 | 夺取的船只[22] | 重新夺取或赎回的船只 | 夺取的船只[22] | 重新夺取或赎回的船只 | 夺取的船只[22] | 重新夺取或赎回的船只 |
| 1775 | — | — | — | — | — | — | — | — |
| 1776 | 229 | 51 | — | — | 19 | — | 6 | — |

**燃海的怒火：美国独立战争中的海军行动**

(续表)

| 年份 | 英国船只（艘） | | | | 敌军船只（艘） | | | |
|---|---|---|---|---|---|---|---|---|
| | 商船 | | 武装民船 | | 商船 | | 武装民船 | |
| | 夺取的船只[22] | 重新夺取或赎回的船只 | 夺取的船只[22] | 重新夺取或赎回的船只 | 夺取的船只[22] | 重新夺取或赎回的船只 | 夺取的船只[22] | 重新夺取或赎回的船只 |
| 1777 | 331 | 52 | — | — | 51 | 1 | 18 | — |
| 1778 | 359 | 87 | 5 | — | 232 | 5 | 16 | — |
| 1779 | 487 | 106 | 29 | 5 | 238 | 5 | 31 | — |
| 1780 | 581 | 260 | 15 | 2 | 203 | 3 | 34 | 1 |
| 1781 | 587 | 211 | 38 | 6 | 277 | 10 | 40 | — |
| 1782 | 415 | 99 | 1 | — | 104 | 1 | 68 | — |
| 1783 | 98 | 13 | 1 | 1 | 11 | 2 | 3 | — |

[22] 涵盖那些被重新夺取或赎回的船只。

[23] 到缆通常是指一根从船的四分之一处（船尾的一侧）拉到到锚的绳子。通过拉动到缆滑轮，炮台就会向所需的方向转动。

[24] 打头阵的"利维坦"（the *Leviathan*）号并未算在内，主要是因为它位于胡克下方，火炮无法对准航道。它最初是一艘战舰，但由于船身厚度比普通商船更适合防御，目前被用作一艘武装货船。对它的安置似乎是事后才想到的，目的是缩小战线上的差距，甚至防止出现敌人的船只在那里转向并撞上先锋舰的情况。因此，豪避免了 20 年后布鲁伊（Brueys）在阿布基尔湾（Aboukir Bay）犯下的致命疏忽。

[25] 我们可以回顾一下，1864 年，南方盟军在莫比尔（Mobile）面对法拉古特（Farragut）的进攻时，也采取了类似的部署，他的旗舰"哈特福德"（Hartford）号所遭受的严重损失正是这些小船造成的。将这样的战术对抗帆船时，胜算会更大，因为帆船的桅杆一旦受损，就有可能随时停航。

· 第四章  英法两国开战（1778）·

豪的部署让法国所有的重型船只都陷入了困境。

［26］1779 年 10 月 8 日，时任海军少将马里奥·阿布斯诺特（Marriot Arbuthnot）在给海军部的信中说："大潮（在每个月的新月和满月期间发生）期间，沙坝上的高水位一般有 30 英尺。"马里奥·阿布斯诺特后来成为纽约总司令。

［27］这 4 艘船是舰队中最小的船只，包括一艘 74 门炮舰、两艘 64 门炮舰和一艘 50 门炮舰。德斯坦留下重型船只，以便顺利通过主航道。

［28］指"芙洛拉"（Flora）号 32 门炮舰；"朱诺"（Juno）号 32 门炮舰；"云雀"（Lark）号 32 门炮舰；"俄耳甫斯"（Orpheus）号 32 门炮舰；"猎鹰"（Falcon）号 16 门炮舰。

［29］未能找到关于人数的确切说法；比特森给出的说法是八个团，另外还有五个营提供增援。

［30］有趣的是，这就是那艘在 1771 年的书中所记载的船只，在这本书里，海军中首次出现纳尔逊的名字。

［31］特鲁德认为德斯坦的出击是由于他希望战功能够使他在军职上更进一步；拉佩鲁斯·邦菲尔斯（Lapeyrouse Bonfils）认为这是出于他对竞争的渴望。谢瓦利埃（Chevalier）详细描述了当时的情况。

［32］关于两支舰队各自的兵力，见第 66、67、71 页。

［33］这段关于两支舰队演习的描述主要出自豪勋爵的记录，并根据亨利·邓肯（Henry Duncan）舰长在旗舰"老鹰"号记录的日志进行了扩充，该日志在本书首次出版后（1902 年）面世。参见《海军档案协会，海军杂记》，第一卷，第 161 页。

［34］在特拉华湾河口。

［35］同上，第 62 页。

［36］引自谢瓦利埃，《法国海军陆战队》，1778 年。

［37］后来的海军中将海德·帕克男爵，于 1783 年在"卡托"（the Cato）号上丧生。他是海军上将海德·帕克爵士（Sir Hyde Parker）的父亲，1801年，海德·帕克爵士任纳尔逊在哥本哈根的总司令，1778年，他在豪的舰队中指挥"菲尼克斯"号44门炮舰。（同上，第39、46页。）

# 第五章 欧洲海战：
# 韦桑岛战役拉开序幕（1778）

1778年，德斯坦和豪勋爵在北美进行军事较量的两个月中，英法舰队在欧洲水域也进行了一次实力相当的交锋。英军凯佩尔上将在"贝尔·波尔"号和"阿雷图萨"号事件[38]后返回斯皮特黑德，于7月9日再次出海，此时他的舰队兵力大涨，战舰已经增加到30艘。之前由于舰船数量不足，对敌时他只能避其锋锐，甚至狼狈撤退回海港，这让他深感难堪。当时他下定决心，如果再次遇到法军，必定与敌人痛快一战。

在凯佩尔上将出发的前一天，法军布雷斯特舰队也在海军上将德奥维利埃（d'Orvilliers）伯爵的指挥下出海。该舰队共有战舰32艘。其中，一艘64门炮舰、一艘60门炮舰以及一艘50门炮舰不适合前线作战，因此战舰的实际数量为29艘，共携带火炮2098门。英军可与之对战的火炮为2278门，但只用火炮数量来衡量军事实力并不严谨，火炮的尺寸、舰船的等级、重量都应该考虑在内。在特定情况下，由于战斗具有不确定性，所以这样的比较没有意义，数据只可以应用于演习，而实战并不以此为胜败之由。

法国内阁受不稳定因素的影响，立场总是摇摆不定，发给这位海军上将的指示也是朝令夕改，令德奥维利埃束手束脚。无论他的个人愿望是什么，此时的形势让这位海军上将认定要避免与敌交战，除非作战优势明显。航行期间，他在日志中写道："既然政府允许舰队继续自由巡航，如果没有明确的命令，我不会带领舰队返回布雷斯特，我会按照指令完成一个月的海上航行任务，该航行任务已经下达给所有舰长。目前，无论凯佩尔上将的舰队实力如何，我都不会率先发动进攻。如我获知他的舰队实力碾压我军，我会尽我所能避免实力悬殊的战斗。但是，如果敌人真的急于一战，战斗就很难避免了。"这些话让我们不难理解他在接下来几天里的行为。

7月23日下午，两支舰队在韦桑岛以西约100英里处相遇，当时法国舰队正背风而行。接近日落时分，法舰队位于敌军位置的西南方，风向为西北偏西，舰队向东北方向航行。此时，英军在此迎风停泊，船头朝北，一整夜毫无动作。风向随后发生变化，德奥维利埃利用风向的有利条件迎风前行，第二天早上，法军舰队已经行进到英军舰队的西北方向。[39]此时，英法海军上将都对两军所处的位置比较满意：凯佩尔舰队的位置在布雷斯特和法国舰队之间，德奥维利埃虽然丧失了随时向港口撤退的优势，但由于他占据上风位置，因此可以保持海上航行又能避免交火，这也是他理想中的状态；这时，德奥维利埃的两艘舰船，"勃艮第公爵"（the Duc de Bourgogne）号80门炮舰和一艘74门炮舰，

## 第五章 欧洲海战：韦桑岛战役拉开序幕（1778）

正在背风向下风处行驶，与此同时，英军主力舰队也赶往下风处。凯佩尔派人追击法军的这两艘战舰，希望引德奥维利埃开战。[40]英军认为这两艘战舰为了避免被切断与主舰队的联系，只能返回布雷斯特。然而，这两艘战舰最终还是没能回到主舰队，因此作战舰船只剩下27艘。7月24日到27日，风向一直是西风，法国海军上将小心翼翼避开攻击，英军想将对方逼近射程内的打算全部落空。凯佩尔对政府想打一场胜仗的心思心知肚明，因此他奋力追击，伺机而动。7月27日早上，两支舰队（图1，AA，AA）相距6到10英里，风向为西南风，两支舰队都在左舷航向，[41]朝西北方向行驶；法国军队迎风前进，在前方一字排开，英军阵型为扇形队列。这种阵型其实就是舰队的船只几乎并行排列；如果同时转向，这些舰船会立即形成战斗队形，占据有利风向，这就是所谓的"战斗序列"。[42]两支舰队的行进顺序都不是固定的，英军的行进尤其自由，凯佩尔认为，如果他用迂腐方式强行要求自己舰队的行进速度，就无法追击到敌人。他的这个判断确实非常准确。他发出"全面追击"的信号，准许船只自由航行，加快了整个舰队的行进速度。白天，休·帕利瑟爵士（Sir Hugh Palliser）指挥的小队，也就是舰队的右翼，在行进的过程中落在了整个舰队的后面［R点］；早上5点30分，小队中七艘速度最快的帆船收到了迎风追击敌人的信号，它们打开所有风帆，迎风向前方加速航行，希望能够跟上主力部队的步伐，以便在战斗中有机会对其进行支援。

上午9时，法国海军上将德奥维利埃试图靠近敌人舰队，以便更好地观察敌军。他命令舰队依次转向下风，向反方向行进。

**燃海的怒火：美国独立战争中的海军行动**

先锋舰接到信号后开始绕行转向（b点），转向时舰船必须越过风向线，与之前的航线平行，而后面跟随的舰船也在同一航线上，原先锋舰会行进到原殿后舰的位置（c点），再次领队迎风航行。这会让法军失掉下风区的优势位置，不过这种程度的损失仍在德奥维利埃的承受范围之内。就在他集中精力进入行动之后，风向向南偏离了两度，[43]从西南方向转为西南偏南方向，这种风向对英军十分有利，英舰队的船头与敌舰队进一步靠近（BB），同时法国舰队在转向时偏离了原定的行进航线，舰队出现了队形混乱的现象。凯佩尔继续左舷航行，而法国舰船则（BB）右舷行驶，10点15分，凯佩尔几乎就紧跟在法国舰队的后面，他命令自己的船只同时行动抢风行驶（dd），采取与法国舰队相同的策略，形成纵队，也就是顺风航行。这样一来，英国舰队就形成一列纵队，[44]仍然向下风行进，但几乎在敌舰队尾部紧随其后（CC）。就在这时，一场大雨倾盆而至，时间长达45分钟，大雨隔绝了双方的视线。随着大雨的到来，风向转回到西南方向，对采用新战术的英军大为有利，他们可以在敌军后方列队布控，待站稳脚跟后，就可以开始行动（法军在BB点）。11点钟，天气放晴，法国舰队的所有舰船再次调转船头，但仍然处于变换阵型（CC）的混乱之中。毫无疑问，从风向的变化以及大雨前敌军出现的方位来看，法国海军上将已经意识到，一场交锋已不可避免。如果凯佩尔继续右舷航行，正在追击的敌军先锋舰就会超过他的殿后舰，攻击更多的舰船，英军的这一作战意图已经昭然若揭。如果恢复左舷航行，双方纵队的先锋船会狭路相逢，两支舰队将相向而行交错而过，包括殿后舰在内的所有法国舰船都会与

·第五章 欧洲海战：韦桑岛战役拉开序幕（1778）·

敌军交战。于是，凯佩尔命令他的战舰同时调转船头，船只又迅速组成纵队，只不过顺序颠倒了过来，殿后舰变成了先锋舰。

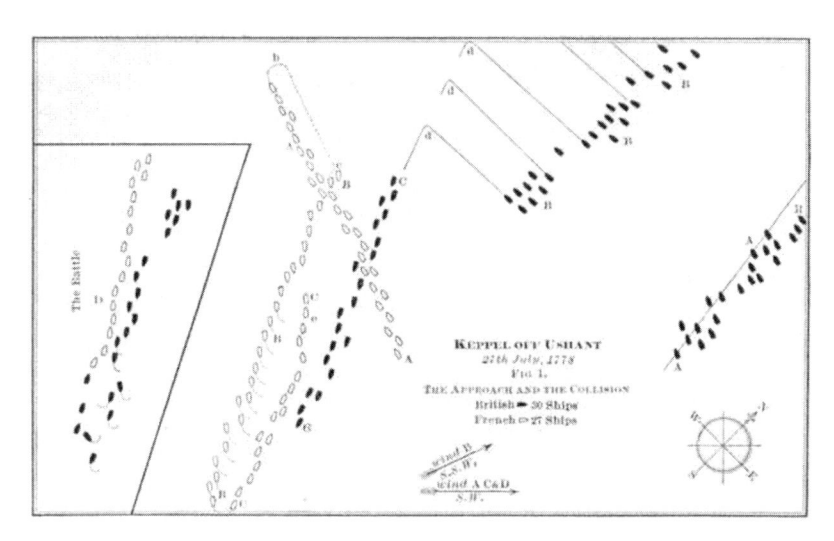

**图1　1778年7月27日，韦桑岛附近，德奥维利埃与凯佩尔之战**

到目前为止，凯佩尔一直没有发出列队战斗的信号。在四天的追击中，他意识到敌人一直在避免交火，因此他做出了一个正确的判断，那就是哪怕这次战斗存在一定的风险，也必须强行率先采取行动。现在不是演习的时候，更不是阅兵的时候。早上，他发出信号，让下风处的船只展开追击，这些舰船在这支纵队中位置殿后，转向后处于上风位置，因此在有需要的时候，可以支援战友，也可以攻击敌人。简言之，几乎整个舰队进入了战斗，但是并没有按照预期计划进行作战。接下来就是一场简单粗暴的进攻，这已经是目前所能做到的最佳战斗局面，聊胜于无。此时也正是开火的最佳时机，凯佩尔发出了一个简单的作战信号，这个开火信号非常突然,有些舰船起初都没来得及变换战旗。

　　法军的舰队队形更有条理,但整个舰队仍然蒙头转向。舰队中的30艘舰船质量各异,仅用了两周时间进行海上演习,根本不可能达到完美作战状态。风向变化促成了战斗的发生,英国海军上将如愿以偿,法国海军上将回避不及;双方都在尽力依据风向做出调整。英军(CC)迎风航行,法军(CC)偏离风向四度[45],形成平行队列,继续向前行进。因此,法军的大多数舰船本可以避开对手所在的上风位置,但敌军的舰艇已经逼近了先锋舰,其他战舰不得已赶去支援。正如德奥维利埃所说,敌人一心求战,想要避开委实太难。打头阵的三艘法国战舰[46](e点)抢风驶船,按照海军上将发出的列队作战信号,形成了一条迎风航行的纵队。于是它们逐渐远离敌军纵列舰队,离开了英军中锋舰和殿后舰的射程。如果它们后面的舰船也能按此方法行进,双方擦肩而过,交火的范围会进而缩小,战斗结果尚在两可之间。11点过后,法国队列中的第四艘舰船开始进攻,向敌军开火。英国舰队的舰船升起短帆,向敌人蜂拥而来(D点),伺机开火,但视线受到烟雾的影响,无法清晰地观察敌人的动向。同时,在看不见的情况下,他们也担心舷侧炮会误伤自己的同伴。舰长约翰·拉弗雷(John Laforey)后来证实说:"帕利瑟(Palliser)的旗舰'佛米德堡'(the Formidable)号90门炮舰和'埃格蒙特'(the Egmont)号74门炮舰之间的距离太近了,"他自己的三层甲板战舰"海洋"(the Ocean)号90门炮舰就在这两艘船之间的后面,与它们并排行进,"在这两艘船之间,我很难在开火时不误伤它们,我有一段时间离'埃格蒙特'号非常近。"它就在

## 第五章 欧洲海战：韦桑岛战役拉开序幕（1778）

"海洋"号前面。"佛米德堡"号大部分时间里都收起了后桅帆，减缓行进速度，以便为前方的"海洋"号留出一定的距离，同时也让殿后舰能够跟上。"一点一刻，""伊丽莎白"（the Elizabeth）号74门炮舰的船长梅特兰德（Maitland）证实了这一点，写道："我们紧跟在'佛米德堡'号后面，这时，船尾的一名海军候补军官向大家喊道，一艘舰船正从上风首舷方向驶来。我马上命令转舵，待烟雾散去时，发现自己的军舰被下风处的'佛米德堡'号击中。随后，'佛米德堡'号与法国舰队的队尾的两艘战舰交火，我要想向这两艘敌舰开火，就必须越过'佛米德堡'号，所以只能继续射击。"[47]"佛米德堡"号的舰长巴兹利（Bazely）在谈到此事时说："'佛米德堡'号在作战时确实向敌军一艘舰船的下风位置行进，当时这艘舰船的第二斜桅几乎碰到了'佛米德堡'号主上桅帆的边缘。我那时以为我们难逃敌人抢船的厄运。"

英军殿后舰队的伤亡最为惨重，损失几乎是先锋舰队和中锋舰队的总和，通常并不会出现这样的情况，这样的结果出乎人们意料。[48]究其原因，是因为早上英军发出了迎风追击的信号，所以殿后舰比先锋舰距离敌人更近。英国先锋舰队的十艘舰船刚一经过法国舰队的殿后舰，其指挥官海军中将罗伯特·哈兰德（Robert Harland）爵士就预估到了凯佩尔的作战意图，马上发出信号，示意舰队调转船头，紧紧跟住敌人（图2，V）。法国纵队正在自由航行，一旦转向，就被风吹到了尾流的上风处。下午1点，当"胜利"号（the Victory）从战斗中撤离时，凯佩尔再次发出追击的信号，由于索具受损，无法进攻，他试图使船转向下风（c）；这就需要小心翼翼地绕过后面船只的船头，下午2点，

"胜利"号才转到了下风处（图2，C），向法国舰队追去。此时，就在船舰刚刚到达预定位置时，作战信号中断，紧接着，舰队接到了重新列队信号。下达列队信号的目的是为了重新编队，之所以中断作战信号，一部分原因是暂不需要作战，而主要原因则是为了不与重新编队这一主要任务相抵触。

这时，哈兰德舰队中，有六七艘舰船在"胜利"号上风首舷的位置向西迎风行进，它们就在"胜利"号前面不远，同"胜利"号一起左舷抢风航行，在法国舰队后面追击（图2）。中锋舰队与旗舰舰队会合未能成功。2点30分，帕利瑟的战舰"佛米德堡"号在右舷抢风航行（R），与"胜利"号擦肩而过，前往下风处，这显然是舰队中最后一艘退出战斗的战舰。半小时后，中锋舰队中的三艘舰船与"胜利"号会合后，紧跟在"胜利"号后航行，而先锋舰的相对位置没有改变。此外，在先锋舰和中锋舰的后方，还有几艘舰船，有的在调转船头，有的在试图前进，还有一些已完全瘫痪，场面混乱不堪。尤其是在东南偏东方向，也就是下风方向，有四五艘英国军舰看起来已经失去了战斗能力。

法国海军上将在硝烟散去后，扫视战场时看到的就是这样一片狼藉的战场。英国人的混乱局面，是由于法军的全面追击造成的，而且英军在大风过后就匆忙迎击，几种因素加在一起，造成了队伍指挥失灵，混乱不堪。英军是近期刚刚装备好的舰队，在面临突发的战斗时，必然会出现这种结果。法国舰队起初的队形就非常整齐，整个战斗中一直队形有序。但是，只要战斗的性质是防御性的，就很难运用战术来弥补战斗短板；紧接着，德奥维利埃下达了第二个命令，但本意虽好，战果寥寥。下午1点[49]，

## 第五章 欧洲海战：韦桑岛战役拉开序幕（1778）

他发出信号，要求舰队依次向下风移动，右舷航行重新列队（图2，F）。导航舰并没有看到这个信号，因此没有采取任何行动。最终，先锋舰队中的第四艘舰船调转船头，舰上的法国海军少将与旗舰联络上，询问总司令的命令内容。德奥维利埃解释道，他希望舰队整体沿敌军舰队列队的方向，向下风处行驶，因为极其混乱的战况中，有一个明显的取得优势的办法，那就是行至下风处，使用低层甲板炮迎风攻击敌人，然而在当时的海况下，下风口根本无法到达。解释过后，英军立即开始行动，但有利时机已经失之交臂。直到2点30分，战局对英国军队才逐渐明朗。

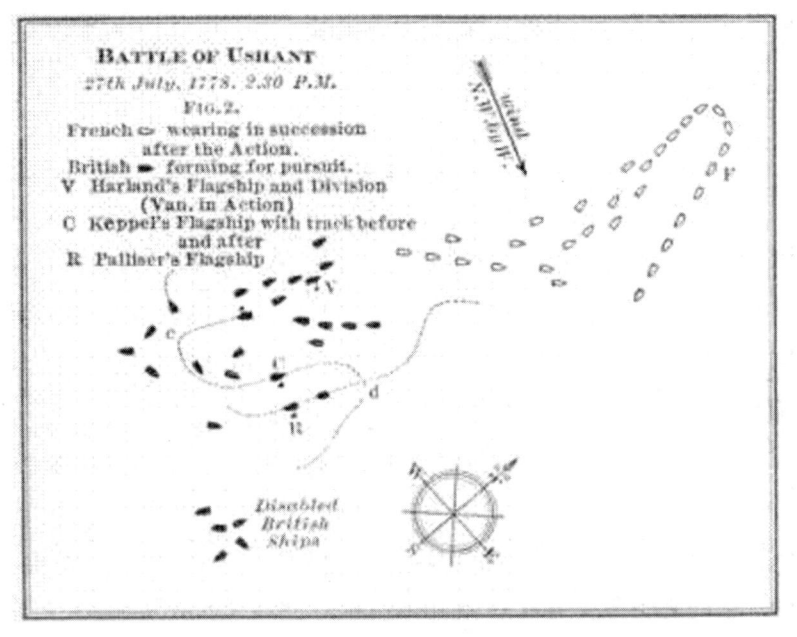

图2  1778年7月27日，德奥维利埃和凯佩尔在韦桑岛附近

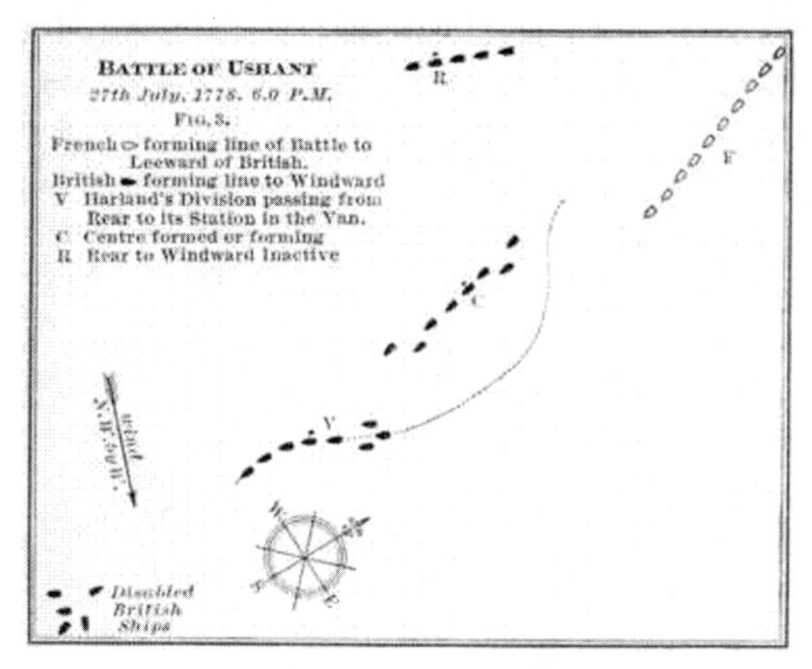

图 3　1778 年 7 月 27 日，德奥维利埃和凯佩尔在韦桑岛附近

凯佩尔识破了敌军的意图，马上再次率"胜利"号出征（d点），下午 3 点刚过，航行速度慢了下来，在右舷抢风航行，朝东南偏南方向那些被击中的舰船驶去，在桅顶悬挂作战的信号，指示战斗路线，命令每艘可行动的舰船回到自己的指定位置（图 3，C）。由于这次有计划的调动距离敌人较远（F 点），帕利瑟事后曾试图给这次行动扣上逃跑的帽子，这个指控当然极其荒谬。哈兰德的部队立刻掉转航向，与海军上将会合。在抢风调向后，他的舰船在"胜利"号前面，根据此时凯佩尔的命令，他调整到"胜利"号的后面，在它后面护航，等待帕利瑟的分舰队结束修整并回到自己的位置。下午 4 点，哈兰德的部队列队完

## 第五章 欧洲海战：韦桑岛战役拉开序幕（1778）

毕，严阵以待。帕利瑟的舰船在完成修整后，分别在旗舰前后两个方向列队；舰长们认为，他们作战位置的确定听取的是分舰队指挥官的命令，而不是直接来自总司令的指挥舰，实战中确实如此。他们在"胜利"号上风舷135°方向，距离一两英里远的地方，自成队列，在这个方向上成为舰队的殿后舰，执行帕利瑟的旗舰发出的命令（图3，R点）。下午5点，帕利瑟在等待上将重新开始行动的命令时，收到了凯佩尔的通知，他派一艘护卫舰通知帕利瑟尽快加入主体舰队队列。法军舰队列队完毕，并没有像以前那样发起进攻，而是在英军的下风处排列整队，让先锋舰与英军的中锋舰并驾齐驱。与此同时，哈兰德接到命令，将分舰队带到先锋舰的位置，他听从命令，即刻照办（图3，V点）。帕利瑟仍然留在原地，凯佩尔以非同寻常的耐力，冒着被责难的风险，并没有召唤殿后舰船悬挂各自的三角旗进入主舰队列队。晚上7点左右，他开始向殿后舰发出命令，特地向帕利瑟（除了他的旗舰）所率舰队的其他舰船发出信号，让它们离开帕利瑟，进入主舰队队列站好位置。殿后舰船执行了命令，但当时官兵们认为重新展开攻击为时已晚。次日早上，从甲板上望去只能看到三艘法国军舰，从一些船的桅杆上可以遥遥见到东南方向的法军主力舰队，距离估计有15—20英里远。

虽然胜负没有定论，但这绝对是一场相当精彩的短兵相接；英军133人死亡、373人受伤，法军161人死亡、513人受伤。通过伤亡结果，似乎可以看出，法军按照他们一贯的战法，将炮火对准敌人的桅杆和索具，也就是力争破坏船的动力装置，这个做法与法军指挥官的思路不谋而合，德奥维利埃曾公开表示，除非情况对自己特别有利,否则会尽量避免交火。随着战场烟雾渐浓、混乱加剧,双方舰队之间的距离也越来越近,战斗中最初避战的想法已经无暇顾及,大量炮弹打到英国的船体上。军事报告显示,法军和英军伤亡人数比近7比5。还有可以确定的是,这次行动显示,法军的列队编队能力比英军更强。

双方都声称自己在战斗中占据了优势。事实上,这场战斗只事关荣誉问题,或者说只涉及战功如何分配,因为双方都没有得到实质性的好处。凯佩尔成功迫使德奥维利埃无法按自己的意愿避战,不得不出军应战;而德奥维利埃凭借英明的战斗决策,在交战后保持了战斗优势。如果舰队能及时收到他发出的第二个信号并立即采取行动,他很可能会在英国舰队重新编队之前,以良好的战斗队形,再次从其身边通过,并将集中火力攻击在下风处的英军舰船。即使发出的命令没有得到及时的执行,法军也明显有能力重新开战;然而他并没有下达攻击的命令,等于放弃了夺取胜利的机会。且不说法军舰队的情况如何,就说凯佩尔,由于他绕风航行,给了法国人充分的机会靠近英军并进行攻击。然而德奥维利埃却没有发起进攻,而是在英国舰队的下风处整队,在射程之外发起战斗;行为很勇敢,可惜都是无用功。

英国人借此获得了充分的时间对舰船进行修整,以便再次发起进攻。法国海军上将本可以避免敌人的重新集结。他当时应该速战速决,或进攻,或撤退;当时向风或者背风,似乎都对他的战斗非常有利,大好局面下,竟然给了敌人充分的时间,将机会拱手让人,一个合格的将军似乎不应该做出的如此抉择。而英军方面,凯佩尔虽然得到了喘息的机会,本应重新开战,却一样错

## 第五章 欧洲海战：韦桑岛战役拉开序幕（1778）

失良机。这场战事引起了人们的注意，引发了全英国的热议，可以说，这场本来微不足道的战事却一直让人津津乐道。下午4点到7点，帕利瑟的部队一直在上风处，列队信号传来的时候，所在分部舰船立即列队，并在海军上将舰队的后方随行；凯佩尔称，如果在下午6点之前舰船能够按照发出的命令行动，那时距离天黑还有两个小时，那么他一定会重新开战。前面曾说过，除了发出列队信号，一艘护卫舰还给帕利瑟带来消息说海军上将就只等他的队伍了。

这场战争的进行与当时双方的利益关系不大，但是它作为英国海军战斗发展历史中的一个环节，其历史意义重大，非常值得一提。1778年，人们的脑海里仍然充斥着1757年拜恩（Byng）被处决的情景，以及1744年马修斯（Mathews）和莱斯托克（Lestock）被剥夺军职的事件，该事件对拜恩在米诺卡岛附近的军事行动产生了重大影响。凯佩尔曾是拜恩军事法庭的成员，他反复说自己一生都在受审。帕利瑟对他提出指控，控诉点在于：第一，他在首次进攻时没有正确地组成战斗队形，马修斯也是由于违反线式战术规则而受到了指控；第二，他在第一次经过法国舰队后，没有重新发起进攻，而是抽身而出，并未尽最大努力"夺取、击沉、烧毁和摧毁"敌方舰船。当年拜恩被处决的原因也是由于相似的罪名。凯佩尔除了为他的总体指挥提出正当理由外，还声称并证明要不是帕利瑟没有及时进入队列，他完全打算再次发起进攻。莱斯托克的过失是最终导致了马修斯战败的主因，帕利瑟的过失与其一样。

当时，人们的思想正在摆脱"战斗序列"[50]的荼毒，但还没

燃海的怒火：美国独立战争中的海军行动

有完全脱离桎梏。表面上这个战术建立在战斗实例的基础上，但却是最贻害无穷的思想糟粕之一。确凿的错误和完全的谎言一样，能够被人们迅速识破，但半真半假的谎言，则很难识别。战斗序列毁誉参半，服务于战斗时战绩彪炳，禁锢战斗时恶绩斑斑。由于莱斯托克没有执行马修斯的编队命令，马修斯绝望之下，只得抛开了纵列队形的桎梏，带领部分舰船投入战斗，这样的做法不仅没有得到支持，反倒备受谴责，最后莱斯托克被宣判无罪。拜恩正是考虑到前车之鉴，再加上本人生性迂腐，并没有打乱纵列队形，因此导致敌人顺利逃脱，米诺卡岛投降，本人也因此被处决。在凯佩尔的军事法庭上，队列中的 30 名舰长中有 28 人作为证人被传唤。大部分舰长证明说，如果那天凯佩尔整理好队形再去追击敌人，根本来不及再次发起进攻，大部分舰长都非常赞同他的做法；但显然仍有人暗地里持反对意见，特别是一些殿后舰的舰长，这些舰船在战斗中不可避免地出现了脱离主舰队的情况。由于没有编队，舰船间缺乏相辅相成的支援，舰船指挥官指挥吃力，而只有在战斗队形中才能保证这种互相的支援。

　　这个事件中还有一个思维定式，那就是殿后舰队的责任感，他们认为在海军上将周围各就各位是应尽的责任，根据列队信号编队是应尽的责任，跟随海军上将的航迹航行也是应尽的责任。不管到底是什么原因造成了帕利瑟不按命令采取行动，结果都是和他在一起的六到八艘舰船最终瘫痪。笔者认为，凯佩尔开始不信任这位海军中将的时候，并没有用三角旗及时将他麾下的舰船召集过来，而是推迟到晚上 7 点才发出召集令，这是严重的失

## 第五章 欧洲海战：韦桑岛战役拉开序幕（1778）

职。根据呈堂证词，我们可以想象到战斗场面极其怪异。舰队总司令在"胜利"号的后甲板上勃然大怒、心急如焚，周围是"胜利"号的船员和舰长；舰队编队的信号已经发了出去；哈兰德的分遣舰队已经进入编队位列先锋位置；上风舷135°方向有四艘舰船，相距只有2英里，近到"每一门炮和每一个炮台都历历可数"，这支由七到八艘帆船组成的舰队中，飘扬着第三指挥部的军旗，很明显，这几艘舰船摆出了观望者漠不关心的架势。"佛米德堡"号唯一无法执行命令的表现就是前桅帆有四个小时没有收起。对这个情况"佛米德堡"号没有给出解释，因此人们的疑心不但没减轻，反而越来越重，整个海军都弥漫着怀疑的气氛。帕利瑟是保守党人，离开海军部委员会，接受了指挥职务。凯佩尔是坚定的辉格党人，不愿意与美国对抗；他显然担心自己会被出卖，从而导致前程尽毁。

　　帕利瑟对自己的辩护主要基于以下三点：（1）"佛米德堡"号没有看到重新编队的信号；（2）他反复发出了跟随海军上将航迹的信号；（3）他的前桅受损，受损程度严重，不敢再继续航行。关于第一点，在"海洋"号的甲板上可以看到编队信号，它就在"佛米德堡"号的后方，"两船相距不远"[51]。关于第二点，应该告知海军上将，这艘船"以一敌万"，伤损严重，但为凯佩尔传送消息的护卫舰并没有提到这一点。第三，对帕利瑟案最不利的一点是，他说他脱离敌人炮火射程之后，立刻前去迎敌，之后才返回。一般来说，这样一艘在3点前出击两次的舰船，完全有充足的动力和速度，在5点时顺风[52]行驶2英里，去支援另一场战斗。这不可能是蓄意背叛。在笔者看来，海军中将的行为就像在赌气,除非找不到借口避开,否则就消极怠工。在可以打擦边球的时候,人们非常容易越过界线滑入错误的深渊。

凯佩尔洗脱了所有指控的罪名;指控者还没有想好如何提出他延迟召集舰船的罪名,因为延迟的舰船本来就在自己麾下。海军部对帕利瑟没有提出具体指控,但7月27日指示,需要对他的行为进行全面调查。法庭认为他的行为"多数都具有榜样作用,非常值得学习",称赞他作战能力很强,"但他也有过失之处,他没有把自己的困境汇报给舰队总司令,他本来完全可以借助'福克斯'(the Fox)号的支援或其他力所能及的手段来解决困难"。公众舆论强烈倒向凯佩尔,人们在伦敦用篝火和彩灯庆祝他的赦免;醉酒的暴徒砸碎了帕利瑟朋友家的窗户,破坏了帕利瑟的房子,帕利瑟本人也差点死于非命。1780年,海军部任命凯佩尔为格林威治医院的院长。

7月28日,英军与法军各自撤离,离开了对方的视线,凯佩尔考虑到他的舰队受损严重,无法在法国海岸附近巡航,于是前往普利茅斯,并于31日抵达。出海前,他下达了一项命令:"从今往后,必须以中锋为基准进行列队。"以防27日的不利情况再次发生。如果这条命令在以前就曾下达过,帕利瑟所属的舰长们就会在总司令身边驻守,而在上风处就会只剩下"佛米德堡"号一艘舰船。这场战斗发生的同时,豪正在美洲,下令让整个舰队向中锋舰队靠拢;两年后,罗德尼与前面的队友舰船距离过远,也出现了一样的不良后果,当时舰队中的导航舰没有听令按序列队。

尽管总司令私下里对帕利瑟的行为进行了批评,但他并没有

## 第五章　欧洲海战：韦桑岛战役拉开序幕（1778）

从官方角度公开声明，这件事后来通过舰队的传播而上了报纸，事态恶化，第二年年初这两名军官才受到了审判。在这之后，凯佩尔对海军部的处理感到不满，表达了他希望移交指挥权的意愿。1779年3月18日，海军部下达撤销他指挥权的命令，他不再出海任职。但1782年政府更迭时，他成为海军部的第一任部长，直到1783年12月，一直在任，期间有短暂的间断。

也许有必要提一下，时至今日，英国海军和法国海军一直都声称对方战败而逃。[53]在笔者看来，虽然这场战役留给人们的军事经验很宝贵，但是谁胜谁负实在微不足道，这样一个历史意义不大的事件，不值得我们深入讨论。英国海军在证明此事上占据了制高点，在军事法庭上，有二三十名船长宣誓作证，他们一致表示，英国舰队一整夜都张开短帆，航向不变，第二天早上只看到了三艘法国舰船。据笔者所知，法国海军证明自己胜利的信息只在舰船日常的日志上有所记录。

## 注释：

[38] 见前文，第61、62页。

[39] 胡德（Hood）舰长、罗宾逊（Robinson）舰长、麦克布莱德（Macbride）舰长以及海军少将坎贝尔（Campbell）的证词。坎贝尔是凯佩尔舰队的舰长。

[40] 见83页有关德奥维利埃伯爵的相关介绍。

[41] 当风吹向左舷时，船被称为在左舷行驶；当风在右侧时，被称为船在右舷行驶。因此，在东风的状态下，如果它向北进发，就是在右舷行驶；如果向南行进，则是在左舷行驶。

[42] 另见附注；见后文，第200页。

[43] 22度。

[44] 纵队和竖列是相同的术语，每艘船都按照其前方船只的航迹航行。

[45] 45度。

[46] 谢瓦利埃在第89页中说，这些舰船中的"英国舰队脱离了射程"。由于这些船顺风航行，它们握有船间距离的主动权，除非他们自己的海军上将发出信号。事实上，他们确实在服从他的命令。

[47] "海洋"号和"伊丽莎白"号舰长的这些证据与帕利瑟关于他的舰船没有得到充分援助的指控相矛盾。

[48] 它实际上是实力相当的，由于"佛米德堡"号上的意外爆炸造成现在的情况。

[49] 谢瓦利埃指出，可能是在这一记述中所使用的其他时间之后。

[50] "战斗序列"指的是"队列"中的船只按照规定的顺序依次排列而成；每一艘船的位置和间隔都由前面的船只决定。因此，导航船只成为战斗序列和军事演习的核心，除非另有特别指示；在紧急情况下，编队并不是轻而易举的。严格来说，如果情况允许的话，这样组成的船队是两条迎风航行的纵队。"迎风航行"的意思是使船头尽可能"接近"风向，通常为70度左右。迎风航行的好处是，船只比"顺风"航行时更易于管理。

[51] "海洋"号约翰·拉弗雷（J. Laforey）舰长提供的证据。

[52] "我记不起偏离风向多少度，但是距离一定是比较远。"这是"海洋"号的舰长约翰·拉弗雷有关这点的证词。

[53] "(27日) 晚上，海军上将凯佩尔（通过适合的路线）前往普利茅斯。"——谢瓦利埃，《法国海军陆战队》，第90页，巴黎，1877年。奇怪的是，他补充道："28日晚上，法国中队在洋流的带动下向东行驶，看到了韦桑岛。"

# 第六章 西印度群岛的海军行动：英军入侵乔治亚州和南卡罗莱纳州（1778—1779）

1778年海战期间，季节变化对战争的时间和地点的影响举足轻重，之前谈到的欧洲和北美战事的开启，都可见一斑。人们意识到，在欧洲海域，船厂只有在夏季才能对大量的大型舰船进行改造。冬季风力强劲，船只被风吹得位置不定，编队的阻力过大，火力难以掌控。同样，北美海域的军事行动也只限于夏季。与此相反的是，7月至10月期间的西印度群岛，却常见飓风现象，狂风肆虐。因此，在西半球，作战行动应依据季节的变化，在地点上做出不同选择。

最近，法国国王与美国签订条约，正式放弃了当时隶属英国的美洲大陆全部殖民地的所有权。同时，他保留了征服百慕大以南所有岛屿的权力。西印度群岛当时是世界上最富有的商业地区，商品产出价值高；法国不仅希望在这里扩大财富的攫取，还

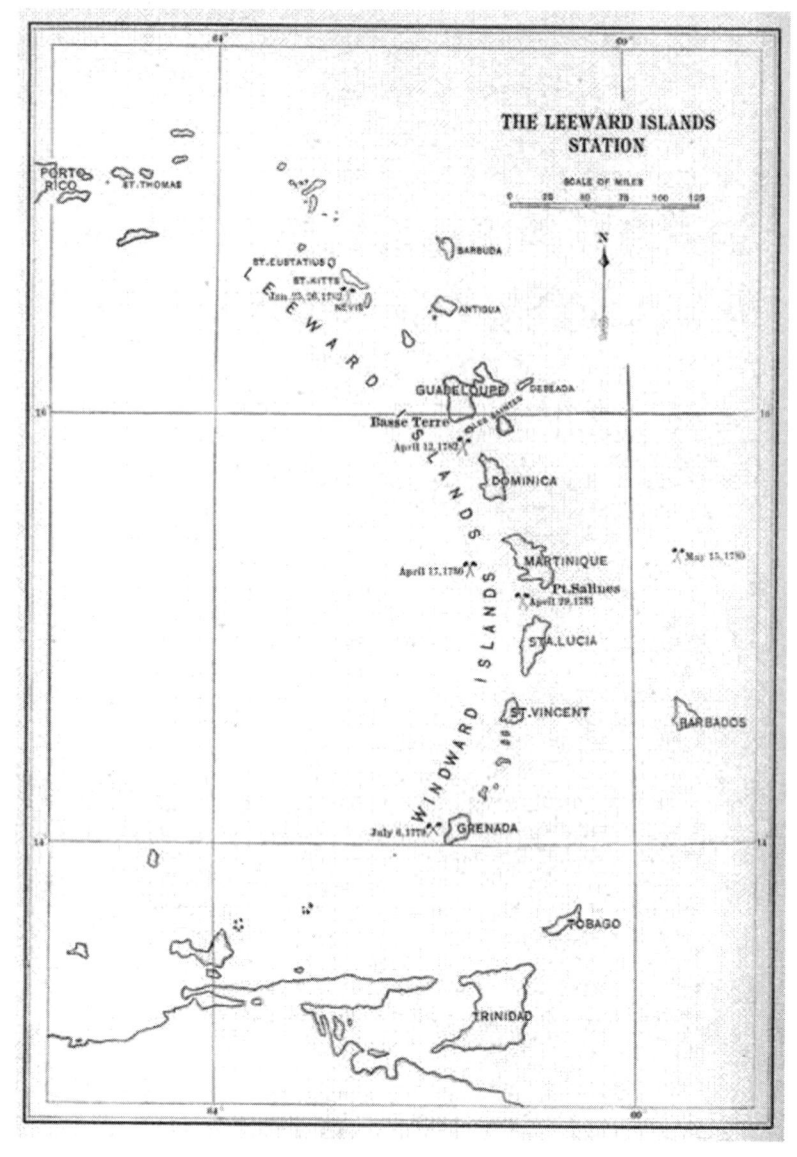

**燃海的怒火：美国独立战争中的海军行动**

背风群岛（西印度群岛）军事基地

·第六章　西印度群岛的海军行动：英军入侵乔治亚州和南卡罗莱纳州（1778—1779）·

希望建立更牢固的政治和军事统治权。

1778年9月，英属多米尼加岛被一支远征军占领，该远征军来自邻近的法国殖民地——马提尼克。由于不涉及特殊的军事利益，此举让人颇感诧异。具有警示意义的是，战争开始时，英国对在西印度群岛和其他地区发生战事毫无防备。背风群岛军事基地从安提瓜向南一直延伸至小安狄列斯群岛（the Lesser Antilles），总部设在巴巴多斯，不久前，该军事基地的指挥权发生变动，新上任的海军少将塞缪尔·巴林顿（Samuel Barrington）阁下在战争开始前便离开英国，来此就职。他接到命令，在得到进一步的指令之前不得离开巴巴多斯。但直到多米尼加失守的消息传来时，命令仍未下达。8月17日，法国人接到进攻命令。尽管该阵地驻军严重不足，但是其防御工事非常坚固，仅仅从占领一个阵地的角度看，这次袭击从本质上来说是损失惨重的。可见如果只顾建造工事而不加强驻军兵力，这绝对是一个致命错误，一旦战败，敌人将是直接的受益者，根本不需要再浪费时间修建工事了。对法国人而言，此次征服不仅具有商业价值，还弥补了领土上的差距。法国如今接连占领了四个岛屿，由北到南依次为：瓜德罗普岛、多米尼加岛、马提尼克岛和圣卢西亚岛。

巴林顿有两艘战舰：旗舰"威尔士亲王"（the Prince of Wales）号74门炮舰以及"博因"号70门炮舰。如果他当时领队巡航，法军也许不敢贸然攻击。如果命令能早一步下达，他也定会出海远赴安提瓜岛；但由于命令迟迟未到，他担心自己会步凯佩尔的后尘，行动遭人诟病，因此他决定留在巴巴多斯，耐心等待行动的时机。

随着豪的离开和冬季的来临,英国军队和舰船不得不从欧洲大陆转移至背风群岛,这些增援部队让驻美的英国舰队在数量上拥有了极大的优势,因此,德斯坦当时不敢轻举妄动。但由于天气恶劣,舰船受损,拜伦无奈之下只能去往纽波特,没有了阻击,法军轻而易举地离开了波士顿。起初,为这支12艘军舰的庞大部队提供补给并不是一件易事,当时港口的补给也极为匮乏,法国军队无法全身而退;但就在这关键时刻,美国私掠者带来了大量战利品,私掠船满载着物资来到了波士顿,这些物资本来是英国本土给驻美英军提供的补给。获得了补给,德斯坦得以在11月4日启航前往马提尼克岛。当天,一支英国分遣舰队离开纽约前往巴巴多斯,这支舰队由两艘64门炮舰、三艘50门炮舰以及三艘小船组成,在威廉·霍瑟姆(William Hotham)准将的指挥下,运载5000名士兵前往西印度群岛作战。

敌对双方几乎朝着同一地点驶去,双方的航线平行,但彼此都不知晓对方就在不远处。在百慕大纬度地区,英法双方均遭遇了猛烈的大风天气,相比之下,法军受损情况更加严重,旗舰"朗格多克"号的主桅和后桅被大风吹丢。11月25日,德斯坦俘获了霍瑟姆舰队中的一艘[54]舰船,随后便获悉了英国的行动计划。他不确定英国舰队此行的目的地究竟是巴巴多斯还是安提瓜岛,二者均为英国的主要驻地,权衡之下,他决定前往安提瓜岛。航行了48小时后,于12月6日抵达安

· 第六章　西印度群岛的海军行动：英军入侵乔治亚州和南卡罗莱纳州（1778—1779）·

提瓜岛，随后向马提尼克岛的皇家堡驶去，此处是法国人在西印度群岛上的主要驻地。9 日，舰队在皇家堡下锚停泊。10 日，英军的霍瑟姆在巴巴多斯与巴林顿会合。

巴林顿早就获知了霍瑟姆的行动，因此一刻也没有耽搁，海员留在船上时刻值守，霍瑟姆舰队的出航任务也按原计划执行。12 月 12 日早上，整个部队再次起航，此时，除指挥官发生变动以外，巴林顿的两艘战舰也编入了舰队。13 日下午，船只停泊在圣卢西亚西侧的一个小海湾——大库尔德萨克，此处距离巴巴多斯东北偏东 70 英里。部分士兵立即登陆，占领了海湾北侧的炮台和高地，其余部队于第二天早上登陆。此时，法军已无力镇守阵地，相反，英军持续攻击，行动迅速，最终成功占领该地。

在库尔德萨克以北 3 英里处有一个海湾，当时被称作卡内奇湾，如今被命名为卡斯特里港。它的北端是个陡峭的岬角——拉维吉，当时该地已经驻防有工事。扼守该哨所，不仅可以掌控锚地，而且还可以进而控制工事后方的库尔德萨克。如果此地的防线崩溃，英国海军就会退出阵地，撤向海上，届时德斯坦的精锐舰队就会在海上严阵以待。或者，如果海军在锚地被敌人击溃，驻防部队就会孤立无援，最终缴械投降。因此，拉维吉哨所和英国舰队是局势发展的两大关键，任何一方失利都将定鼎战局。

14 日傍晚，英军占领了从拉维吉到库尔德萨克南端的海岸线，以及该岛首府莫恩·福图内，又称夏洛特堡。溃败的法国驻军部队向岛屿后方撤退，其枪炮、弹药和物资都被遗留在了

燃海的怒火：美国独立战争中的海军行动

圣卢西亚岛

·第六章 西印度群岛的海军行动：英军入侵乔治亚州和南卡罗莱纳州（1778—1779）·

原地，这再次证明，坚固的工事有时也会转而成为自身的死穴。卡雷纳格港口水面宽阔，交通便利，易守难攻，因此巴林顿计划将运输船转移至此；但当天下午，德斯坦率军袭来，打乱了他的计划。"所有重要哨卡都已做好应战工作，驻地法国旗帜降下，格兰特（Grant）将军的作战总部也已在总督府设立，此时，'阿里阿德涅'（the Ariadne）号护卫舰发出了敌人临近的信号。"[55] 不久后，舰队前方便出现了法国舰队的身影。

到目前为止，英军凭借敏捷的行动一路推进，但时间紧迫，仍然不能有一丝松懈。当晚，士兵们连夜加强了阵地防御，海军少将再次下令，随时准备整军迎敌。50—60 艘运输船在外围英国战舰的护送下悄然行进，随后战舰小心地停置在库尔德克湾入口处的对面。"伊希斯"号 50 门炮舰停靠在北面（上风处）[56]，刚好位于岬角下方，阻止敌舰在此通过；但为了进一步确保万无一失，三艘护卫舰被派来支援，停泊在"伊希斯"号与海岸之间。"伊希斯"号排在舰队最前方，队列向南排开，方向略微向外倾斜；巴林顿的旗舰"威尔士亲王"号 74 门炮舰的南翼最易受到攻击。旗舰与"伊希斯"号之间还有另外五艘战舰，分别是"博因"号 70 门炮舰、"诺萨奇"（Nonsuch）号 64 门炮舰、"圣奥尔本斯"（St. Albans）号 64 门炮舰、"普雷斯顿"号 50 门炮舰以及"百夫长"号 50 门炮舰。法军在海湾南北角留下的工事可用于支援侧翼，但巴林顿在他的日志中并未提及。

#### 燃海的怒火：美国独立战争中的海军行动

德斯坦舰队共有战舰 12 艘，两天后就能装载 7000 名法军登陆。此时法军优势明显，如果提前 24 小时到达，便可阻止英军的作战行动。为了争取更多的时间，巴林顿派遣巡洋舰在舰队前方巡航，掩护部队前往圣卢西亚岛，以防距离此处不到 50 英里的皇家堡收到作战情报。但是，尽管他谨慎部署，14 日，德斯坦仍然得到了消息。他随即起航，当晚就已到达圣卢西亚岛附近。15 日拂晓时分，他率舰队向卡雷纳格港进发；但是当他进入敌军射程之内时，便遭到猛烈炮击，此时德斯坦才得知敌人已经占领了阵地。因此，他决定向库尔德萨克的舰队发起进攻。11 时 30 分，法军由北向南沿着库尔德萨克开火进攻，但战果寥寥。下午法军发动了第二次进攻，然而从侧翼进行的攻击依旧徒劳无功。此战中，英军共有三人阵亡；法军损失不详，但据说伤亡不大。据称，那天海风没有吹到海湾内部，入口不会封闭。这个季节这种天气很常见，因此，英国军队所在之地依旧是最佳攻击目标，尤其在冬季，正是攻入海湾的良机。德斯坦一向具有英雄主义幻想，受此影响他决定攻击沿岸的敌军工事。他命令舰队在卡雷纳格北部的一个小海湾停靠，率领 7000 名士兵迅速登陆，并于 18 日试图击破拉维吉的英军防线。连接海岬与岛屿的狭长地带地势平坦，而敌人占据了有利的防御位置，因此法军处处受制，劣势明显。这是邦克山战役的重演，德斯坦判断失误，仓促发动正面攻击，再次重蹈覆辙。他亲自率军发动三次勇猛的进攻，却铩羽而归，败军撤退，此战共损失 41 名军官和 800 名士兵，伤亡惨重。

德斯坦重新召集士兵，准备再次向巴林顿发起进攻。他派遣

## 第六章 西印度群岛的海军行动：英军入侵乔治亚州和南卡罗莱纳州（1778—1779）

塞缪尔·巴林顿上将阁下

一艘护卫舰驻扎在库尔德萨克附近，以便在风向利好之时发出信息。24日，护卫舰发出信号，德斯坦率队起航。巴林顿是一位为了伟大目标甘冒奇险的人，但他不会仅凭臆测去冒不必要的风险。他抓住战斗中的间歇战机，将战舰转移至更远的地方，那里风平浪静，水道较窄，可以更好地进行侧翼防卫。同时，他又加筑工事，将船上的重型火炮安放在此处，由水手进行专人操作。巴林顿防御严密，德斯坦没有找到机会进攻。29日，他从该岛撤离。30日，法国总督米库德骑士（Chevalier de Micoud）正式投降。

当时，巴林顿及其辅助军官詹姆斯·格兰特（James Grant）少将取得的这一战果备受人们赞誉，在之后的军事审判中也得到推崇。既能勇担风险，又能谨慎踏实，这往往是做事勤勉、专业精湛之人才能拥有的作风，这样的风格会让人倍感愉悦。巴林顿上将雷厉风行，深谋远虑，谨慎有加，胆大心细，为英国海军的历史添上了光辉的一笔，其价值不在于战争规模的大小，而在于战术精妙，在于应对危难的执行力。

整个战争期间，圣卢西亚始终掌握在英国人手中，其西北端的格罗斯伊莱特湾是个极好的防御驻地，距离马提尼克岛的皇家堡只有30英里，因此圣卢西亚岛至关重要。与皇家堡那样的战斗基地不同，格罗斯伊莱特湾只是一个前哨，英国舰队若需近距离监视敌人，舰船便可在那里停驻，无须担心离开港口所面临的安全问题。英军充分利用该地优势，1782年4月，罗德尼在此取得重大胜利。

1779年上半年，西印度群岛没有发生任何重大战事。1月6日，拜伦中将率领10艘战舰从纳拉甘西特湾出发，抵达圣卢西亚岛，接替了巴林顿的总指挥职务。英国和法国舰队在春季都加强了军事力量，但两军实力依然保持相对平衡，直到6月27日，法国派遣一支分队从布雷斯特赶来支援，法军在兵力上才略有优势。

此前不久，拜伦一直受商业危机的财政制约，在军事行动上无法放开手脚。如今大批商船正在圣基茨集结，准备前往英国，拜伦认为为了使商船远离法国西印度巡洋舰的袭击风险，有必要护送商业船队一段距离。为此，他于6月初驶离圣卢西亚岛。海岸沿线刚刚肃清，德斯坦便得知了拜伦的计划，他立即派出一支小规模的联合远征舰队攻打圣文森特岛，该月18日，圣文森特

## 第六章 西印度群岛的海军行动：英军入侵乔治亚州和南卡罗莱纳州（1778—1779）

岛上的部队投降。30日，德斯坦上将亲自率领整个舰队（包括25艘战列舰和几艘护卫舰）离开皇家堡，向英属格林纳达岛驶去。7月2日，舰队抵达格林纳达岛。当天傍晚，德斯坦的部队迅速登陆，行动敏捷干脆。4日，全岛陷落，除了一艘小型武装单桅帆船被俘获外，英国海军并无其他损失，30艘满载货物的商船在港口被扣留。

7月6日拂晓，拜伦率领由21艘战列舰、1艘护卫舰和28艘舰艇组成的护航编队，载着部队人员和装备露面。1日，他返回圣卢西亚岛，获知了圣文森特陷落的消息，并有传言称法军已经对格林纳达岛发起进攻。因此，他于3日率领上述舰队出海。

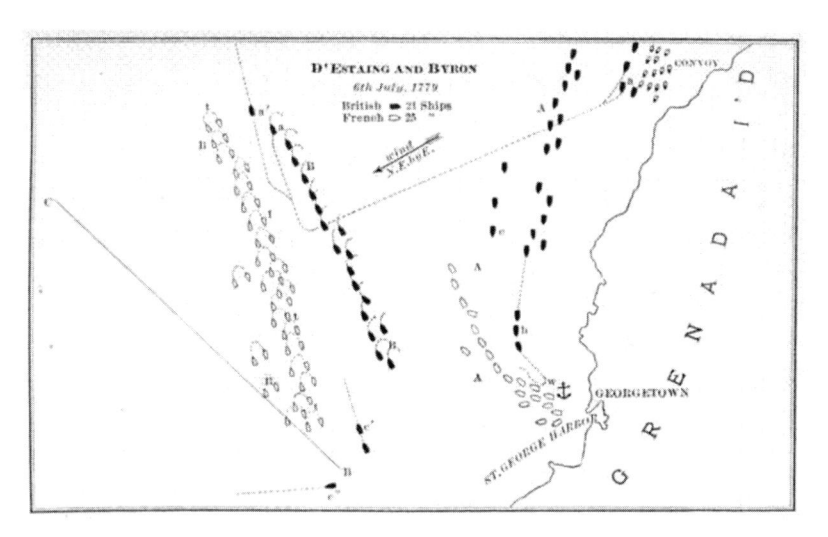

**1779年7月6日，德斯坦与拜伦之战**

7月5日夜里，德斯坦收到消息，英国舰队正在向其靠近。当时，法军舰队的大部分舰船都停泊在该岛西南部的乔治敦港附近，部分执行瞭望任务的船只停泊在下风处。[57]凌晨4时，法军舰队开始起锚，按令在右舷方向迅速列队，由于时间紧迫，舰船并未按照一贯的战斗队形编队。天色大亮之时，英国舰队（A点）从北部向海岸靠拢，此时风向为东北偏东，舰队在左舷方向行驶，战斗队形出现了混乱，离敌人最近的船只，也是最先与敌人靠近的船只，本应该在舰队后方抢风调向行驶。按照经验，对于拥有护航的舰队而言，必须缓慢行进，战舰保持队形，相互才能得以支援，此法已成定律。在紧急情况下，或是没有遇敌时，可以不按规定编队，然而一旦双方即将交战，便需遵照规定形成战斗队形。当天战斗的失利应该归咎于战斗队形的混乱。由于缺少护卫舰，拜伦命令罗利（Rowley）少将率领三艘战舰（a点）前来护航，护卫舰的位置离敌军稍远，然而，必要之时，这些战舰也会可以随时参战。

当拜伦最开始发现法国舰队（AA）时，它们正在列队，舰队排开缓缓向西北偏北方向延伸，可以望见锚地的舰船乱作一团。[58]拜伦欲借此混乱之机获得战果，他发出命令："向敌军锚地区域[59]展开全面进攻，同时，拜伦要求罗利少将离开护航编队。此时敌军舰队似乎不足14—15艘战舰，正在编队过程中，拜伦发出了进攻的信号，命令舰队迅速列队出击。"[60]显然，法军舰船不仅秩序混乱，而且还要在炮火下匆忙列队。已经站好队形的"苏丹"号74门炮舰、"威尔士亲王"号74门炮舰以及"博因"号70门炮舰在舰队前面遥遥领航（b点），其中第二艘战舰上悬挂着巴林顿的旗帜。法军殿后舰所在的方向是英军进攻的目标，英国舰队据此沿着西南偏南或西向偏南的路线航行；当敌军的先

· 第六章　西印度群岛的海军行动：英军入侵乔治亚州和南卡罗莱纳州（1778—1779）·

锋和中锋舰队沿西北偏北方向行进时，两队的航线便形成了"V"形结构，其尖端为乔治敦附近的锚地。此时，巴林顿的三艘舰船逐渐靠近法军的舰队阵列，除非他们掉头迎风而行，偏离既定路线，否则在做出反应之前，必定迎上法军攻击的炮火。对上敌舰之后，这三艘战舰终究是孤军奋战，损失惨重。当他们到达法军的后方时，法军纵队已列队完毕，巴林顿舰队掉转航向，就像哈兰德舰队与凯佩尔交战时的做法一样，战舰依次转向下风（w 点）。此时，"苏丹"号躲在敌军最后一艘舰船的后方，伺机进攻，防止敌舰驶向下风。巴林顿则率先沿着法军舰队的航线，从殿后舰向先锋舰方向，再次迎风而上。

拜伦之前受到误导，以为法国舰队的战力远不如自己，此时，敌人的战斗队形却已经形成，这令他感到沮丧。"然而，大规模的追击已经开始，同时旗舰也发出了近距离交战的信号。"[61] 其余的舰船像前方三艘船一样左舷航行，并沿着这三艘船的航迹紧随其后；然而，在到达指定位置之前，"格拉夫顿"（the Grafton）号 74 门炮舰、"康沃尔"号 74 门炮舰以及"狮子"（the Lion）号 64 门炮舰（c），恰好位于下风处，[62] 在右舷抢风转向时，承受了敌人全线火力。显然，恰逢夜间，于海上搜寻敌踪，又顺风航行，任何舰船都不应"碰巧"落在下风处而得不到任何支援。皇家海军上校托马斯·怀特（Thomas White）为拜伦辩驳道："在先锋舰船转向下风时……最后面的舰船也在海德·帕克少将的指挥下驶来……其中，'康沃尔'号和'狮子'号由于比周围的舰船早一步遭遇敌人（殿后舰船当时还未编队就绪），几乎承受了敌人的全部火力。"[63] 这次战斗使得舰

燃海的怒火：美国独立战争中的海军行动

队损失惨重，其混乱程度不堪描述。怀特称："格拉夫顿"号也是船况凄惨。总之，这三艘战舰不但船身损毁，船上的士兵也伤亡惨重，在迎风转向时，它们远远落在了舰队后方，身处下风处（c'，c"）。

英国舰队整体已经转向完毕，在右舷受风排成一列纵队航行，这与法国舰队从后至前的编队方式毫无二致（B，B，B阵地）。此时，拜伦发出信号，示意八艘先锋战舰靠拢，互为支援，与敌方近距离交火。在交战之前，指挥官就应统一组织起充足的战力，指令无须过于精确，但此时双方已经交战，战火呼啸，战舰损毁，想要再集合战舰远非易事。这时，其中一位军官反应机敏，他的战场反应弥补了指挥官的错误。当时，这位罗利少将远远落在舰队后方，他正率护航舰竭力追赶前方主舰队。此时，他发现巴林顿的三艘舰船相距甚远，显然船损严重。因此，他没有盲目听命于上令，而是径直穿过护航舰队（aa），到达纵队前线来支援先锋舰，这与纳尔逊在圣文森特角的做法几乎如出一辙，纳尔逊因此事声名大振。在这场战斗中，"蒙茅斯"（the Monmouth）号64门炮舰紧随罗利少将的船后，其战斗中的壮举在英法双方舰队中令人侧目，据说法国军官曾在战斗结束后向"这艘黑色的小船"致以敬意，它与罗利的旗舰"萨福克"（the Suffolk）号74门炮舰抗敌英勇，却也因此船损严重。

此刻，形势逼人，拜伦命令先锋舰队跟紧敌人，让两支舰队的上风艏舵拉开距离，以免暴露护航舰队。"他们似乎很想摆脱护航船队，调遣战舰队列外的大型护卫舰，以助自己一臂之力。"[64]另一个方向，"康沃尔"号、"格拉夫顿"号和"狮子"

## 第六章　西印度群岛的海军行动：英军入侵乔治亚州和南卡罗莱纳州（1778—1779）

号虽然已经调转航向，但依旧无法跟上舰队的速度（c′，c″），落在了下风向，面向敌军舰队。正午时分，或是午后不久，德斯坦率领主力舰队，与落在下风处的几艘战舰会合。拜伦在处于劣势的情况下，依然冷静自持。后来，两支舰队分开撤退，下午1时，双方停止交火。

敌军形成两列平行队列，两列相隔一段距离，仍向西北偏北方向右舷行驶。在两列舰队中，"康沃尔"号、"格拉夫顿"号、"狮子"号以及第四艘英国舰船"名声"（the Fame）号船体已经严重受损，艰难地在后方行驶。下午3时许，法军舰队集合起来（t），队形井然，向这些破损船只攻去。拜伦立即前去支援，双方舰队都焦急地等待着战斗结果。"狮子"号的康沃利斯上尉审时度势，推测如果他继续前进，与法军舰队遭遇之时，就会被敌人包围。此时，他的"狮子"号舰船只剩前桅还在，因此他立即将舵柄向上风方向推去，越过敌方的最前方的舰船（c″），迎风向牙买加远去，敌人并未继续追击。另外三艘战舰，既不能抢风调向，又不敢继续向下风向行驶，这两个方向都容易落入敌人之手，于是它们保持航向，向敌人的上风处驶去，途中受到了敌舰几次舷炮攻击，随后向北方逃去。"蒙茅斯"号同样受到了攻击；战斗中，它未能随舰队向南行进，而是继续向北行驶（a′），此时已与大部队彻底脱离。后来，德斯坦重新组织战斗队形，转而在背风处（BC线）在左舷航向列队。

拜伦在格林纳达附近的行动被人们视作个别事件，却是英国海军自1690年比奇海德战役以来遭遇的最为惨烈的一战。"康沃尔"号、"格拉夫顿"号和"狮子"号之所以没有被俘，纯粹是由于法军上将瞻前顾后，犹豫不定所致。这一点拜伦也承认。他说："最让我惊讶的是，敌军竟然没有派遣任何一艘舰船在'狮子'号身后追击。如果他们一直持续进攻……'格拉夫顿'号和'康沃尔'号可能早已被法军击退，但是他们对每一次近距离攻击都浅尝辄止，仅仅在射程范围内向这些破损的战舰开火，并任其返回所属舰队，没有不遗余力地摧毁这些舰船。"叙弗朗[65]率领法国舰队从右舷方向进攻，他的旗舰"幻想"（the Fantasque）号64门炮舰上，共有22人阵亡，43人受伤。他写道："如果我们海军上将的战术与他的勇气一样勇往直前，便不会让四艘桅杆损毁的船只有机会逃脱。""蒙茅斯"号和"名声"号也极有可能得到保全；如果拜伦为了救援它们，再次发动进攻，英军这场战斗的失败将会更加惨烈。

法军虽然占据巨大优势，但由于总司令指挥无能，法军毫无战果。同时，英国舰队惨遭失败的原因也同样引人深思，当时英军21艘战舰与敌方24艘战舰对峙[66]，形势一目了然，敌方只是稍占优势，并无压倒之势。拜伦的仓促进攻以及队伍秩序的混乱造成了最终的败局。当时是清晨时分，拜伦舰队处于上风位置，海上刮起东北信风，风势并不大，但随着时间的推移，风势逐渐增强。法军执着于护卫新占领的阵地，不可能毫无尊严地放弃，岸上部队更是如此，即使他们想撤退，也不能在全面追击之前撤退，除非他们已经做好牺牲速度较慢舰船的准备。如果24艘战舰能步调一致，在21艘英国舰船面前撤离，就算速度最快的英舰，也再无可能追上前面速度最慢的法舰。此时正是作战时机，应采取迫攻不容退避，此时也是英军整顿队形的上佳时机。

## 第六章 西印度群岛的海军行动：英军入侵乔治亚州和南卡罗莱纳州（1778—1779）

凯佩尔在舰队局部出现混乱时发起进攻，备受赞誉，但拜伦是在队伍彻底混乱时发起进攻，却备受指责，以上原因应纳入重点考虑。凯佩尔从无心恋战的敌人手中抢夺先机是无奈之举，当时他身处劣势，无法编队，只能率军投入战斗，战斗中几乎全线战舰互为支援。然而，拜伦的所作所为让人一目了然，在紧急战况中，他拙劣的战术安排是无法开脱的罪责。

根据两国当局统计，两支舰队的伤亡情况分别为：英军，183人死亡、346人受伤；法军，190人死亡、759人受伤。战斗中，由于拜伦指挥不当，两组战舰（每组3艘舰船）相继受到敌人的猛烈炮击，船体分崩离析，造成英军共126人死亡、235人受伤，占伤亡总数的三分之二。另外，舰船动力系统的损失、英军桅杆和船帆的损毁也大大超过了法军。

战斗结束后，德斯坦悄然返回了格林纳达；拜伦的部队则前往圣基茨对舰船进行整修，但由于海军部留给西印度群岛的储备物资所剩无几，这让舰船的维修雪上加霜。尽管当时的海员已竭尽所能维修战船，但这些船只仍然一直无法使用，这使得其他岛屿上的驻军忧心忡忡。虽然德斯坦在战斗中占据了优势，但他的情况也没有得到改善。在拜伦的舰队战败抛锚时，他确实显得颇有战果。然而，这除了让这些一贯笑傲海上的英国海军感到屈辱外，别无他用。

8月，拜伦起航回返英国，而巴林顿也已经归国养伤。因此，该基地由海德·帕克少将[67]担任总指挥。1780年3月，著名的罗德尼将军来到背风群岛，从他手中接任了总指挥一职。北美基地交由马里奥特·阿希斯诺特（Marriot Arbuthnot）中将负责，

#### 燃海的怒火：美国独立战争中的海军行动

他手下有六艘战舰，总部设在纽约。通常情况下，他与罗德尼在指挥权上互不干涉，但后来，罗德尼获得海军部批准，火速前来纽约处理紧急战事，并获得总体指挥权。

此前提及，1778年冬季临近，英国终止了美洲大陆北部的一切海军和陆军的军事行动，5000名士兵转移至西印度群岛。与此同时，英国突然展开扩张行动，一次性地侵占了南乔治亚州以及南卡罗莱纳州。11月27日，阿奇博尔德·坎贝尔（Archibald Campbell）中校率领一支分遣舰队从桑迪胡克出发，由海德·帕克[68]舰长指挥的一支护卫舰队沿途护送。四周后，分遣舰队进入萨凡纳河，很快占领了萨凡纳城。与此同时，克林顿命令普雷沃斯特（Prevost）将军率领圣奥古斯丁保卫战中剩余的军队，从当时的英属殖民地佛罗里达州出发，抵达萨凡纳，随后由他担任这支军队的指挥官。

1779年期间，依托英国的海上优势，扩张行动已经延伸至查尔斯顿附近，这是滥用军力以致最终自我毁灭的一个典型战例。1778年至1779年期间的这些行动，规模都不是很大，尤其是海上作战行动。因此可以这样说：在一个水道纵横、水域密布的国家里，每一次行动中都可见这些小型船只的身影。帕克写道："一个地区的防御很大程度上取决于各个内陆河流中的海军力量。因此，我正在建造一些能够装备火枪的桨帆船，我相信这些装备一定能取得良好战果。"这些战舰都是一个世纪后美国独立战争中"装甲舰"的雏形，甚至装甲船的出现也已司空见惯。

在南部各州，从乔治亚到弗吉尼亚区域，海军尽管至关重要，但自始至终都是辅助战力。对此无须细说，但值得讨论的

## 第六章 西印度群岛的海军行动：英军入侵乔治亚州和南卡罗莱纳州（1778—1779）

是，英军由于战力调控失策，举措不当，引起了一场后果严重的动乱，将北美的英军一分为二，各自为政，完全无法互相支援。其中，诸如威廉·豪爵士1777年所犯的相似的错误大范围涌现，情况雪上加霜。错误立场下的错误思路，直接导致了之后的军事行动，既康沃利斯经由北卡罗莱纳州进军弗吉尼亚州，以及1781年进军约克镇，后来又经历了切萨皮克湾两军对阵，一举促成了美国的独立。比起敌方的战略家，英国政府给英军带来的打击更让人绝望；比起无情的命运，英国政府有悖常理的行为更加让人窒息。亨利·克林顿爵士和康沃利斯爵士之间个性迥异、政见不同，意见有分歧，行动有差异，这些冲突其实不过是当时时局矛盾与问题的自然结果和反应。

1779年，飓风季节临近，德斯坦接到命令，将1778年从土伦出发的战舰带回法国，但他决定先前往美国海岸，即南卡罗莱纳州或佐治亚州附近。8月31日，他率领整个舰队抵达萨凡纳河口，试图从英国人手中夺取萨凡纳市。如果就此能将英国的扩张行为扼杀在萌芽状态，这将对时局大有帮助。然而，开战三周后，进攻以失败告终。于是，德斯坦带着指定的战舰驶往欧洲，其余的舰船则分成两个中队，分别由德格拉斯和拉莫特·皮凯（La Motte-Picquet）率领，返回西印度群岛。德斯坦此次行动虽然无果而终，但英军间接受此影响，放弃了进攻纳拉甘西特湾的计划。亨利·克林顿爵士得知德斯坦进攻的消息后，认为自己的舰队兵力不足，无法同时守住罗德岛和纽约。因此，他命令部队从罗德岛撤离，次年夏天，该地被法国人占领，用罗德尼的话说，"美国最优良最高雅的海湾"陷落了。

德斯坦在西印度群岛和北美洲的总指挥职位由德吉尚（de Guichen）少将[69]接替，他于1780年3月抵达背风群岛基地，几乎与罗德尼同时到达。

## 注释：

[54] 法国的说法是三艘。

[55] 比特森，《军事与海军回忆录》，第四卷，第390页。

[56] 圣卢西亚岛处于东北信风区，相比南部和西部，其北部和东部总是迎风状态。

[57] 指舰船朝向西面，这些岛屿通常刮东北信风。

[58] 凯佩尔上将曾向帕利瑟法庭提交证词，证词中生动叙述了这一场景，但作者认为他所叙述的情况只是个人论断，并非格林纳达的实际情况。"正如 M. 康福兰斯（M. Conflans）遭到霍克（Hawke）上将袭击时的做法一样，法军正在排兵布阵（凯佩尔也参加了这一行动），这是法军的一贯作风，对于并不知晓的人来说，队伍似乎混乱不堪，而这些船只是正在有序地排列而已。"

[59] 指的是向当时锚地的舰船也就是敌人的殿后舰进发。

[60] 出自拜伦的日志，以作者的角度陈述。

[61] 出自拜伦的日志。

[62] 同上，以作者的角度陈述。

[63] 引自《海军探秘》，伦敦，1830年，第22页。

[64] 出自拜伦的日志。

[65] 皮埃尔·叙弗朗·圣·特罗佩斯（Pierre A. de Suffren de Saint Tropez）是马耳他骑士团（Knights of Malta）的一名邑长。他生于1726年，之前参加过两次海军行动，即1756年的马洪港（Port Mahon）战斗及1759

· 第六章　西印度群岛的海军行动：英军入侵乔治亚州和南卡罗莱纳州（1778—1779）·

年的拉各斯（Lagos）战斗。1779 年担任护卫队长。1781 年，他奉命前往东印度群岛。1782 年至 1783 年，他在帕亚湾（the Bay of Praya）与英国舰队交战，同时，他与爱德华·休斯（Edward Hughes）爵士的战斗堪称精彩绝伦。1783 年，他晋升为海军中将。1788 年，他在战斗中阵亡。人们称之为法国最伟大的海军军官之一。

［66］特劳德（Troude）称，在驶离港口时遇到了一艘装备 74 炮舰的法国战舰，但双方没有交战。

［67］海德·帕克，生于 1714 年。1780 年，他受到罗德尼的惩处后归家。1781 年，在著名的道格尔河岸（the Dogger Bank），他指挥部队与荷兰人作战。1782 年，他乘坐"加图"（the Cato）号 64 炮舰驶往东印度群岛，从此杳无音讯。

［68］海德·帕克骑士兼爵士（Sir Hyde Parker, Kt.）生于 1739 年，是海德·帕克的长子。他 1763 年任舰长，1793 年晋升为海军少将，1794 年晋升为海军中将，1799 年晋升为海军上将。1801 年，他担任纳尔逊在哥本哈根的酋长，卒于 1807 年。

［69］路易斯·乌尔班·德布埃尼克，德吉尚伯爵生于 1712 年。1730 年，加入海军。1756 年，在北美指挥"伊利斯特"（the Illustre）号战舰作战，并取得胜利。1778 年，在韦桑特战役中担任副指挥官。1780 年，在西印度群岛与罗德尼进行三次交锋。1781 年，在亚速尔（the Azores）群岛与凯彭费尔特（Kempenfelt）展开决战。德吉尚伯爵卒于 1790 年。

*116*

# 第七章　欧洲海域战争（1779）

盟军舰队入侵英吉利海峡，罗德尼摧毁两支西班牙中队，接管直布罗陀

1779年6月，西班牙宣战，大英帝国面临的海上形势变得更加严峻。就在德斯坦的25艘战舰与拜伦的21艘舰队剑拔弩张之时，由40艘舰船组成的英吉利海峡舰队发现了一支针对自己的舰队，已集结了66艘舰船。在这样一支庞大的舰队中，36艘舰船来自西班牙。

早在4月12日，西班牙就与法国签署秘密同盟条约，后来才发表公开声明。法国内阁担心英国政府会打着正当合理的幌子，迅速启动报复手段，动用英吉利海峡舰队的40艘战舰围剿布雷斯特舰队的30艘战舰，因此在对敌人的核心战略和圣·文森特的作战战术做出预设后，6月4日，敦促舰船立即出海。凯佩尔的老对手，海军上将德奥维利埃仍然任总指挥。他命令所有舰船在西班牙西北海岸的西扎尔加岛附近巡航，在此与西班牙舰

队会合。6月11日，他抵达约定会合地点，但西班牙舰队姗姗来迟，直到7月23日大部分舰队才到达集结。在等待期间，法国舰队本来就物资装备不足，再加上他们出海仓促，已经消耗了大量补给和水，夏季的炎炎烈日更是火上浇油。除此之外，船上还大规模盛行流感。虽然双方条约中规定，由法国海军上将担任总指挥，但会合后，德奥维利埃发现西班牙舰队上竟然没有安装法国的信号系统。西班牙舰队立即纠正疏忽，安装系统，因而舰队的行程一再拖延。尽管如此，联合舰队还是于8月11日抵达韦桑特岛，14日到达利泽得附近。16日舰队抵达普利茅斯，17日在那里截获了英国的"阿尔当"（Ardent）号64门炮舰。

6月16日，海峡舰队的35艘舰船出海，在海军上将查尔斯·哈迪（Charles Hardy）爵士的指挥下，于海上巡航。查尔斯上将的基地在锡利（Scilly）西南方向10—20里格处，因此从韦桑特岛驶来的敌人，在英吉利海峡驻扎时并未发现他。现在盟军夹在英军和英军港口基地之间，虽然兵力数量几乎是英军的两倍，但形势无疑很严峻，不过也没有到穷途末路的地步，双面夹击对舰船构成的威胁，远没有达到敌人横亘在蒸汽船和煤炭之间的危险程度。

整个英格兰，尤其是南部地区战争信号升级。7月9日，英国皇室下令，要求将所有的马和牛等家畜赶离海岸地区，以防敌军袭击。普利茅斯港的入口处安放了水栅杆，海军部也发出了命令，要求将港湾入口处的船只击沉。只要有办法，人们就纷纷撤

### 燃海的怒火：美国独立战争中的海军行动

往内陆，战争的恐慌在不断加剧。当时还在海上的大批商船也纷纷返航。当时，德奥维利埃带领的舰队行踪不定，如果他当时率军不在西班牙海岸巡航，而是前往英吉利海峡，这些商船都将成为他的囊中之物。所幸，由200多艘帆船组成的牙买加护卫船队在盟军出现在此地的前几天就已到达，位于背风群岛的舰队也同样顺利归航。不过，8艘返航的印度商船的运气稍差，在接到危险警报后，只来得及前往香农河避难，直到彻底安全后才放心离开。另一方面，市场全然经受住考验，依旧坚挺。尽管如此，人们还是认为，优势明显的敌军舰队在英吉利海峡大规模出现，这种挑衅实属不该发生。约翰·杰维斯（John Jervis）爵士，也就是后来的圣文森特伯爵，曾是舰队中一艘船上的指挥官，他在给妹妹的信中写道："我们的国家已经沦落到这个地步，真让人羞愧难当！"但他又说，他对入侵英国的幻想嗤之以鼻。

在勒阿弗尔和圣马洛两地，法军部署了50000名兵力，并调集了400艘船只用于物资运输。虽然法军的计划尚不为人所知，但这些调军的行为足以引发群体焦虑，导致恐慌，至少从表面看，形势已经相当严峻。英属群岛之所以没有遭到袭击，并不是因为英国军队准备充分，未雨绸缪，而是因为敌人在部署和备战中效率低下，懈怠拖沓。这也是陆地作战需要解决的问题。法国作战部最初的计划是占领怀特岛，夺取斯皮特黑德海峡，使之成为舰队的锚地，该海峡距离较近且相对安全，可以据此为基地继续推进战斗。提到这个最初的计划时，德奥维利埃写道："我们计划在圣海伦（St. Helen's）[70]巡航，如果这片区域尚未发现敌踪，或者如果我能成功控制该地区，我会给勒阿弗尔的德沃（De Vaux）元帅送去信息，告知他我将根据英军主力舰队位置，采取相应措施，确保他顺利通行。也就是说，我将亲自率领联合舰队兵分两路，一路对抗敌人的主力军，牵制他们的力量，而另一路海军小分队、包括数量充足的战舰和护卫舰，为德沃保驾护航；另一个选择就是，我将建议 M. 德·科尔多瓦先生（M. de Cordova）占领敌军的内陆军事基地，确保军队能安全平稳在此处通行。我想，无论是双方战事胶着，还是英军撤退回港口，我都能摸清他们的情况，确保战斗的胜利。"[71]事实证明，德奥维利埃对英国的"现有舰队"了解深入，估量充分，无论当时还是现在，他都堪称他那个时代法国海军中最优秀的指挥官之一。当时，由 50 艘舰船组成的盟军主力舰队在基地坐镇，掌控局势，而一支小型舰队（由 16 艘战舰组成的特殊"观察中队"）将在科尔多瓦的指挥下在渡口护航过往舰船。

德奥维利埃的计划在强劲的东风中寸寸粉碎，在法国政府的战略变化下胎死腹中。8 月 16 日，在抵达普利茅斯之前，德奥维利埃接到通知，在法尔茅斯附近的康沃尔海岸登陆，这与原计划中的在怀特岛登陆大相径庭。结果，这支大型舰队失去了所有锚地，而锚地不仅对蒸汽轮船极其重要，对意在长期驻扎某区域的帆船更是必备基地。无论作为一个登岸点，还是一个要长久维护的基地，康沃尔海岸位置僻处一隅，以此为入侵登陆点实在是荒诞不经。德奥维利埃按照规程对这些情况做了明确汇报，但是等待回复的时间太长，他不能在此驻足停留。没想到，强劲的东风袭来，连续几天海上强风怒号，把盟军吹出了英吉利海峡。8

月25日，盟军收到消息说英国舰队已接近锡利，为此召开了一次军事会议，会议决定，由于舰船上疾病蔓延，粮食短缺，权宜之计是先不要进入海峡，而是去寻找敌人，将其引入战斗。该计划立即予以实施。29日，哈代在返回海峡的途中被盟军发现。由于兵力悬殊，他无心恋战，迅速逃离，盟军无法将其引入战斗，9月3日，他逃到斯皮特黑德海峡。德奥维利埃随后很快接到命令返回布雷斯特，14日联合舰队在布雷斯特下锚停靠。

英国内阁在夏季进行的所有军事行动都受到了双重批评。首先，英国没有根据实际情况做出充分准备，政府本应该提前预见到法国和西班牙这两个波旁王国极有可能开展合作，他们的海军规模虽不大，却也能对英国海军形成牵制力量。其次，既然数月以前已经推测出西班牙极有可能参战，就应该阻止法国和西班牙舰队会合，防止其占领内陆基地。英吉利海峡舰队本应在法国人出航前就应该到达布雷斯特附近。鉴于此，法国舰队离开后，反对派仍有充分的理由认为，在西班牙海岸附近追击法军并随时出击才是明智之举。在西扎尔加岛等待的六周时间里，法军舰队根本无法与哈代（Hardy）的军事力量抗衡。然而，我们必须考虑到，代议制政府昏庸无能，不仅无视民众的强烈抗议，也无力寻求通往胜利的康庄大道。英内阁没有及时认识到布雷斯特的重要意义，以上的政府现状使这一错误的后果愈加严重，只要舰船控制住布雷斯特，就等同于控制住了英吉利海峡。

因为有英国这个共同的敌人，法国和西班牙得以成为战略伙伴，重创大不列颠是两国唯一的共识。两国各有优势，各有利益诉求。这就必然会导致双方的着眼点迥然不同；但是，由于法国在战争初期一直单打独斗，随后从西班牙处寻求援助，因此作为合作中具有特殊地位的西班牙自然从一开始就拥有一定的优先权。战争接近尾声时，法国主要对西印度群岛志在必得；而西班牙的野心目标则是在欧洲，意欲夺回米诺卡和直布罗陀。

这样一来，直布罗陀就成了这场较量中的必争之地，通过对此处进攻和防御中投入的兵力，直接或间接地对世界范围内的大型战争产生影响。西班牙发现其在英吉利海峡的费力经营徒劳无功，1779 年，决定将船队从布雷斯特召回。法国政府给其驻马德里大使的信中写道："为了包围直布罗陀，为了在美洲和亚洲遏制英国，更是为了攻打西印度群岛，暂时搁置进攻英格兰的计划。这，就是 1780 年的作战计划。"一经宣战，直布罗陀和西班牙大陆之间的通信立即中断。不久后，海上封锁开始实施，15 艘巡洋舰驻扎在海湾入口处，他们在此处扣押所有驶往岩山的船只，不论是第三方船只还是英国船只，全部送往西班牙港口。这一封锁得到了加的斯的有力支持，同时，一支西班牙舰队和许多小型船只也在直布罗陀湾西班牙一侧的阿尔赫希拉斯直接参与了军事封锁。英国地中海中型舰队当时只有一艘 60 门炮舰、三艘护卫舰和一艘单桅帆船，根本无力提供救援。1779 年底，直布罗陀的面粉价格已上涨到每桶 14 基尼，其他粮食也都在涨价。因此，英军加强驻军力量势在必行，增加各种物资的提供也迫在眉睫。罗德尼受命负责这项任务，从此属于他的辉煌在西印度群岛渐渐拉开序幕。1779 年 10 月 1 日，罗德尼被任命为背风群岛的指挥官。与他同行的只是一个

### 燃海的怒火：美国独立战争中的海军行动

有四五艘战舰的小型舰队，但是在航行中，他利用优势，凭借一名军官自身的名望组织网罗了强大的军事力量，指挥他的小型舰队和海峡舰队大部分舰船，将补给和增援运送至直布罗陀和米诺卡。12月29日，整个舰队在海峡处耽搁了一段时间后，从普利茅斯出海，队伍中共有22艘战舰、14艘护卫舰和一些较小的船只，除此之外，还有大量军需船、食品船、军械船、运兵船、商船以及前往西印度群岛和葡萄牙的"贸易"船。

1780年1月7日，在菲尼斯特雷角以西100里格处，西印度群岛船队在1艘战舰和3艘护卫舰的护航下分头向各自的目的地驶去。8日，天刚刚破晓，有目击者称22艘船只正朝东北方向驶去，显然该舰队是在夜里航行经过。他们随即进行追击，并在几小时内将其全部俘获，其中7艘为战舰，包括1艘64门炮舰和6艘护卫舰，其余全部为商船，满载海军物资以及为加的斯西班牙舰队提供的补给。12艘补给船立即被转移，前往直布罗陀缓解物资短缺，整个航程由一艘西班牙64门炮舰负责守卫，它在被俘获前本就是该舰队中的一艘护卫舰，此时由一名英国船员掌舵。接着，经过的船只不时送来情报，说一支西班牙海军中队正在圣文森特角附近巡航。面对这个战机，所有船长都接到命令，在靠近海角时随时做好战斗准备。16日，经过文森特角后，下午1点，有信号显示，东南方向发现船只，这是一支由11艘战舰及两艘26门炮风帆战列舰组成的西班牙海军中队。罗德尼立刻张开全帆，逼近敌船，同时示意同行船只并行作战。[72]然而，他发现敌人正试图在右舷前方列队，乘着西

## 第七章 欧洲海域战争（1779）

风，船头朝南，向东南方向 100 英里处的加的斯驶去，于是他马上改变策略，命令舰队"全面追击"，只要他们在视线内出现，就马上开火；同时，命令舰队"向下风处行进"，以便挡在敌人驶向港口的航道上，进行"包抄拦截"。这种战术就是领航的英国舰船对西班牙舰队的后方进行追击开火，紧随其后的英国舰船越过前头的舰船行至下风处，对敌人从殿后舰到先锋舰全面发起攻击。

下午 4 点，战斗信号发出，几分钟后，最前端的四艘追击舰船开始开火。4 点 40 分，"圣多明戈"（the Santo Domingo）号 80 门炮舰被炸毁，船上人员全部阵亡；6 点，另一艘船被击中。此时正值 1 月，天色已经暗了下来，双方持续夜战，交火一直到凌晨 2 点，最终，敌军首领投降，双方停火。在敌军的 17 艘战舰中，只有 4 艘成功逃脱，1 艘战舰被炸毁，6 艘战舰被俘，分别是："凤凰"（the Fénix）号 80 门炮舰、西班牙海军上将唐·胡安·德·兰加拉（Don Juan de Langara）的旗舰"蒙娜尔加"（the Monarca）号 70 门炮舰、"公主"（the Princesa）号 70 门炮舰、"勤奋"（the Diligente）号 70 门炮舰、"圣朱利安"（the San Julian）号 70 门炮舰，以及"圣尤金尼奥"（the San Eugenio）号 70 门炮舰。最后这两艘舰船上岸后就失去了踪迹，[73] 剩下的 4 艘被带到直布罗陀，最终编入海军舰队。除"凤凰"号更名为"直布罗陀"号外，其余舰船都均保留原名。罗德尼在日志中写道："那天夜里狂风大作，海面波涛汹涌，第二天没有任何转好的迹象，'皇家乔治'（the Royal George）号 100 门炮舰、'乔治王子'（Prince George）号 90 门炮舰、'桑威奇'（Sanwich）号

**燃海的怒火：美国独立战争中的海军行动**

90门炮舰（罗德尼的旗舰）以及其他几艘船都陷入了极端天气的危险中，不得不扬帆起航，避开圣卢卡的浅滩，直到第二天早上才进入深水区。"

罗德尼这次战斗经过精心策划，攻其不备，其独特之处就在于在下风口海岸之处发起攻击的风险。敌军的海军中队有11艘舰船，相当于英军的一半兵力，攻击发生得猝不及防，但这不能作为战时参战舰队失败的借口。西班牙人被打得措手不及，撤退为时已晚。此次战斗中，罗德尼功不可没，在恶劣的天气和航行条件下，他没有给敌人留下任何回旋的余地。他在行动中表现出来的魄力以及对战斗的准备都让人无可挑剔。罗德尼确实与他的旗舰舰长沃尔特·杨（Walter Young）讨论过战术问题，谣言称沃尔特·杨才是主要决策者。不过，这种世俗的中伤并不会左右大众的想法。舰队医生吉尔伯特·布莱恩爵士（Sir Gilbert Blane）做出了如下说明："日落时分，海军上将和舰长就是否继续追击敌船这一问题进行了一番讨论，因为上将痛风发作，行动受限，当时我也在场，他最终决定坚持原来的路线，发出信号，向下风处进攻。"罗德尼当时已近62岁，他的双脚和双手常年受尽痛风的折磨。

这两次胜利为当地驻军欢迎海军上将增添了喜悦的色彩，当时他们急需好消息振奋士气。从国内运来急需的物资这件事本身就足以令人欢欣鼓舞；但更让人振奋的是，英军舰队身后还有俘获的五艘敌军战舰，其中一艘挂着敌军总司令的旗帜，不仅如此，还另有三艘战舰被击沉或被炸毁。消息传回国内后，喜悦的气氛更加热烈，海军部一片欢腾，此前人们对于海军上次战争中

## 第七章 欧洲海域战争（1779）

的准备不足而愤愤不平，海军部也正在此压力下终日殚思极虑。第一勋爵在给罗德尼的信中写道："你们俘获的战舰比前两次战争中的任何一次都多。"

战斗能够取得胜利，还有一点值得铭记。当时 20 艘西班牙战舰和 4 艘法国战舰在科尔多瓦海军上将的指挥下正在加的斯湾驻扎，这是一支比罗德尼舰队更强大的军事力量，在这支暴露行踪的海军分队面前，罗德尼在战力上丝毫不占优势。但在英国舰队停靠在海峡附近的 18 天里，科尔多瓦并没有试图对这次战败进行报复性回击，也没有试图利用优势兵力获取更多利益。产生这种消极行为的原因，可能是由于西班牙舰船航行效率差，装备落后，还有个重要的原因是它们的船底没有镀铜。尽管西班牙舰队并不经常参战，但它的这个缺陷在全面战争中应该作为考虑因素。当时在费罗尔的西班牙舰队中，一位法籍海军准将写道："他们的航行技术很差，既不能追击敌人，也无法顺利逃脱。'格洛里埃'（the Glorieux）号是法国海军中一艘船况不佳的舰船，但却比西班牙海军中最好的帆船还要表现出色。"他还说："兰加拉海军中队的舰艇彼此之间间隔如此之远，令人百思不得其解。他们总是以这样的方式航行，这种疏忽大意和安全漏洞实在让人不可思议。"

罗德尼率队靠近直布罗陀海峡时，恶劣天气毫无转变，彼时东风风力强劲，迫使许多船只和护卫舰都背风而立，躲在岩山后面，直到 26 日旗舰才下锚停泊。军需船被立即派出前往米诺卡岛，此次任务由 3 艘铜制战舰负责。当时，战舰镀铜的做法已不是一件新鲜事，但还没有得到全面推广。前往西印度群岛的时间紧迫，镀铜船是保证速度的有效交通工具，在交战中的作用也有目共睹。16日的战斗就是从一艘镀铜战舰开始的，它最先追上撤退的敌人，对敌军的殿后舰进行攻击。当时，法国海军军官叙弗朗试图说服一位部长同意采用镀铜战船，但这位部长明显不愿接受这个新事物。而镀铜舰船在英国海军当中却得到了普及，适时替代了英海军的劣质船只。罗德尼在写给妻子的信中，谈到这些镀铜舰船战利品时说，"我们俘获的战舰比我们自己的战舰要好得多。"人们可能还记得，13年后，纳尔逊在查看西班牙船只时也同样感慨："我从未见过比这更好的船。"第一勋爵在这次战斗后给罗德尼写信说："我知道你一直奔走呼吁，渴望得到更多的铜制船只，""因此我决定给你足够的镀铜船，让你无话可说。"

米诺卡岛的舰船返回后，罗德尼于2月13日再次出海，前往西印度群岛。英吉利海峡舰队的分遣队一路陪同他航行三天后，带着战利品离开，前往英国。返回英国的途中，这支分遣队与15艘法国供给船相遇，此时这些供给船正在两艘64门炮舰的护卫下向印度洋的法兰西岛[74]驶去。其中1艘"普罗蒂"（the Protée）号战舰和3艘储备船被俘获。这一事件虽然微不足道，却说明了欧洲军事行动对印度战争的影响。其中有一个小插曲，罗德尼因为将一艘战舰留在岩山而受到军部批评，对这件小事的处理可以看出英国政府的两难境地。"这件事给我们带来了麻烦和风险，我们特意派一艘护卫舰指挥其立即返航，如果你仔细研究一下最初的指示，就会发现，没有什么比你把一艘战列舰抛在身后更值得让人戒备。"这些话无比清晰地表明，英国海军目前

· 第七章 欧洲海域战争（1779）·

危机四伏，态势紧迫，敌人在迅速崛起，而英国海军力量的发展却严重滞后，仿佛孤船在加的斯、费罗尔以及布雷斯特舰队的侧翼航线上四面受敌。

## 注释：

[70] 斯皮特黑德向海 3 英里处的一个锚地。

[71] 引自谢瓦利埃，《法国潜艇》，1778 年，第 165 页。

[72] "并排作战"指的是，船只不在彼此的后方，而是并肩前行，也就是说，排列在一条垂直于既定航线的线上。

[73] 出自罗德尼的日志。谢瓦利埃说他们中的一艘船再次被它的船员夺回，并被带到加的斯。

[74] 现在的英属毛里求斯。

# 第八章　罗德尼与德吉尚的西印度群岛之战（1780）

德吉尚返回欧洲，罗德尼前往纽约，康沃利斯勋爵驻扎卡罗来纳州，康沃利斯准将发起两次海军行动，罗德尼重返西印度群岛

1780年3月27日，罗德尼率四艘战舰抵达圣卢西亚，此地有一支由16艘战舰组成的舰队，在数量上与1778年夏天与拜伦一起离开英国的舰船，以及1779年春天由罗利少将带来的增援舰队兵力大致相当。

海德·帕克少将暂代指挥期间，从拜伦离开到罗德尼抵达这段时间里，英国与法国的两支分遣队之间进行了一次小规模战斗。当时法国分遣队由拉莫特·皮凯在马提尼克岛的黄家堡坐镇指挥。

1779年12月18日，上午8点至9点间，英军的瞭望船"普雷斯顿"号50门炮舰正在马提尼克岛和圣卢西亚岛之间执行任

· 第八章　罗德尼与德吉尚的西印度群岛之战（1780）·

务，它发出信号示意一支舰队迎风航行，后查明该舰队为法军的一支补给船队，共有船只26艘，由1艘护卫舰护航。英法这两支海军中队均处于休憩状态，船帆没有张开，船只紧挨着排放，武装不足，船员去了岸上为船只补充木材和水。双方都立刻发出信号，命令战船起航，英法官兵都反应迅速，两名指挥官对此非常满意，随即亲自带船出征。英军以5艘帆船和1艘50门炮舰的军力，先发制人，俘获法军9艘补给船只，另有4艘被迫登岸。此时，法国海军少将已经率领3艘舰船，即"安尼巴尔"（the Annibal）号74门炮舰、"复仇者"（Vengeur）号64门炮舰以及"雷弗莱奇"（Réfléchi）号64门炮舰驶离皇家堡，迎风而行，将舰队其他船只护在后方。目前两军距离较近，风向适宜，英军决定乘胜追击；"征服者"（the Conqueror）号74门炮舰在船长沃尔特·格里菲斯（Walter Griffith）舰长的带领下一马当先，冲在其他战舰的上风处打头阵。5点钟后，它与敌舰短兵相接，先后与法军旗舰"安尼巴尔"号74门炮舰及其他两艘舰船开战交火。黄昏时分，"阿尔比恩"（the Albion）号74门炮舰已经接近"征服者"号，其他船只在稍远处，但在射程之内；"这些船不仅身处海湾（皇家堡）的浅滩危险区域，还在炮台的射程范围之内，于是6点45分我发送了夜间信号，让它们即刻离开该区域"。[75]这次小规模战斗充满了骑士精神的侠义色彩，虽然给法军造成伤害的同时，舰队损失有点大，但帕克依然对自己中队的表现极为满意，同时认为敌军的表现也并不逊色。"'征服者'号面对敌军3艘舰船的集中炮击，毫不畏惧，操作沉着冷静，炮火回击精准；它曾经在索伦特海峡时的表现就让人惊艳，

129

这次每一次逼近敌人的威势同样给我带来出其不意的惊喜。"帕克接着说道:"当我听说'征服者'号的沃尔特·格里菲斯船长在最后一轮炮击中丧生时,心中的悲痛实在难以言表。"[76] 几天后,帕克与法国海军少将交换了休战旗,在致信中他说:"阁下在本月18日战斗中的表现十分出色,充分证明您在我军的威名不是浪得虚名,我必须承认您对战术的运筹帷幄让我羡慕不已,我们各为其主,难免暂时为敌,但阁下的战绩已深植心中,对此深表钦佩。"谁能想到,这位军官的绰号就叫做"尖酸"帕克。帕克在信中的赞誉说明这个绰号只针对他的外表,而不是才干。

1780年3月,德吉尚[77] 接任法军指挥官后不久,就与马提尼克岛总督德布伊莱(de Bouillé)侯爵商定,对英属西印度群岛中的某个岛屿发起联合攻击。为此,3000名士兵组成的舰队于1780年4月13日在夜里起航,打算首先护卫一支船队前往圣多明哥,确保其安全脱离英军的追踪范围。罗德尼很快获得了法军已经出发的情报,立即率领所有的20艘战舰(包括两艘90炮舰)出海,全力追击。16日,他在马提尼克岛的下风处(西向)发现敌军正顶着东北信风前进,打算通过马提尼岛和多米尼克之间的海峡。"我们随后向西北方向全面追击,傍晚5点,已经能清楚地地看见法军有23艘舰船和一艘50门炮舰。"[78]

夜幕降临时,罗德尼率队形成战斗队列,朝西北方向,右舷航行;他有意将航向一直保持在敌人的上风向。夜里,他的护卫舰严密监察敌人的一举一动。他写道:"从他们的队形可以看出,敌方意图避战。"因此,他试探性地进行了攻击。4月17日破

## 第八章 罗德尼与德吉尚的西印度群岛之战（1780）

晓，罗德尼看到敌军在距离西风航向四五里格的下风处形成战斗队形，在左舷行驶。此时风向为东或北偏东向，法舰队向朝东南偏南方向移动（图1，aa）。此时英军不得不根据夜间的复杂情况来不断修正命令信号，命令船只之间保持两根缆绳的距离[79]，继续保持向北及西向行驶。上午7点，海军上将考虑到船只间距太大，下令将间距缩小到一条缆绳（aa）的长度。这样一来，这两支舰队就沿着几乎平行的路线前进，但方向相反。罗德尼这支舰队列队有序、紧凑集中，兵力全部集中于敌人舰队后方，他打算瞄准敌军殿后舰集中攻击。上午8时，他发出了全体作战信号；8点30分，为了实现全线作战，他发出信号命令各舰船排成横列，自东向南，自西向北转向，立即向敌人出击（图1，bb）。英军的作战意图明显，德吉尚因此命令其舰队全部右舷转向下风（bb）。这样一来，法国的殿后舰即变成先锋舰，而之前的先锋舰则因为距离太远而无法及时援助身处险境的殿后舰，正在赶回支援。

罗德尼由于船上的第一根到缆失灵，立即转为左舷行驶（图1，cc），因此再次与法军反向而行，他的舰船沿着法军的队形排列方向，面向法军舰队转向后的队尾。舰船间距再次被拉开到两根缆绳的长度。这样一来，两支舰队又一次以平行路线航行，只不过舰队的前后颠倒了过来；英国人队列整齐，船距适当，优势比起法军更明显，队形比法军也更紧凑。据罗德尼估计，法舰队的战列线长达4里格。[80]细心的读者可能会发现，两军将士均受训于18世纪军事院校，骨子里对舰队的战斗队形极为推崇。罗德尼虽然几经挣扎破茧而出，时刻积蓄力量等待临阵一搏，但仍然

燃海的怒火：美国独立战争中的海军行动

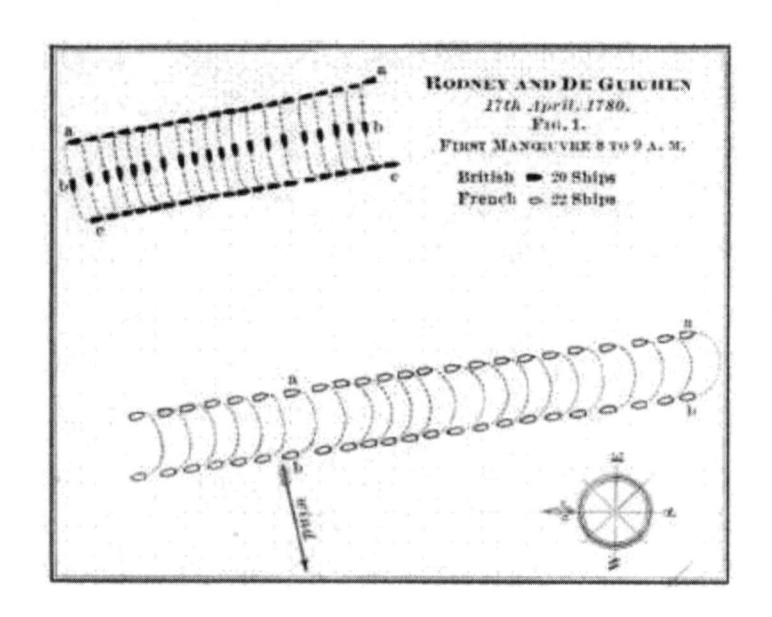

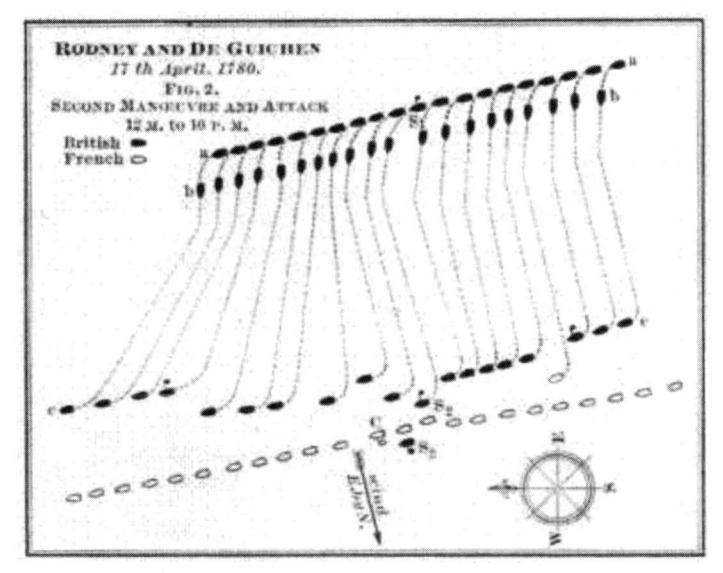

图 1 和图 2　1780 年 4 月 17 日，罗德尼与德吉尚之战

## 第八章　罗德尼与德吉尚的西印度群岛之战（1780）

无法摆脱谨小慎微作战传统的影响。他的谨慎并不多余；目前没有任何迹象表明纳尔逊的鲁莽战术是完全行得通的。罗德尼写道："对敌军的每一次变动都不能放松警惕，要小心留意一切打击他们的有利机会。"

两支舰队继续沿着平行路线相对而行，法军自西向北，英军自东向南。直到旗舰"桑威奇"号90门炮舰（图2，S^1）与德吉尚的旗舰"库隆尼"（the Couronne）号80炮舰（C）并排而行，双方航向才出现了变化。上午10点10分，罗德尼发出集体转向下风信号，下令各船与敌方保持相同航向。由于命令执行得不够及时，因此罗德尼再次发出信号，并在"斯特林堡"（the Stirling Castle）号上悬挂信号旗，确保各个舰船及时接收命令。"斯特林堡"号原为殿后舰，现在开始前移。10点半，舰队奉命变换队形，此时舰船之间相隔两根缆绳的距离（图2，aa）。11时，海军上将发送了全体准备战斗的信号，"为了鼓舞整个舰队的士气，我决心与敌人交战"[81]。很快，罗德尼下令改为左舷行驶，向敌人驶去。[82]他从未解释过为什么需要用战斗激励士卒，也许是因为他虽然接任指挥任务不久，就已经察觉到这支舰队懈怠懒散，恶意丛生，他之后也曾对此颇有怨言；也许是因为他担心，他这几天在战略上的谨慎会使人们误认为他行事温吞，优柔寡断，怕这个印象会成为他永久撕不掉的标签。叙弗朗就曾将他发起这次战斗贬低为一层薄面纱，其后隐藏的是显而易见的懦弱和胆怯。

上午11点50分，各个舰船收到重要信号："全部舰船按照《附加战斗指令》第21条之规定，向敌军迎进，对准敌方舰队中

### 燃海的怒火：美国独立战争中的海军行动

对应的舰船，等待出击！"5分钟后，海军上将推测各舰船已按照指令大致转变了航向迎向敌人，随即发送战斗信号，下令各舰船发起近距离攻击；他自然期望每艘舰船能够上行下效，严格执行命令。战斗队形中，(aa)以领航舰长为首，附近其他船只会按照他的一举一动展开后续行动，然而不幸的是，舰长误读罗德尼的信号，向敌军的领航舰发起进攻，没有攻击改变航向之前与之对应的船只。因此，这艘船明显偏离了海军上将预定的战线，很多先锋舰船也紧随其后，被误导至此。临近1点，最前面的一艘舰船开始与敌军远距离交战；1点过后，"桑德韦奇"号在受到数次炮击后，与法国海军司令后方的第二艘舰船——"埃克森内尔"（the Actionnaire）号64门炮舰，进行了近距离交战（S^2）。"埃克森内尔"号被"桑德韦奇"号的超强炮火逼出了战斗队形，紧随其后的那艘舰船，有可能是"英特雷皮德"（the Intrépide）号74门炮舰，在顶替"埃克森内尔"号位置的时候，也同样被炮火击退。快到下午2点30分的时候，"桑德韦奇"号在敌军阵列的下风处（S^3）出现，这或许是它自己刻意接近，也或许是法军将他逼到此处，当时，"库隆尼"（C）号正位于"桑德韦奇"号船头的上风处。罗德尼马上将两船的情况告诉了正在下风舷梯上的沃尔特·杨舰长，杨亲自过去查看，发现确实如此，"雅茅斯"（the Yarmouth）号64门炮舰已经撤离至上风处，将主帆和后桅帆向后拉起。收到信号后，依令驶向"康沃尔"号74门炮舰，与其展开近距离作战，此刻，他们都处于旗舰船头的上风处。

当时，抑或不久之后，德吉尚对当时的战况进行了总结，将

· 第八章 罗德尼与德吉尚的西印度群岛之战（1780）·

失败归结为英国海军上将对其战斗队形进行的蓄意破坏。但实际上罗德尼本来的计划并非如此。他本来计划将整个舰队的兵力集中在法军的殿后舰和中锋舰，并没有迹象表明他当时企图破坏敌军阵型。然而，德吉尚却认为对方的意图就是如此，因此发出集体转向下风的信号，下令各舰船远离英军舰队。这个命令的下达是为了让法军舰队驶向下风处；但由于舰船受到不同程度的损坏，无法编成原来的队形，迫切需要重新编队，这个命令的执行就颇有难度。罗德尼对这个"集体转向下风"的命令做出了不同的解释，他说："中锋舰队的战斗一直持续到下午 4 点 15 分，德吉尚带着'库隆尼'号'胜利者'（the Triomphant）号以及'芬丹'（the Fendant）号与'桑德韦奇'号交战一个半小时后，调转航向撤退。'桑德韦奇'号拥有超强火力，官兵们骁勇善战，因而它才能够在'以一敌三'的情况下仍保持不败战绩。此前，'桑德韦奇'号已经击退三艘战舰，打破了法军防线，并深入法军上将所在的下风处。"如果法军没有这样不堪一击，可能法国人的解释还会让人质疑一下这艘旗舰的威力。然而，毫无疑问，罗德尼树立了'桑德韦奇'号英勇无敌的榜样，如果全军都能效仿，这次战事即便没有决定性的意义也会给人留下深刻印象。他报告说，除极少数外，绝大部分舰长们都没有在队形中找到舰船的正确位置（cc）。'桑德韦奇'号船体中弹 80 发，前桅和主桅均被打掉，共发射炮弹 3288 发，平均每门炮发射 73 发。它在水位以下受到三次撞击，在接下来的 24 小时内，一直在艰难地尽力保持漂浮状态。随着法军转向下风，战斗落下了帷幕。

#### 燃海的怒火：美国独立战争中的海军行动

敌人表现出强大的优势，罗德尼的命令却被大打折扣，在他制定的进攻计划中，一直把 1780 年 4 月 17 日的这次战斗看成是一生中千载难逢的机会；而某些人的不当行为却让这机会付诸东流，罗德尼对此怒不可遏。"在我看来，这位法国海军上将是一位勇敢无畏的军官，他在整个战斗中获得了当局的鼎力支持，这何其幸运。我怀着无以言表的忧虑和愤怒，出于所背负的对国王陛下和大英帝国的使命，必须告诉各位大人，在 17 日法国与英国的行动中，我们没有得到应得的支持。"此时，海军系统四分五裂，派系林立，他们互相遏制，甚至染指海军部。海军部对这段话的处理比较谨慎，允许罗德尼以赞美法国军官的形式发布消极言论，但不允许他攻讦海军部。然而，罗德尼在公开场合和私下信件中都没有掩饰自己的真实想法；这些指责也逐渐传到了相关人员的耳中。此次战斗的三个月后，他在一封公开信中力荐了五位舰长的出色表现，他们是旗舰船上的沃尔特·杨、"阿尔比恩"号上的乔治·鲍耶（George Bowyer）、"特里贝尔"（the Terrible）号的约翰·道格拉斯（John Douglas）、"蒙塔古"（the Montagu）号的约翰·霍尔顿（John Houlton）以及"三叉戟"（the Trident）号上的 A. J. P. 莫利（A. J. P. Molloy）[83]。"我亲自给他们颁发了证书，此举是我主动提出的。"除此以外，他表示"生活中的任何顾虑都不会迫使"他离开；同时，两名年轻的海军军官也受到了他含蓄的批评："由于先锋舰和殿后舰对信号的错误解读，我们痛失了在此海域终结两国海军竞备的绝佳机会（可能这个机会不复再来）。"这两位军官就是海德·帕克和罗利；罗利在拜伦指挥的战役中骁勇善战，作战主动。但在此次战

## 第八章 罗德尼与德吉尚的西印度群岛之战（1780）

斗中，他莫名其妙地独自行动，此举引发了罗德尼的不满。他所在小队中的"蒙塔古"号在逼近法军舰队时，逆风航行，只能从错误的（左舷）方向进入战斗。紧接着，法军殿后舰队中的部分战舰转向下风，罗利在后面擅自跟随。罗德尼要求他作出解释，他陈述了事实，并拿出"要给敌军的殿后舰深刻教训"的命令，来为自己辩护。此事不了了之。

几周后，海德·帕克怒气冲冲地返回英国。主要还是因为罗德尼在颁给鲍耶和道格拉斯的荣誉证书上，或者可能在给莫洛伊的荣誉证书上，写着以下刺耳的话："这些军官战意高昂，如上令下达，他们定会恪尽职守。"这些受奖军官恰好隶属于帕克的作战部队。据称，他们的战舰隶属先锋舰队的后方，在帕克向他们发出保持队形的信号时，他们正在效仿罗德尼，向下风航行与敌近距离作战。帕克的勇气毋庸置疑，如果以上情况属实，这只不过是对战斗队形这种迷信的简单执行，但加上误解了罗德尼后来发送的信号，事情就变得加倍严重。我们有必要对这些事件进行探讨，因为整个事件是英国海军历史的一部分，比许多意义不大的血腥遭遇战更加重要。

"斯特林堡"号的舰长卡克特（Carkett）受到了明确的批评，罗德尼发出改变航向的信号时，"斯特林堡"号正好是领航舰，他写信给罗德尼说，他已经知道了他在公开信中被点名批评的这件事，他认为批评并不合适。罗德尼的回信清楚地陈述了问题所在，说明了他的原定计划，指明了他在连续发出的信号所代表的战术思想，指出了下属们对信号的误读，以及由此造成的惨败。需要强调的是，这些事实确然已经发生，类似什么误解、什么专业的口头指控，都不应该成为他所指责的愚蠢的军事错误的借口。战场瞬息万变，不仅允许不遵守上令，有时刻板地对命令言听计从反倒是一种罪行。

早上8时，罗德尼发出信号，下令全体战舰集中火力攻击敌军殿后舰。全军接到信号后作出反应，并逐一传达；所有将官对这一作战目标已驾轻就熟，随后的编队完全执行了上将的命令。英军在右舷方向的连续动作，清晰地体现了罗德尼实现作战目的的全过程，后面时机成熟时，舰队集体转向下风，并排前进，朝法军殿后舰进发。此时，德吉尚命令全体舰队转向下风，粉碎了英军的进攻企图。两小时后，英军再次集结进发；罗德尼发出改变航线的信号，由此队列变为左舷航行，并排前进，向敌人发起攻击。准备战斗的信号刚刚发布，罗德尼就发出了这个命令，显然，依据当时战况，罗德尼原本并不想按照之前所计划那样并排列队，而是希望舰队以斜向行驶，按旗舰路线进发，并与旗舰保持一定间距。11时50分，罗德尼再次发出信号："全部舰船按照《附加战斗指令》第21条之规定，向敌军进发，找到与自己相对的舰船，等待出击。"混乱由此开始。信号传达下去的时候，罗德尼指的是攻击当时对面的敌舰。此时他斜向航行，舰队待尽力调整，找到适当位置后，射程距离也由此拉大；接下来的正确做法就是尽可能快速有序地占据空白区域，敌舰的并排队形将给英军每一艘舰船提供进攻的最佳角度。罗德尼认为，他发出这样的信号，就是表明攻击敌人殿后舰的目的从未改变，而且势在必得；此外，所有舰船都应该保持两根缆绳的距离，以便舰队及时向他靠拢，与他在舰队中锋的行动路线保持一致。卡克特将"对

## 第八章 罗德尼与德吉尚的西印度群岛之战（1780）

应"理解为数字顺序的对应，而非位置上的相对，即无论法国先锋舰位于何处，英国的先锋舰都要以其为打击目标。罗德尼在给卡克特的信中说，当时法国的先锋舰在2里格之外。"尽管你回应了我的信号，知道我是想让你攻击敌人的殿后舰，而且该信号从未改变过，但你还是把船引去攻击先锋舰船……你的带队方式，导致其他船只都跟着你犯错，同时又忘记了舰船之间保持相距两根缆绳的距离，而且先锋部队被你带到了距离中锋部队2里格以上的距离，导致中锋舰队无法得到相应的支援。"[84]

卡克特自1758年3月12日起即任现职，是舰队中最年长的舰长。他解释说，自己是按照《战斗指令》行事，这种解释能够在多大程度上被人们谅解并不重要，只需将此事看做历史过往中的一件趣事即可。事实上，《战斗指令》源于一个愚蠢的概念，那就是舰队总司令的最高职责是反对船与船之间单独对战，舰队战斗需要的是海军的集体行为。当然，在英国海军过去的历史中，确实存在这样对曾经表现优秀的军人适当减轻罪行的先例。自从《战斗指令》首次颁布以来，军事法庭对马修斯、莱斯托克、拜恩、凯佩尔和帕利瑟做出的审判，的确很有教育意义，这些案子或多或少地都涉及对舰队队形的限制、为战斗中的舰船提供支援的职责，其中最重要的规定都是针对作战总司令的。罗德尼也许低估了《战斗指令》对一个墨守成规之人的影响。他之前发出的信号以及对距离的规定虽然有理有据，但的确也造成了命令的混乱。有一个办法可以解决这一问题，即牢记：向交战的己方舰船提供支援，向敌人进攻，向总指挥方向靠拢。在实际战斗中如果遇到困惑之处，这个方法一样适用。这就像永

### 燃海的怒火：美国独立战争中的海军行动

远记住朝着炮声前进一样，或者用纳尔逊的话说："万一不能理解信号之意，作为舰长只要跟住敌人，也不至于犯什么大错。"纳尔逊所说的这个"万一"的情况也需牢记在心。今日的言论和过去的言论都证明了，没有几个人能够坚定客观地看待真理的两面，既不夸大其词，也不贬低损毁。司法公正可以有，积极意义上的判决也存在，但两者的结合却不多见。同理，一个两面性的人也很容易心口不一。

在这场激烈的交锋中，伤亡情况如下：英军120人死亡、354人受伤；法军222人死亡、537人受伤。[85]伤亡比例为2∶3，通过该数据以及法军桅杆受到的严重损害可以推断，双方的战斗习惯与以往一致，英国人瞄准船体，法国人瞄准桅杆。法军处于上风位置，射击目标更加明确。英军作为进攻方，遭到了猛烈的炮击。

罗德尼在海上做出修整后继续追击，位置处于马提尼克岛和法军之间。法军进入瓜德罗普岛后，罗德尼在炮台下侦察敌情，随后在皇家堡附近驻扎。他在4月26日写给海军部的信中说："只要他们离开前面的那个港口，我们就可以随时发起攻击，这是目前唯一能抓住的机会。现在舰队就停靠在港口附近，我们每天都期待着敌人的出现。"法军的说法则是罗德尼在这里躲避法军，不过他们声称自己在17日的战斗中表现不俗，又承认罗德尼在瓜德罗普岛附近出现，因此这种说法是不成立的。罗德尼此时表现出顽强的意志。德吉尚下令："只要英格兰在向风群岛的驻军不出击，不会对他的舰队造成太大的损害，继续保持航行状态即可。"[86]在这样的指示下，他自然很习惯对大决战避而不前。

## 第八章　罗德尼与德吉尚的西印度群岛之战（1780）

德吉尚将伤员送上瓜德罗普岛，在此进行修整，随后再次出海，打算前往圣卢西亚岛，继续推进他和德布伊莱之前的计划。德布伊莱的部队同舰队一起留下，并未随行。

与此同时，罗德尼觉得有必要暂时返回圣卢西亚。"舰队将继续在皇家堡附近巡航，但是如果我指挥的船只状态不佳，或者出现逆流情况，[87]就会在圣卢西亚的肖克湾，即安斯杜乔停航，伤病员上岸调养，舰队进行注水和整修。护卫舰将前往各个岛屿的下风和上风处，获取与敌人动向有关的情报，敌人如前往马提尼克岛，需要这些护卫舰及时发出消息，这些岛屿是此海域他们能够进行修整的唯一的地方。"从这最后一句话可以看出英国海军司令敏锐的战略思考：法国人一定回到了马提尼克岛。

护卫舰的警惕性非常高，有所发现。5月7日，德吉尚的瞭望船来到马提尼克岛的上风处，9日，刚刚能够看到格罗斯伊莱特湾，就发现英军正在赶来迎敌。在随后的五天里，两支舰队在不断的位置变动中交火。对此，两国的舆论对这次战斗的性质均做出不同的解读。然而，他们都认同的一点是，法国舰队在整个战斗中都处于迎风状态，风向只在15日当天发生过短暂变化，持续只一个小时，当时风向的改变让英军有机可乘，但这种优势转瞬而逝。英军立即利用这一机会强行进攻。由于迎风作战攻击优势更明显，再加上法军拥有战舰23艘，英军只有20艘，因此有这样一种看似合理的推断：英军向迎风处追击，而法军一直避免战斗，也许这样做的目的是为了最终目标，为了有利于征服圣卢西亚，这也是他们此行的目的。罗德尼在他的信中说，当两支舰队在 5 月 20 日分开时，他们距离马提尼克岛上风处（向东）40 里格远，早在 10 日，马提尼克岛就已经在视野之内了。

据罗德尼称，最近一段时日，德吉尚的舰队航行得更加稳定，已经能够娴熟地保持风向优势，不止一次逼近英军舰队，进入英军的远距离射程内。这样的行动一般发生在下午，风向最为稳定的时候。法军因此声称英国海军上将意图避免与法军交锋；但这也可以解释为英军在确定有效距离之前不想浪费弹药。两位海军将领都表现出了过人的战斗技能、谨慎的行事风格以及敏锐的洞察能力；但一支舰队在信风中拥有五天较为有利的上风位置，却不能将敌军引入战斗，这种说法是完全站不住脚的，尤其是敌人发现风向允许，就立刻逼近的说法，更是让人无法相信。

5 月 15 日下午，在以往一样的时间，罗德尼"借助风势扬帆起航"。法国人推断他想动身离开，而他也想让法国舰队离开此地，所以与前几天相比，他靠得更近了。法军的先锋舰已经进入了远距离射程，与英军的中锋舰并行，此时英军舰队位于东南偏南的位置，在左舷航行，风向为东风（aa，aa）。突然，风向转为东南偏南（风向 b）。两支舰队中的所有船只的船首都因此被吹到了西南方向（s，s），左舷航行，风向的转变让英国舰队的殿后舰引领着舰队，转向了法军先锋舰的上风方向。罗德尼立刻发出信号，不断抢风行驶，保持对敌人的风向优势；敌人当然不愿意放弃风向优势，于是全体舰船转向下风（w），右舷航行，用罗德尼的话说，就是"帆影零乱落荒而逃"（a'，a'）。

英国舰队紧跟领航舰船，不断抢风航行，（t，t），因此两支舰队现在都向着东方，在右舷行驶，英舰在风向上稍占优势，但

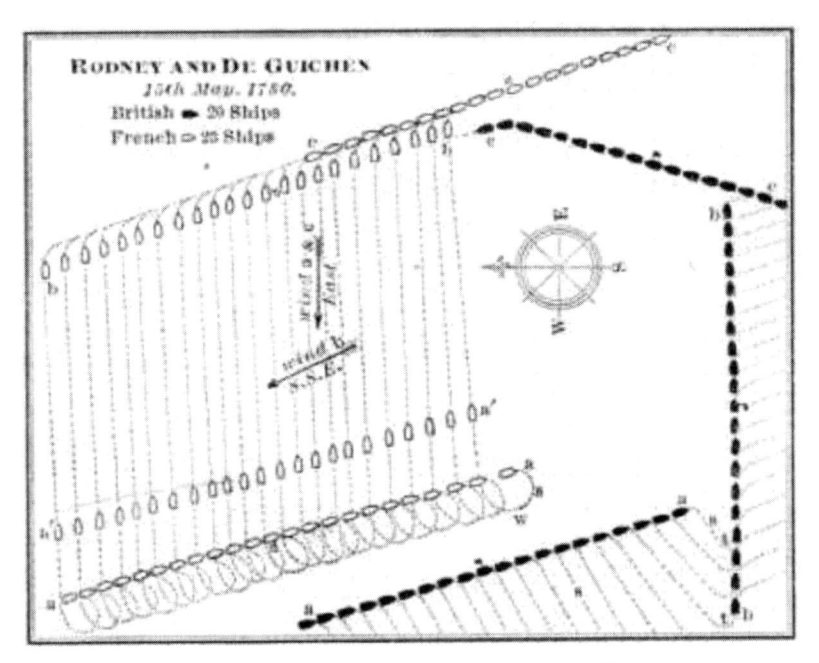

## 第八章 罗德尼与德吉尚的西印度群岛之战（1780）

**1780 年 5 月 15 日，罗德尼与德吉尚之战**

落后法舰一船宽的距离（bb，bb）。如果风向不变，这将是一场速度和天气的考验。罗德尼写道："如果不是在靠近敌人的时候，风向一下子改变了六度（回到了东面，即以前的方向），让敌人重新占有了之前的优势，陛下的舰队就一定会在转向后获得风向优势，迫使敌人投入战斗。"当风向再次转变时，德吉尚让舰队集体抢风行驶，穿过敌舰船头（cc，cc）。英军的先锋舰向法军中锋靠后的舰队开火，并继续沿着下风方向航行，这样英军的先锋舰与敌军的殿后舰遭遇，发生了密集交火。这样两军航线相交的战斗，即使是全员参战，也往往出现胜负难料的情况，韦桑特战役就是一个典型例子。然而，此次交战只是部分舰船交火，战果自然寥寥。法军的先锋舰和中锋舰已经越过了敌军的先锋舰，距离相对行驶而来的英军舰船越来越远，而英国舰队中锋和殿后舰并没有开火。"由于敌人已经扬帆远走，敌军已经脱离了我军除了先锋舰之外的舰队射程范围，出于为陛下节省弹药的考虑，我们并未开火。敌军在这样的远距离下肆意挑衅意在消耗，终究徒劳无功。"在这里，法国人显然又一次抓住机会，由于距离远的原因没有被英军拖入战斗。在5月15日的行动中，英国人的损失是21人死亡、100人受伤。

德吉尚伯爵　　　　　　乔治·布莱德格斯，罗德尼勋爵

两支舰队像以往一样继续各自的行动。19日，双方再次遭遇并交锋，尽管没有提前编队，但其战斗性质与上一次完全相同。在这次交火中，英军得到了一艘74门炮舰和一艘50门炮舰的增援，损失47人，受伤113人。从战术上看，双方同样不分

## 第八章 罗德尼与德吉尚的西印度群岛之战（1780）

胜负；但两支舰队都已耗尽持续作战的战力。[88]罗德尼发现"征服者"号、"康沃尔"号和"博因"号都被打得七零八落，于是把这几艘船送到了圣卢西亚，而他自己则带着舰队的其他战舰前往巴巴多斯，于 22 日抵达。同一天，法国舰队在皇家堡停泊。谢瓦利埃说："19 日战斗过后，英军舰队在右舷航行，向南驶去，第二天已踪迹全无。"罗德尼在日志中写道："敌人拉起所有风帆向北驶去，21 日，已然不见踪迹。国王陛下的舰船状况不允许我们再继续追击。"

两位海军将领思维敏捷，战术谨慎，各自挫败对方的战斗目标。罗德尼慎重考虑，果断出击，阻止了法军实现"最终目的"，即夺取圣卢西亚，罗德尼对他们的目的洞若烛火。德吉尚快刀斩乱麻，炮击英军的几艘舰船使之瞬间瘫痪，必须等待修理后才能再次出海，由此成功避开了双方决战。德吉尚夺得了战术上的胜利，而他的对手罗德尼则在战略上更胜一筹。当然，德吉尚的舰船也受到了较大的损伤，甚至于三周后，法军中还有六艘舰船无法出海。这位法国海军上将在重压之下濒临崩溃，再加上近期交战中他痛失爱子，更加万念俱灰，主动要求被召回。他写道："这完全超出了我的能力范围，持续的疲劳和焦虑让我体力不支，难以承受。"当然，这似乎从侧面证明了罗德尼是一个善用谋略、锲而不舍、骁勇善战的军官。罗德尼在给妻子的信中说："14 个日夜，两军舰队相距不远，睡觉对官兵来说仿佛是一个奢侈品。只要天公作美，我们就能忍受如此高强度的疲劳。如果是在欧洲，半数人肯定会在这种情况下濒临崩溃。但对我而言，这不能算是坏事。"

罗德尼在他的家信中还说，他的下属在最近的战事中非常高效；但他却没有对他们大加赞赏。"我已经公开告知所有舰长，希望他们严格执行每一个信号代表的命令，否则会被立即撤换。该做法立竿见影，卓有成效；他们非常确信，在我的手下，如果他们疏忽大意，只有一条路可走，那就是因为渎职而被立即送往军法处，等待审判。我投在他们身上的目光比敌人的炮火更为可怕，他们知道后果有多么严重。不论军衔大小，将领也好，舰长也罢，均一视同仁，如果他们玩忽职守，会立即收到护卫舰发出的训诫信息或信号；即使他们各有打算，我还是要教会他们成为真正的军官，他们以前从来都不是合格的军官。"罗德尼还告诉他的军官们，在必要时候，他会把他的旗舰调成护卫舰，随时对他们进行监察。有人认为海军中猜忌横行，其实这是种恶意的中伤，他无法接受这个观点。追溯源头，海军部的腐败管理才是罪魁祸首。海军部同1756年的政府一样，因管理不善而受到大家的指责；每个军官都担心自己会像拜恩一样被嫁祸，并丢掉性命，当然拜恩是咎由自取。海军中猜疑弥漫，人心惶惶。在这种恐惧和怀疑的氛围下，人们发现，传统的编队作战方式受到了一些军官的青睐，包括那些不费心思去研究战局的军官，那些从不分析战况的军官，还包括那些目睹别人因为判断失误、行动错误而被问责、革职和枪决的军官，他们自然会对作战产生犹疑和误解。战斗中统一的命令大有裨益，在统一命令下舰船之间可以相互支援，作战计划能够顺利执行。当时人们还没有认识到，官兵对命令只是表面服从，并不是在精神深处的遵守，这是时代的错误。命令被看成是目的而不是手段；执行命令，不仅要求军官具

## 第八章 罗德尼与德吉尚的西印度群岛之战（1780）

有在阵地广建工事的效率，还要求过程的精确性，这就如桎梏一样限制了军官的行为。虽然罗德尼是托利党人，但也发现了这个管理中的问题。尽管他为人严肃，恃才傲物，却没有失去正义感，这可从他给卡特的信中可见一斑。"如果我认为你的行为以及对信号的疏忽仅仅是由于判断失误造成的，我当然早就撤掉了你的职务，但上帝不允许我仅仅因为你判断失误，就裁撤掉你。"——这也是由于拜恩的结局而出现在军官心里的一种并不模糊的假想。

罗德尼在巴巴多斯收到消息，4月28日，一支西班牙中队率领12艘战舰，在10000名士兵组成的大型护卫队的护送下，从加的斯出发，前往西印度群岛。带来这一消息的船只曾在途中与该西班牙中队相遇。罗德尼派出一队护卫舰"从巴巴多斯启航，迎风航行，前往巴布达"，以便及时收到预警信息。6月5日，一艘向敌军方向驶去的护卫舰在该岛东部50里格处发现敌军；6月7日，罗德尼派舰队出海，在马提尼克岛东部巡航，对敌军进行拦截。西班牙海军上将意识到他们的行踪已被识破，于是改变航道，经瓜德罗普岛北部，于9日在此与德吉尚会合。德吉尚只带了15艘帆船，这表明他在近期的战事中遭到重创。罗德尼的舰队也受损严重，他共有20艘帆船，此次派出了17艘。

躲过英军后，盟军在皇家堡停靠；但西班牙海军上将坚决拒绝参与任何对抗英军舰队或掠夺其财产的行为。不仅如此，他还坚持要求有人陪同他前往下风处。此时，由于船只卫生条件堪忧，船员卫生意识差，瘟疫席卷整个西班牙舰队，盟军也被传染。德吉尚接到过命令，在冬天来临之际离开向风群岛。他决定提前离开，于7月5日随西班牙舰队从皇家堡起航。陪同西班牙中队到达古巴东端后，他前往当时法军的一个主要阵地——海地的弗朗索瓦角。西班牙舰队则继续向哈瓦那挺进。

在弗朗索瓦角，德吉尚收到了法国驻美国公使以及拉法叶特（Lafayette）的紧急请求，希望他能率舰队前往美洲大陆，这是因为具有远见卓识的华盛顿在北美已经清晰地认识到，北美战争问题需要依靠海军解决。德吉尚认为这与他之前接到的指令相悖，因此果断拒绝。8月16日，他带领19艘战舰离开弗朗索瓦角，前往欧洲。他在海上拆开密令，得到指示，继续前往加的斯，并于10月24日到达此处，下锚停靠。他的到来使盟军舰队兵力增加到了51艘舰船，此外他还从海地护送了95艘运输船到达，满载糖和咖啡，可见当时英国在地中海地区的力量极为薄弱。这些价值不菲的商船没有被送往更为便利的大西洋港口，而是在仅仅5艘战舰的陪同下，经过直布罗陀，继续前往土伦。哪怕有德吉尚的19艘舰船保驾护航，法国政府也不敢让这些商船前往布雷斯特。

虽然英军的实力不可否认地弱于法军，这一点不置可否，却让罗德尼一直耿耿于怀，但1780年盟军在向风群岛的军事活动却毫无斩获。这个结果远远达不到海军部的预期，但事情已成定局。纽约的马里奥特·阿布斯诺特中将收到命令，让其向罗德尼增派军舰；但增派的军舰由于恶劣天气的影响，被迫避往巴哈马群岛，由于疏忽，舰长并没有告知阿布斯诺特他自己或者增派舰队的下落。这支由罗伯特·博伊尔·沃尔辛厄姆（Robert Boyle

## 第八章 罗德尼与德吉尚的西印度群岛之战（1780）

Walsingham）准将率领的由五艘船组成的增派小队在英国被大风困住达三个月，直到 7 月 12 日，才与罗德尼会合。罗德尼即刻部署，对英国海军将领必须履行的职责做出规定。他命令五艘战舰与霍特姆一起留在圣卢西亚，保护向风群岛。17 日，他率队护送一支庞大的商船队出海，前往圣基茨，此地是英国在背风群岛的"贸易"集中地。途中，他收到准确情报，获知了有关德吉尚指挥的法西舰队的航线、兵力、船上疫病情况以及盟军之间分歧的信息。7 月获取的"贸易收益"在两艘战舰的护送下从圣基茨出发，被送回英国。罗德尼在给海军部写的信中说，另外三艘船将与 9 月出发的舰队同行，"该基地的其余船只需要大修，还需要在船底镀铜，我将随这些舰船一起于明年 10 月出发，或者乘坐其他勋爵定制的护航船队离开。"他认为，如果这些船在冬季之前能返回欧洲大陆，春天就可以为英吉利海峡舰队提供增援，海军部可以在冬天向他的驻地派遣同等数量的舰船。

由于德吉尚将整个返法商船队从马提尼克岛护送到了弗朗索瓦角，飓风季节的高峰期又即将到来，所以罗德尼推断，只有一小部分法国舰队会留在海地，因此没有必要未来保护海地不受法军袭击，把所有英国舰队派过去。他向海地派遣了 10 艘舰船，并通知海军中将彼得·帕克爵士，他们的任务除了保卫该岛，还要确保他万无一失地把大宗贸易货物护送回英国。

这些事情在 7 月 31 日前就已经部署完毕，罗德尼认为法西盟军实际上已经放弃了当年在西印度群岛的所有行动，而且飓风随时都有可能袭击锚地的舰队，将他们的舰队吹向下风处，于是罗德尼率舰队出海，在巴布达岛附近巡航。他认为法军可能会前

### 燃海的怒火：美国独立战争中的海军行动

往美洲大陆，这个推断猜中了一半，德吉尚的大部分舰队的确会前往美洲大陆，这也是它应该去的地方。一艘美国船只提供的信息证实了他的猜测。7月12日，一支由7艘战舰组成的法国中队，护送6000名士兵，在纳拉甘塞特湾停靠。他立即向南卡罗莱纳州海岸出发，在那里与驻扎在查尔斯顿的军队联系，随后"横扫美国南部海岸"，9月14日，罗德尼的14艘战舰在桑迪胡克停泊，此举出乎敌友双方的意料，他们并不希望罗德尼的力量染指此处。

阿布斯诺特中将是罗德尼的下属，他对罗德尼收归指挥权的行为心有不服，满腔怨言，这种措施不仅取代了他的权力，还分走了他丰厚的奖金。然而，这只是一个小事。对华盛顿来说，罗德尼的到来对法国部队驻扎纽波特港带来的胜利希望形成了致命一击，本来他期望德吉尚带来的舰队可以有效地增强该地的军事力量。但德吉尚的离开也让罗德尼此行变成得无关紧要；但华盛顿当时对此并不知情。罗德尼的部队和阿布斯诺特的部队组成了一支由20多艘舰船组成的舰队，如果能够积极利用这支力量，毫无疑问，纽波特的法国中队一定会溃不成军。但是尽管罗德尼在西印度群岛时精力充沛，并以非同寻常的决心放弃自己的驻地，前往更偏远的地方服役，但他毕竟已经62岁，且饱受痛风的折磨。他写道："由于气候变化突然，我必须在岸上待上一段时间。"虽然他补充说，他的病"不会耽误半刻为陛下服务的时间"，但他可能还是在罗德岛失去了一个机会。他确实没有对战事掉以轻心；但由于他根据阿布斯诺特和亨利·克林顿爵士提供的信息来做出判断，并没有亲自去考察，因此他此行毫无战果；

## 第八章 罗德尼与德吉尚的西印度群岛之战（1780）

11月16日，他再次启程返回西印度群岛，这次只带了9艘风帆战列舰。

德特纳的7艘舰船抵达纽波特后，增加的战力被托马斯·格雷夫斯（Thomas Graves）少将率领的由六艘战舰组成的英国增援舰队抵消，第二天，即7月13日，格雷夫斯率队进入纽约。阿布斯诺特部队的兵力因此增加到10艘，其中一艘为98门炮舰。罗德尼来了又走了之后，停靠在加德纳湾的巡洋舰密切监视着法国部队的一举一动，加德纳湾位于长岛东端，距离罗德岛30—40英里，是一个宽敞的锚地。每次获得敌军动向时，英国舰队就在此集结，但在这随后的一年时间里没有任何重大战事发生。

1780年对美国人来说是令人沮丧的一年，但这种失败的伤害会随着时间的流逝而不断减弱，只是表面的外伤，而非真正的伤筋动骨。我们不能否认，英军在北美南部各州取得了实打实的胜利，然而这些胜利让他们深深陷入了一场耗资巨大而偏离中心的战争之中。总结说来，这些行动一步步导致了英军在约克镇的灾难，正如华盛顿所说，这场英军的灾难与其说证明了双方的军事力量，还不如说证明了海军的力量。

1779年秋[89]，德斯坦进攻萨凡纳失败，随后该地被英国人占领，成为英国继续向南卡罗莱纳州和佐治亚州进军的基地；从这些州的保皇党人数来看，该次胜利的成果可能会保持得久一些。在确定法国舰队离开后，亨利·克林顿爵士于1779年12月从纽约出海，在阿布斯诺特中将的护送下前往萨瓦纳河。尽管海军主动参与，积极配合，但是没有起到大的作用，所以对于那些从容且有条不紊的行动细节在此不再赘述。1780年5月12日，查尔斯顿投降，6000—7000名囚犯被俘。克林顿随后返回纽约，留下康沃利斯勋爵在南部指挥。康沃利斯提议在天气炎热的这几个月里原地休整，但美国民兵的活动打破了他的计划。7月，盖茨（Gates）将军领导一支规模虽小但实力强大的队伍接近，迫使康沃利斯不得不应战。8月16日，两支小型队伍在卡姆登相遇，美军虽占据人数优势，但大部分士兵并非正规军，因此被迅速击溃。这个消息传到了北方的华盛顿将军那里，几乎是同一时间，本尼迪克特·阿诺德的叛国行为人尽皆知。虽然他的叛变计划落空，但"我们现在能相信谁呢"这句沉痛的话透漏了笼罩在这位美国总司令内心深处的阴霾。在同一时期，罗德尼抵达纽约。

康沃利斯对他近期取得的胜利并不满足，决定继续向北卡罗莱纳州推进。这样一来，他就需要离开查尔斯顿的海军基地，并且无法与基地保持陆地联络，只有在切萨皮克湾通过海上才能实现与基地的有效联络。这个后果开始的时候并不明显。在北卡罗莱纳州，这位英国将军没有从当地人那里得到他所期望的实质性支持，他发现自己身处的这个区域，环境恶劣，遍布荒芜，同时还与格林（Greene）将军这样的对手狭路相逢。在美国所有的领袖中，格林将军的指挥能力排名第二。一路几经骚扰与阻挠，康沃利斯被迫下令通过海路将补给品送到北卡罗莱纳州的威尔明顿，一个偏僻的小型港口。之后他调转方向，于1781年4月7日抵达威尔明顿，此时队伍已经困顿不堪。接下来该采用什么路线返回，康沃利斯犹豫不决。他完全有能力从海路返回查尔斯顿，但这样做就等于公开承认了自己的失败，他也不能从陆路返

## 第八章　罗德尼与德吉尚的西印度群岛之战（1780）

回，从他来时经过的区域穿过，当年豪和克林顿在费城也同他一样进退维谷。为了帮助他摆脱窘境，亨利·克林顿爵士连续派了两支分遣队扫荡弗吉尼亚州的詹姆斯河谷。这两支分遣队就留在了那里，由菲利普斯（Phillips）将军指挥；此地归于英军控制后，康沃利斯可以顺理成章地把那里也算作英国的作战地点。1781年4月25日，他离开威尔明顿，一个月后在弗吉尼亚州的彼得斯堡加入了当时由本尼迪克特·阿诺德指挥的舰队；菲利普斯当时已经去世。康沃利斯的命运就此与彼得斯堡紧密相连，我们暂且不提。

如果要对1780年的海军战事进行总结，有两次战事值得一提，这两次战事战斗本身规模不大，但意义深远，不仅关系到整体战役的大规模战斗，而且可以凭此一窥交战双方的海军政策。这两次战事虽然没有直接联系，却有共通之处，那就是他们都是由同一名英国军官指挥的。

人们可能还记得，1779年7月，在格林纳达附近的拜伦行动中，"狮子"号64门炮舰受损严重，指挥官康沃利斯舰长为了避免舰船被俘，不得不顶着信风逃到牙买加。从那时起，"狮子"号一直停留在牙买加，成为海军中将彼得·帕克爵士舰队的一员。1780年3月，该舰仍由康沃利斯指挥，在海地北部与"布里斯托"号50门炮舰和"詹纳斯"（Janus）号一起例行巡航。3月20日，在蒙特克里斯蒂附近，这两艘舰船于东面发现一只法军帆船船队，正从马提尼克岛赶往弗朗索瓦角，由拉莫特·皮奎特的中型舰队随行保护，中队中有两艘74门炮舰、一艘64门炮舰、一艘50门炮舰以及一艘护卫舰。法国商船奉命张满风帆向目的港继续航行，而这几艘战舰则向西北方向追击巡航英舰。拉莫特·皮奎特的旗舰"安尼巴尔"号74门炮舰在下午5点进入英舰射程范围，远攻开始，战斗一直持续到午夜过后。第二天一早，炮声再次响起。在此次战事中，"詹纳斯"号受损最为严重，后桅和前桅都被打掉。战斗结束后，"布里斯托"号和"狮子"号放下机动船拖着船身航行去往整修处。舰队中有两艘法国战舰在21日上午集合到一起，当天下午的战斗虽然断断续续，但仍然可以算是一场常规性战斗。

对于法国人是否有能力决定这次战事的胜负，交战双方的准将各持己见。拉莫特·皮奎特的言辞似乎表明他感到自己责任重大。"'詹纳斯'号体积较小，易于操作，它的炮火对我们的船舷后部和船尾造成了极大的损伤。风起时，我们（'安尼巴尔'号）才能向自己的舰船靠去，如果没有这些舰船的掩护，我们早就会被包围了。"从这些话里，我们能推测出，法国内阁一定下达了节约使用船只的命令。莫特·皮奎特第二天的战斗中更为明显地表现出束手束脚。22日上午，"天亮时，我们离敌舰有一炮半射程的距离，风从东北偏东方向吹来，风力不大，我希望在一小时内能够追击上英国舰队，这时我们发现四艘舰船也在追赶我们。早上6时30分，我们看清了这四艘舰船中，有三艘是战舰。对方兵力上的优势迫使我放弃战斗，并发出信号命令舰队顶风向弗朗索瓦角驶去。"这三艘新加入战斗的战舰是："红宝石"（the Ruby）号64门炮战舰、"波莫纳"（the Pomona）号28门炮舰和"尼日尔"（Niger）号32门炮舰，后面这两艘为护卫舰。因此，两军的力量对比如下：法国有两艘74门炮舰、一艘64门炮舰、

## 第八章 罗德尼与德吉尚的西印度群岛之战（1780）

一艘50门炮舰以及一艘护卫舰，英国有两艘64门炮舰，一艘50门炮舰以及三艘护卫舰。莫特·皮奎特显然没有来得及去确认追击舰船的火力大小。他的勇气是毋庸置疑的，正如海德·帕克所说，他是法国最杰出的军官之一；但是，他和他的战友们一样，被法国政府的错误指令束缚住了手脚。

"詹纳斯"号的舰长在这次遭遇战发生期间自然死亡。意味深长的是，这艘船被交给了纳尔逊，为此，他从尼加拉瓜的圣胡安远征中被召回，那只是此次战役中的一次小型行动。然而，由于健康状况，这次任命只能不了了之。不久之后，他与康沃利斯一起乘坐"狮子"号回到了英国。

三个月后，康沃利斯奉帕克的命令，护卫一支商船队从百慕大附近返回英国。完成这项任务后，他带着两艘74门炮舰、两艘64门炮舰和一艘50门炮舰返回驻地。6月20日早上，他发现几艘帆船从东北方向向东航行（a）；英军中队（aa）调转船头也向东航行，此时风向为东南偏南。这是一支法国运输船队，由七艘战舰（含一艘80门炮舰、两艘74门炮舰及四艘门64炮舰）组成的护航队护航，载着6000名士兵前往罗德岛，指挥官是德特奈准将。其中，两艘战舰与船队同行，另外五艘战舰则在船队的上风处行驶。因此，这五艘船正好面对着英军船首，会合之后，他们排成纵队（bb），迎风向西南方向航行，迎向敌人。康沃利斯带队继续行驶（b），同时监控对面敌军的行动；但他的"红宝石"号64门炮舰距离下风处（b'）太远，因此法国舰队只要靠近风向，就可以拦在该舰与英舰队（b, b, b'）之间。于是"红宝石"号改变方向（t），转向西南，以左舷航向（c'）靠

156 近下风处。此时法军舰队也在向下风处靠拢，在追击中被带到"红宝石"号的尾弦上风处。随后康沃利斯下令让舰队转向下风（w），与其他舰船（c）在相同航向上编战斗队形，并慢慢向"红宝石"号靠拢。如果法舰队保持顺风航行，要么需要舍弃红宝石号（c'），要么就需要冒着大概率的失败风险前往救援。然而，德特奈（De Ternay）没有保持顺风航行，而是驶向下风处，把路让了出来（cc）。康沃利斯写道，"尽管敌人在火炮射程范围之内，他们仍一边徐徐行驶一边编队。下午5点30分，当我看到我军把法军舰船逼到下风处，位于下风船首处的'红宝石'号能与我们会合时，我发出抢风行驶的信号。"当英军舰队再次转为东向（d）时，法军舰队正朝西南偏西方向（cc）前进，它们挂起了旗帜，边行驶边开火。"红宝石"号保持航行，最终跟上英军纵队后方舰船的步伐（d'）。法军也相继（d）抢风行驶，两支纵队并排行驶一会后，开始远距离交火，英军驶向上风处。康沃利斯非常巧妙地避免了与这样一支火力占优的舰队进一步交战。他已经尽了很大努力，挽救了一艘离队的舰船。

以上英国指挥官对战斗的描述，比起法军的描述并无本质区别，法军的舰长们对指挥官的谨小慎微非常不满。法军舰队的一位军官在后来发表的日志中说，几天后，德特奈询问其中一艘舰船的舰长，与他们交战的是哪位英国海军上将，得到的回答是："我们当时根本没有机会去发现敌军由谁指挥。"他还提供了许多关于船上的谈话细节，相关内容不再赘述。然而，谢瓦利埃指出，德特奈必须提前做出预判，在接近纳拉甘塞特湾时，可能会

157 遇到一支同等实力甚至更强大的部队，他不应该让他的舰队因这

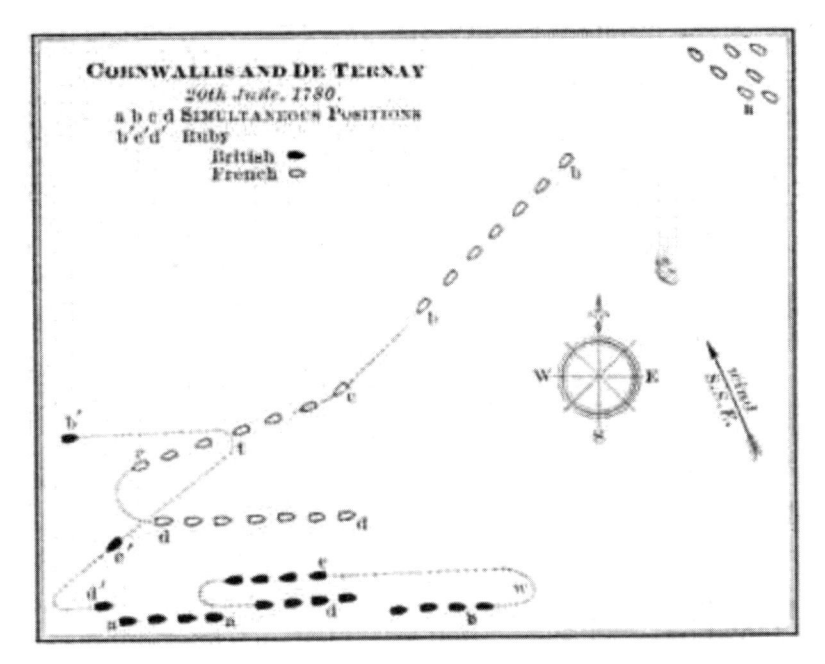

## 第八章 罗德尼与德吉尚的西印度群岛之战（1780）

**1780 年 6 月 20 日，康沃利斯和德特纳之战**

样的意外事件陷入险境。谢瓦利埃的这个想法确实不无道理。在当时的情况下，率领 6000 名士兵作战责任重大，但至少现在还不是时候对他进行追责。对他的作战评价不属于英国的海军历史的研究范畴，对这次战斗，康沃利斯船长的坚定品质和高超的海战策略又为他留下光辉的一笔。值得称颂的是，15 年后，在法国大革命中，同样是康沃利斯，当时已官至海军中将，面对巨大的困境，再次力挽狂澜，从敌军十几艘船的夹击中营救出五艘舰船。这说明在很多时候，一个人的运气似乎与他的气质一样，可以成为他个人的专属标签。康沃利斯被他那个时代的海员们亲切地称为"比利·布鲁"（Billy Blue），他从未打过胜战，也没有机会打胜仗；但在指挥舰船和敌军作战时，曾因多次克服他人无法逾越的困难，因而功勋卓著。

罗德尼1月增援直布罗陀之后，1780年的欧洲水域战场也波澜壮阔。陪同他执行这一任务的海峡舰队分遣队安全返回英国。这支偶尔仍被人称作"大舰队"的部队从6月8日到8月18日在海上巡航，这是一支由31艘战舰组成的强大力量，其中11艘是90门炮及以上的三层甲板舰。海军上将弗朗西斯·吉尔里（Francis Geary）当时任总司令，但由于健康状况不佳，另一位将军巴灵顿自称对自己没有信心（实际上是出于对海军部的不信任）而拒绝担任这一职务，最后由乔治·达比（George Darby）中将继任，1781年一直在任上。

8月9日，从加的斯出发的盟军舰队在圣文森特角以西200—300英里处俘获了一支庞大的英国船队，这是1780年欧洲最引人注目的海上事件。63艘船中只有8艘逃脱，被俘的船中有16艘载有西印度驻军所需的部队和物资，提及重大战事时，必然会提到这次灾难，它也必将影响整个战役的胜利走向。指挥船队的军官约翰·穆特雷（John Moutray）舰长受到了审判，他的舰船也被解散；当然也不乏有人向海军部上诉，他们认为穆特雷舰长才是此次事件的受害者。在当时人们的记忆中，这是英国商业在战争中受到的最大一次打击，而且"普遍倾向于将战败责任归咎于某个人，定罪时可能会依据事件的规模，而不是他的过失在整个事件中所占的比例"[90]。

1780年，波罗的海大国联盟（the League of the Baltic Powers）成立，历史上也将其称为"武装中立同盟"（the Armed

## · 第八章 罗德尼与德吉尚的西印度群岛之战（1780）·

Neutrality），目的是要求英国针对中立国至关重要的利益之处作出让步。英国对荷兰的加入表示不满，再加上一些其他事情令其心怀芥蒂，因此在 12 月 20 日对联合省（the United Provinces）（也称尼德兰联邦）宣战，并立即向东印度群岛和西印度群岛下达命令，要求他们没收荷兰的财产和船只，但直到第二年这些命令才被实施。

夏季的时候，庞大的联合部队在加的斯集结，没有取得任何明显战果，法国政府对此表示非常失望，1780 年底，法国政府决定将这些舰船召回，并在冬季对其进行改装，希望为计划中 1781 年开展范围更大、侵略性更强的行动做准备。为此，法国派出德斯坦，由他指挥 38 艘战舰，这其中包括德吉尚从西印度群岛带来的战舰，于 11 月 7 日驶向布雷斯特。这支舰队直到 1781 年 1 月 3 日才到达该港口，这一点实在不同寻常。

## 注释：

[75] 引自帕克的日志。

[76] 同上。

[77] 见前，第 115 页有关德吉尚少将接任法军指挥官的记录。

[78] 引自罗德尼的日志。法国当局派出 22 艘战舰，这其中没有任何一艘是 90 炮舰，也没有三层甲板舰；但他们有两艘 80 炮舰，这是英国舰队所不具备的。

[79] 当时一条缆绳的长度为 120 英寻，即 720 英尺。

[80] 一列由 20 艘船组成的队列，以两根缆绳的间隔为适当距离，大概相距 5 英里长。这就是当时罗德尼舰队的队列情况，罗德尼似乎对此很

燃海的怒火：美国独立战争中的海军行动

满意。

[81] 引自罗德尼的日志。

[82] 此为信号官在军事法庭上为贝特曼（Bateman）舰长提供的证词。

[83] 奇怪的是，这位军官后来在1794年6月1日因行为不端被送上军事法庭，其性质与罗德尼现在为他洗脱罪名的行为完全相同。

[84] 这是罗德尼在公开信中的话，当时被海军部压下，信中的原话与这些内容差不多，但语言更加直白。"在这封信的最后，我必须告诉各位大人，如果指挥先锋舰的卡特舰长能够正确按照我发出的攻击敌人的信号，以及《附加战斗指令》中第21条的规定，立即向当时他身旁的舰船冲去，而不是像他那样向先锋舰发起进攻，那么战斗就会开始得更早，舰队之间的距离也不会过大……"这显然意味着，《附加战斗指令》规定了罗德尼期望卡特行进的方向。如果能找到这些附加指示的原文，他们的证词将会是非常有趣的。自这篇报道写成后，海军记录协会1905年出版了合集，名为《战斗指令，1530—1816》，作者是朱利安·科贝特（Julian Corbett）先生，他对海军历史和战争问题颇有研究，笔耕不辍，对此类主题感兴趣的人对其非常欣赏。罗德尼引用的具体"附加指令"似乎尚未找到。在1780年之前发布的那些指令中，没有任何一条扩展到第21条。在罗德尼1782年发行的一套书中，有一篇文章（第17篇，第227页）显然是为了防止卡克特的错误再次发生而刊登。该文章和霍克在1756年发布的一条（第217页）指令一样，对预定的行动作出规定，即不管其他舰船有何行为，战斗队形中的舰船不得阻止任何一艘舰船与它的对手交战，这里并没有明确指出对手是谁。在这一点上，两者均未做出清晰的解释。

[85] 出自拉佩鲁斯·邦菲尔（Lapeyrouse Bonfils），《法国海洋史》，第4章，第132页。谢瓦利埃给出的数字要少得多，拉佩鲁斯·邦菲尔的书对舰船做出了特别说明。

[86] 引自谢瓦利埃，《法国海军》，1778年，第185页。

## 第八章 罗德尼与德吉尚的西印度群岛之战（1780）

[87] 逆流情况是指顺着风向前往背风处，在这种情况下是指信风。
[88] 出自谢瓦利埃，《法国海军》，第 91 页。
[89] 见前，第 115 页对 1779 年秋事件的相关记录。
[90] 引自比特森，《军事和海军回忆录》。

# 第九章 西印度群岛海战（1781）

罗德尼占领圣尤斯特休斯，德格拉斯接替德吉尚，多巴哥向德格拉斯投降

罗德尼从纽约返回西印度群岛后，于1780年12月6日抵达巴巴多斯。在巴巴多斯，他似乎第一次了解到这一年10月的大飓风所带来的毁灭性打击。有些舰船四分五裂，船上的一切损失殆尽，这其中包括两艘战舰。能够幸存下来的船只，大部分船上的桅杆或者被连根吹断，或者部分断裂，船体也受到重创。西印度群岛没有泊船设施，船只水面以下的受损部分只能通过倾斜或侧翻来修复。此外，由于巴巴多斯、圣卢西亚和牙买加都遭到飓风的扫荡，大部分物资也被损毁。罗德尼在家书中说，安提瓜岛的确躲过了圣基茨以南的飓风，但是在加勒比群岛根本找不到任何修整所需要的物资，当时他希望彼得·帕克爵士能够帮他解决燃眉之急。其实，他12月10日在圣卢西亚给彼得·帕克爵士写信时，飓风已过去两月有余，那时牙买加基地和东部岛屿一样受

## 第九章 西印度群岛海战（1781）

损严重，对此他还一无所知。这不仅仅是由于当时的通讯缓慢，也因为这场大灾难造成了大规模交通瘫痪。他在谈到巴巴多斯时说："这个世界上最美丽的岛屿，此时看起来仿佛经历了烈火过境，刀剑相加。"

在得知圣文森特的防御工事几乎全部被飓风摧毁后，罗德尼与该基地的驻军指挥官沃恩（Vaughan）将军联手，试图在 12 月 15 日登陆，重新征服该岛，但由于情报有误，罗德尼只能率舰队先返回圣卢西亚。这位海军上将在 22 日写道："现在只有 9 艘舰船能随我出海，而且它们都没有备用的索具或船帆。" 1781 年 1 月，他的舰队中加入了来自英国的 8 艘舰船，这 8 艘舰船由海军少将塞缪尔·胡德（Samuel Hood）爵士（纳尔逊的胡德勋爵）指挥。有了这些船，再加上当月改装的另外 4 艘舰船（有可能是胡德护航舰队中 100 多艘补给船中的 4 艘），船队数量增加到了 21 艘，包括 2 艘 90 门炮舰，1 艘 80 门炮舰，15 艘 74 门炮舰，以及 3 艘 64 门炮舰。

1 月 27 日，罗德尼收到一份来自英国的快件，指示他夺取荷兰在加勒比海的属地，并首先对圣尤斯特休斯和圣马丁（St. Martin）发起攻击，这两个小岛位于英属圣基茨岛以北 50 英里处。圣尤斯特休斯岛上有一个长 6 英里、宽 3 英里的岩石带，地理特色明显。战争爆发后，这里一直是重要的贸易中心，在中立国旗帜的庇佑下，各种物资在此汇集，随后被运往战火纷飞的岛屿和北美大陆。英国具有卓越的商业头脑和航海天赋，从这里得到的利益却低于法国；罗德尼对这座岛屿觊觎已久。罗德尼声称，德吉尚的舰队在 4 月 17 日的行动中损失惨重，因而没有能

燃海的怒火：美国独立战争中的海军行动

力再次夺回皇家堡，他会让圣尤斯特休斯岛派来机械师，运来军备物资，对舰队进行整修。他还说，1780年飓风过后，需要为船只购买绳索，岛上的商人却推说无货，但不久后，当他占领该岛时，却在岛上发现了数百吨储存已久的绳索。

罗德尼和沃恩迅速行动。接到指令三天后，他们向圣尤斯特休斯岛出发。皇家堡中有四艘法国战舰驻守，英国战舰留下6艘来牵制其行动，2月3日，英国舰队抵达圣尤斯特休斯岛。舰队中12艘战舰的指挥官手段强硬，迫使法军快速投降。最终，150多艘商船被俘获，两日前一支由30艘舰船组成的船队离开该岛，现在也被追击带回。据估计，获取的商品总价值超过300万英镑。与此同时，邻近的圣马丁岛和萨巴岛也被攻占。

罗德尼在信中写道，丰厚的战利品、进攻时敌军近似于无的抵抗都大大超出他的想象。他声称，自己留在圣尤斯特休斯的目的非常明确，就是要解决中立国和交战国之间事涉财物的复杂纠葛，并防止敌人再次侵占对大不列颠不利的交易场所。仓库和便利设施都要为特定的交通服务，如果守护不当，它们就像是防御不足的工事，一旦落入敌人手中，反而会被敌人利用，成为对付自己的利器。非法贸易可以立即全面重新开始，应对这种局面，需要先在其他地方建立秩序。他说，在下城有一片1.5英里的区域全是仓库，即使不全部拆除，至少也要把它们的屋顶拆掉。

出于这些原因，整个2月、3月和4月，罗德尼一直留在圣尤斯特休斯。在这段时间里，罗德尼和沃恩所涉财物金额巨大，行事专横霸道，丑闻频发，哪怕后来国王积极补救，将财物分发给获取战利品的当事人，公正无私之名传颂，却仍然无法消除丑

## 第九章 西印度群岛海战（1781）

闻的影响。与此同时，一件新的事情引起了公众的关注。圣尤斯特休斯岛被占领一周后，一艘从比斯开湾驶来的船声称，有人在 12 月 31 日看到由 8—10 艘法国护航舰队护送的一支大型船队向西印度群岛驶去。罗德尼立刻派遣塞缪尔·胡德爵士率领 11 艘战舰以及留在皇家堡的 6 艘战舰一同前往马提尼克岛的迎风处，计划在那里对法国舰队进行拦截。胡德于 2 月 12 日起航。事后证明，这是一个假情报，但胡德当时继续执行此军事任务。一个月后，他接到命令，从马提尼克岛的迎风面转至背风面，严密包围皇家堡。他对此提出异议，事实证明他的反对是正确的，不过这些都是后话。当时，罗德尼坚持说，根据以往经验，一支舰队可以在皇家堡附近停留数月，不会被吹向下风处，前往圣卢西亚取水和补给的舰船完全可以在敌军赶到上风处之前，回到舰队中来重新会合。胡德却认为，罗德尼上将的目的不过是转移视线，掩盖自己在圣尤斯特休斯的所作所为，他认为如果无意攻下马提尼克岛，包围皇家堡是毫无意义的。他后来发声："如果乔治爵士当时亲自指挥舰队，一定是公众的福气，因为我相信，在德格拉斯逼近时，乔治爵士一定会在迎风处应战，而不是在背风处等待。"

3 月底，法国人在布雷斯特的战前准备工作已经完成，当月 22 日，德格拉斯少将率领一支大型船队启航，全程由 26 艘战舰保驾护航。一周后，6 艘舰船离开了舰队，其中 5 艘在叙弗朗的带领下前往东印度群岛，另一艘向北美方向驶去。舰队中剩下的 20 艘舰船继续向马提尼克岛进发，4 月 28 日，它们暴露了踪迹。日落之前，法军也在马提尼克岛的下风处发现了胡德的舰队，此

### 燃海的怒火：美国独立战争中的海军行动

前罗德尼命令胡德在该岛南部的萨林斯角附近巡航。德格拉斯随即停航过夜，派出一名军官上岸去通报情况、打探情报，共同商议第二天的联合行动。

法国舰队共有战舰 20 艘，包括 1 艘 110 门炮舰、3 艘 80 门炮舰、15 艘 74 门炮舰和 1 艘 64 门炮舰，另外还有 3 艘武装船[91]，主要对船队进行掩护，因此可不计算在内。此外，皇家堡还有 4 艘战舰，其中 1 艘是 74 门炮舰，3 艘是 64 门炮舰，胡德的任务之一就是要阻止这 4 艘战舰与逼近的敌人汇合。英国舰队共有战舰 17 艘，包括 1 艘 90 门炮舰，1 艘 80 门炮舰，12 艘 74 门炮舰，1 艘 70 门炮舰以及 2 艘 64 门炮舰。显然，法军的舰船数量和火力，都是胡德无法企及的，但是英军也有自己的优势，在罗德尼的坚持下，海军部将所有的舰船都镀了铜。此外，他也没有需要护航的船队，不用为此牵扯担心；不过，舰队处在下风处会是一个劣势。

29 日清晨，德格拉斯按照惯常航线，向前挺进，绕过岛屿南端。胡德当时离法军的下风处太远，无法进行拦截，对此受到了罗德尼的斥责。罗德尼认为胡德没有合理地利用晚上的时间，抢先抵达萨林斯角的上风处。[92] 但是，胡德在一封私人信件中说道："我一直都想要占据上风处的位置，但是根本做不到……哪怕运气眷顾到达上风处，那一定会与敌人在势均力敌的情况下短兵相接，或者敌军一定会放弃运输船和贸易船轻装上阵。"胡德后来的作战情况说明，如果他抵达了上风处，不论战果，激烈的战斗都在所难免，这一点毫无疑问。对于罗德尼与胡德的上风处之争，到底孰对孰错，谁是谁非，实在让人难以决断。作者认为，如果情况允许，胡德一定会选择迎风而上。但是有一点需要补充，英军对这样一支强大部队的突然到来，事先从未收到任何与之相关的消息。在这一点上，胡德和罗德尼的说法是一致的。

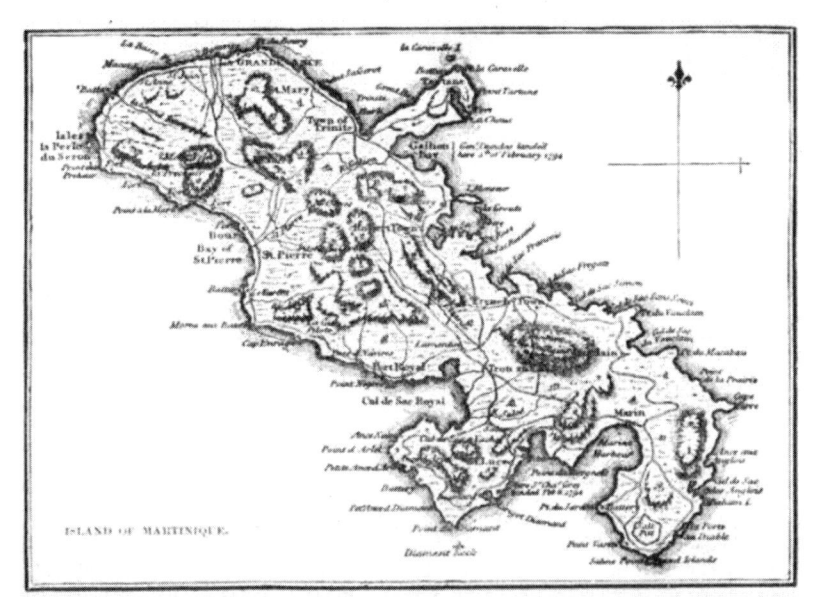

**马提尼克岛**

至此，法国舰队顺利绕过萨林斯角，运输船紧临海岸，战舰则在它们的外侧和下风处护航，向北驶向皇家堡湾，胡德在南面一直守到10点后。9点20分，从圣卢西亚驶来的一艘64门炮舰（未计入上述清单）加入胡德的舰队，使其舰船数量增至18艘。10点35分，英军一起向北抢风行驶。英法两支舰队现在同向而行，法军先锋舰与英军中锋舰并驾齐驱。11点，法国舰队开火，英军并未应战。11点20分，当英国先锋舰靠近海湾北部的海岸时，胡德再次抢风行驶，敌人发现船队还很稳妥，就与英军舰队一样转向下风,向南驶去,因此双方舰队越靠越近。此时,在皇家堡湾中停靠的四艘法国战舰一同起航,轻而易举地加入己方舰队后方,占据了上风位置。当前的战舰数量再次发生变化,法国舰队有舰船 24 艘,英国舰队的舰船数量仍是 18 艘,差距再次拉大。当法军的炮弹飞过英国舰队上方,英国舰队立刻开始回击。中午时分,胡德发现他很难接近敌人,收缩船帆只留顶帆,顶风停船,希望以这种挑衅的方式把敌人引来。12 点 30 分,法国海军上将与英国旗舰并排而行,战斗全面开始,但两军距离过远,需远程射击。胡德写道:"可以说,这一天消耗的炮弹比我之前用的所有炮弹的总和还多。"法国舰队继续航行,下午 1 点,胡德看到法国舰队已经后来居上,便改变策略,再次升起风帆全力前行。

英军的导航舰一直向南行驶,进入圣卢西亚和马提尼克岛之间的海峡,此处风向改变,将他们吹离了舰队中心。因此,胡德在 1 点 34 分发出舰队靠拢的信号,随后他发现,射向敌人的炮弹十发九不中,于是下令立即停火。南面两支前锋舰队的交战却是持续了较长时间。萨瑟兰(Sutherland)舰长亲自参加了此次战斗。据他回忆,4 艘英国战舰遭到了 8 艘法国战舰的猛烈攻击。"半人马"(the Centaur)号、"罗素"(Russell)号、"无畏"(Intrepid)号以及"什鲁斯伯里"(Shrewsbury)号受损最为严重,船体、桅杆、船员都遭到了重创。他们都是南面的先锋舰船。"罗素"号的要害部位受到多次轰击,无法在海上保持漂浮状态,海水已经漫过了弹药库的边缘。夜幕降临时,胡德将"罗素"号送往圣尤斯特休斯岛,并于 5 月 4 日也抵达该岛,同时给罗德尼带来了第一手的作战消息以及法国援军的确切数量。30 日，胡德一直坚守阵地，仍然全力以赴向敌人的上风处前进，但尝试失败。他发现舰队中有两艘舰船受损严重，由于向南的西风气流非常强大，受损的船只无法重回圣卢西亚，在日落时分，他决定向北航行。5 月 11 日，在圣基茨和安提瓜岛之间，胡德的舰队与罗德尼会合，罗德尼在匆忙修复好"罗素"号后，于 5 日带领"桑德韦奇"号和"凯旋"（Triumph）号离开圣尤斯特休斯岛。

要对胡德和德格拉斯在这场战事上的表现给予正面的评价，多少有些困难。显然，英军兵力尽管只有敌人的四分之三，但是胡德在第一天的战斗中能够积极迎战。他首先尝试主动出击，失败后，便毅然大胆诱使敌人进攻。特鲁德说德格拉斯应该发起全面攻击，这一观点无疑是正确的。作者与另外一位法国权威人物谢瓦利埃上尉的观点也不谋而合。他认为："29 日那天，康特·德格拉斯（Count de Grasse）似乎过于关注船队的安危，胡德上将则比次日的表现要更加谨慎。尽管我们有数量上的优势，德格拉斯伯爵仍然一直守在陆地附近，直到确保所有船队都安全为止。"按照他的说法，胡德第二天小心防御，坚守阵地，避免了双方的一场决战。这与胡德本人的说法有些出入。他提到，在 30 日下午 12 点 30 分，他发出了向迎风方向发起全面追击的信号。这两种说法并非完全互相排斥。胡德的舰船镀了铜，速度要比法国舰船快，法军只有部分舰船镀了铜，所以航行并不平稳。鉴于此，英国指挥官更有冒险的资本，因此他与敌人几经周旋，伺机从中寻找机会。胡德能力出众，远远超越了他所处时代的其他军官。他

### 燃海的怒火：美国独立战争中的海军行动

懂得如何观望战局伺机而动，如果法国人急于追击，或者出现意外而导致舰船分开，他就会抢占敌人的部分优势。在后续的困境中，他判断准确，在速度上抢占先机，最终做到全身而退。本书作者也在此引用了谢瓦利埃的结论："胡德上将指挥着一支由铜制战舰组成的中队，这方面显然比他的敌人更有优势。当然，他的作战技能以及他对船长们所表现出的信心也让人敬佩不已。不然如有舰船因为受损而无法跟上舰队，胡德要么被迫牺牲这些舰船，要么选择增援而与强大的法军开战。"这意味着，为了获得足够的利益，胡德冒了很大的风险，对当时处境的利弊得失洞若烛火。胡德不仅战术娴熟高超，而且作风谨慎，作战英勇，这两个特质能表现在一个人身上非常罕见。英国在此次交战中阵亡39名官兵，"半人马"号的诺特（Nott）舰长也在其中，受伤的人数是162人。根据谢瓦利埃给出的数据，法军18人死亡、56人受伤，比特森给出的数据是法军119人死亡、150人受伤。

罗德尼集结舰队，继续向南进发，并于5月18日进入巴巴多斯补充清水。起初圣卢西亚的局势让人不安，胡德撤退时这种焦虑就已经初露端倪。而后恐惧成真，法国人快速发起进攻，除了留下一两艘战舰，他们的舰队几乎全部驶向圣卢西亚，1200名士兵在格罗斯伊莱湾登陆，但由于罗德尼在鸽子岛上建立炮台，并派重兵把守，法军无法靠近。其余地方的工事也固若金汤，法国军队只能无功而返。

与此同时，两艘法国战舰和1300名士兵从马提尼克出发，向多巴哥进发。当德格拉斯从圣卢西亚战败归来时，得知英国舰队已经出海，显然目的地必然是巴巴多斯。英军对多巴哥的忽视让德格拉斯颇感诧异。5月25日,他再次率领舰队与3000多名士兵驶向多巴哥。此时,在巴巴多斯的罗德尼得知德格拉斯的企图后,于29日派遣了一支由6艘战舰组成的中队,在弗朗西斯·塞缪尔·德雷克(Francis Samuel Drake)少将的指挥下前去增援防御。30日,情报表明法国主舰队处于圣卢西亚岛的上风处,向南航行,很显然,他们的目的地是多巴哥。就在同一天,德雷克和德格拉斯在多巴哥岛附近相遇,当时法国舰队在下风处,离陆地最近。德雷克被迫撤退,6月3日早上,他回到巴巴多斯岛附近,罗德尼立刻带着整个舰队前往多巴哥,4日,多巴哥已在视线之内,但次日早晨他接到消息,该岛在6月2日就已经被法国舰队占领。

6月9日,两支舰队在北返的途中相遇,但双方并没有交战。罗德尼此时在上风处,率领20艘战舰,与法军的23艘战舰对峙,[93]但他并不愿意发起进攻,除非他能一举歼灭敌军,肃清海面。他说,海流的力量会使他的舰队偏离下风方向,一旦转向,就会落入圣文森特和格林纳达之间的险恶之地,从而将巴巴多斯暴露于敌前,该地还未从飓风的打击中完全恢复,无法独当一面。随后,他驶入巴巴多斯。德格拉斯前往马提尼克,准备远征美洲大陆,此举最终导致了康沃利斯在约克镇的投降。7月5日,他从皇家堡出发,带着"贸易货物"前往法国,26日在海地的弗朗索瓦角停泊,于此处他发现了一支一年前被德雷克留在这里的分遣队,由4艘战舰组成。除此还有1艘护卫舰,这艘护卫舰于6月20日离开波士顿,为德格拉斯送来华盛顿和法国驻美洲军队总指挥罗尚博(Rochambeau)将军的急件。在了解了北美大陆的情况以后,他命令舰队前往切萨皮克或纽约,争取在本季度或下一个季度内,对英国军队实施毁灭性打击。

## 注释:

[91] 后者服务于船只,通常是战舰,常被用作运输船或补给船,因此只能携带部分排炮装备。

[92] 罗德尼说,胡德晚上下令让所有船只停航。对胡德这种性格的军官来说,做出这样的事情绝对是难以置信的,况且此事已经被"罗素"号的萨瑟兰舰长明确反对。"(28日)下午6点,我们的舰队向北驶去,穿过海湾(皇家堡),向右(原文如此)航行,排成战斗队列。"埃金斯(Ekins),《海战》,第136页。"right"一词显然是"night"的误印。在作者看来,罗德尼的批评自始至终都是吹毛求疵的。

[93] 一艘法国舰船离开了舰队,满目疮痍。

# 第十章　约克镇沦陷前的海军行动：康沃利斯投降（1781）

从西印度群岛的重大海军行动，到对美国独立起到决定作用的伟大战役，此时梳理一下发生在美洲大陆上陆海双维的战斗发展线，局势会更加清晰，也便于我们自然将笔触延伸到那个决定性的时刻，彼时陆军与海军协同作战，互为辅助，迫使康沃利斯勋爵率领的英国军队于约克镇投降。

据说，克林顿为了配合康沃利斯在卡罗莱纳州的作战行动，在詹姆斯河谷进行了一系列的战略转移。[94]当时，第一支海军分遣队在莱斯利将军的带领下，迅速转移到南卡罗莱纳州，以解康沃利斯战役的燃眉之急。由本尼迪克特·阿诺德率领的由1600人组成的第二分遣队，于12月底离开纽约。1781年1月底，第二分遣队开始在詹姆斯河沿岸建立工事，随后向里士满挺进，那里距离大海近100英里，周围遍布荒野，向里士满行进过程中没有遇到什么能够称得上威胁的阻力。队伍顺流而下，20日占领

### 燃海的怒火：美国独立战争中的海军行动

了詹姆斯河以南的朴茨茅斯，此处靠近大海，是个自然条件优良的海军基地。

德特奈去世后，德斯特奇斯（des Touchs）上将一直留在纽波特，担任法国海军中队的指挥官。华盛顿敦促他派遣一支实力强劲的分遣队，前往切萨皮克湾，阻止敌方的一系列行动。与此同时，华盛顿还请罗尚博将军也调派一支部队，随海军部队一同出发，对德斯特奇斯进行支援，方便他能够抽出少量兵力前往弗吉尼亚。此时，忽现大风天气，阿布斯诺特的海军中队在大风中受损严重。有报道称，其中三只舰船当时已经从加德纳湾出海，离开纽波特，与即将抵达的护航队会合。一艘名为"贝德福德"（the Bedford）号的74门炮舰彻底损毁；另一艘名为"卡洛登"（the Culloden）号的舰船在长岛上岸后依然遭到破坏。虽然在大风袭来的前一天，法军舰船已返回港口，但此事发生后，德斯特奇斯仍不愿冒险让舰船出海。因此，他只派遣了一艘64门炮舰和两艘护卫舰，于2月9日离开纽波特，前往切萨皮克湾。但到达后却无法接近英国船只，因为英国船只体积较小，可以迅速从伊丽莎白河上撤离。阿巴斯诺特知晓此事后，命令查尔斯顿附近的几艘护卫舰立即赶往现场支援英军。法军舰队离开海湾时，在海角附近遇到了来支援的"罗穆卢斯"（the Romulus）号44门炮舰，立即将其俘获，并于2月25日返回纽波特。3月8日，阿诺德向克林顿报告称，法国舰船已经全部离开了切萨皮克湾。

当天，阿布斯诺特也在加德纳湾写给克林顿的信中说，法军显然已经打算从纽波特撤离。他已竭尽全力，虽然无法完全弥补风暴给舰队造成的损失，但9日，他所率舰队依然做好了出海准

## 第十章 约克镇沦陷前的海军行动：康沃利斯投降（1781）

备。8日晚，法军舰队起航。10日，在得知法军出海后，阿布斯诺特提前做出了战前准备，将部队转移至海湾的入口处，以便在第一时间追踪敌人。13日，有舰船报告说发现了敌舰的身影，他亲自询问，获知了敌人的具体航向。由于法军中只有三艘舰船的船底镀铜，而阿布斯诺特的舰船全部为铜制船只，再加上他占据了西北风的优势，因此舰队轻而易举地赶超了法军。3月16日早上6时许，一艘英国护卫舰报告称，敌人位于舰队后方，朝东北方向行进，距离约1里格远。当时晨雾弥漫，哪怕相距不远，英军还是无法看清敌舰（A、A）。此时，亨利角恰好在英军的西南偏西方向，相距40英里，那里正是切萨皮克湾的南面入口。阿布斯诺特说当时的风向是西向，法国人则说是西南向。

英国海军上将命令舰队调转航向，向报告中所说的东北方向航行，很快，双方舰队都已在对方的视线之内。法军发现，英军的航线处于己方舰队与港口之间，正在迎风前行。8至9时，西风转为北风，英军舰队由此转为上风位置。随后，双方都在调整争抢上风位置，开始预编队。此时，海上依旧阴云密布，狂风大作，能见度极低。风向一直不断变化，接近午时，才稳定在东北方向。由于英舰队操船技术高超，航速较快，下午1时许，英国舰队在左舷航向上，几乎已接近敌军舰队尾流，跟在法舰队的后方，即将超过。这两支海军中队都已排成战斗队形，朝东南偏东方向前行，随后法军由南转东，距英国舰队船首约1罗经点（图B、B）。此时，又起大风，海面波涛汹涌，舰船倾斜严重，几乎与船帆的倾斜角度相同。

德斯特奇斯发觉，敌人正从他的后方逼近，速度很快就要赶

燃海的怒火：美国独立战争中的海军行动

超己方舰队。因此，他决定采用常规的战术，命令舰队转下风并抢风调向。舰队可以采用两种方式执行转向的命令：一种是所有舰船同时转向，舰船的前后顺序发生颠倒；第二种是舰船按照原有队形依次转向，保持原有舰船的前后顺序。到底采用哪种方式在很大程度上取决于敌我双方的实际距离。由于四周海面开阔，德斯特奇斯选择了第二种方式。此时战斗迫在眉睫，他决定借助风向优势，抢占下风处。此战术的巧妙之处在于，凭借风向和海浪的优势，船体会发生倾斜，当敌方处在我方舰船的迎风面时，就可以打开下层甲板的炮口，让此处的火炮发挥作用，位置越低的火炮火力越大。德斯特奇斯决定将舵柄上推，队伍依次转向南（C）航行，越过正在前进的英国纵队队首，随后向下风处航行，准备与敌军舰队并行。此时，风向平稳。

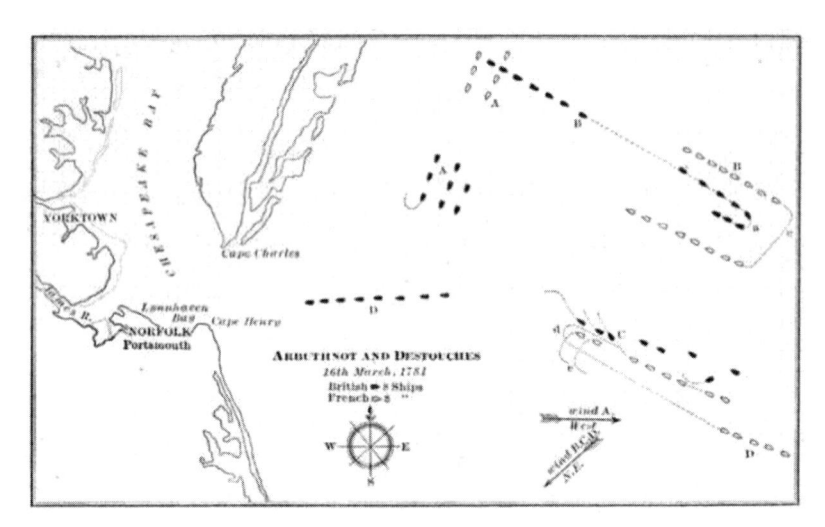

**1781 年 3 月 16 日，阿布斯诺特与德斯特奇斯之战**

## 第十章 约克镇沦陷前的海军行动：康沃利斯投降（1781）

阿布斯诺特的舰队继续依照原定方向行进，直至与敌军舰队并行。下午2时许，他发出转向下风的信号。我们并不清楚转向是通过哪种方式进行的，但从官方报告中的表述为："英国中队的先锋舰保持着队形转向下风。"当时，信号发出之前，这些发动攻击的先锋舰均在左舷行驶，由此看来，转向下风的方式很可能是舰船保持顺序依次转向的（a）。随后舰队发起全面进攻，但结果却如往常一样，不尽人意。阿布斯诺特称，2点30分，先锋舰及中锋舰均投入战斗，最前面的三艘先锋舰首当其冲，遭到了敌人猛烈的炮击。相对后方的舰船（C），它们与敌人距离更近。因此，这三艘先锋舰不仅人员伤亡惨重，而且舰船高处的桅杆也被打得残破不堪。英国海军中将命令部队保持队形，并未发出近距离作战的信号，这导致舰队攻击行动迟缓，这再次证明了战斗队形在人们心目中的重要地位。德斯特奇斯巧妙地利用了这一点。他命令那些冲在最前面的先锋舰同时行动，转到另一航向继续行驶，而它们后面的战舰则依次转向下风，一艘跟着另一艘排成纵队。随后，法国纵队与三艘残破的英国船只并行，开始对这三艘船轮番轰炸，随后向东驶去，退出战场。阿布斯诺特当即下令转向追击，然而，由于德斯特奇斯发出的攻击火力凶猛，"稳健"（the Robust）号及"谨慎"（the Prudent）号这两艘先锋舰已完全损毁瘫痪，而且英军中唯一一艘三层甲板舰——"伦敦"（the London）号的主帆帆板也已被打掉。因此，他们无奈放弃了追击，舰队随即驶入切萨皮克湾，那里的风力较小。法军也返回了纽波特。双方均有人员损失：英军有30人死亡、73人受伤；法军有72人死亡、112人受伤。

燃海的怒火：美国独立战争中的海军行动

在此次交锋中，双方各有八艘战舰，另外还有一些小型战船。英军有一艘三层甲板舰、三艘74门炮舰、三艘64门炮舰、以及一艘50门炮舰；法军有一艘84门炮舰、两艘74门炮舰、四艘64门炮舰，以及另外一艘后加入的英国"罗慕卢斯"（the Romulus）号44门炮舰。很显然，英军的实力更胜一筹。正因如此，当时人们认为英军此战打得并不出彩。更何况，由于英国海军中将的错误，并未发出近距离作战的信号，各舰船忙于编队，英军的几艘战舰都没有与敌方近距离交火。这种批评耐人寻味，说明人们对战斗队形的思想正在发生变化，而阿布斯诺特却仍因循18世纪中期的老旧战略。法军准将充分讲究战术技巧，在指挥军队作战方面果断、迅速、精准，凭借自己的聪明才智和指挥能力扭转了战局。只可惜，他没有下定决心对敌军进行追击，如果他继续坚持，极有可能拿下切萨皮克湾。

德巴拉斯（de Barras）准将5月10日从法国抵达纽波特，担任海军中队的指挥官。这位军官为自己的疏忽找到了正当理由，认为自己的战术实施成功，无可争议，他进一步解释："英军在实现战斗目标时能够获得战斗优势，是由于他们自身火力占优，同时更重要的因素，是他们炉火纯青的防御意识。他们战争中的一个原则是：竭尽全力保卫自己的阵地，尽量克制进攻敌人的阵地。德斯特奇斯的战斗目的纯粹就是进攻，而当敌人凸显出兵力优势的时候，他可以放弃也应该放弃那个不可能再成功的战斗计划。除非他能击败并且完全摧毁那支强悍的海军中队，而这个结果，与所有的可能性都不相符。"

这种对防御的推崇、对进攻的抵触、对胜利的绝望以及对风

## 第十章 约克镇沦陷前的海军行动：康沃利斯投降（1781）

险的厌恶，在很大程度上解释了法国在这场战争中没有取胜的原因。在他们心中，无论敌人被打得有多惨，只要没有全军覆没，它仍是一支"存在"的舰队，余威仍在。

德斯特奇斯率军撤退，而阿布斯诺特则率军进驻切萨皮克湾，英国夺回了对切萨皮克湾的控制权。克林顿一得知英国和法国舰队启航，就命令菲利普斯将军率领2000人的陆军增援部队，对阿诺德予以支援。3月26日，海战结束十天后，这支队伍抵达林哈文湾，然后立即前往弗吉尼亚的朴茨茅斯。这支陆战队的诸多行动在此不作详细阐述。5月9日，接到康沃利斯的来信后，这支部队转移至彼得斯堡。13日，菲利普斯于此地逝世，由阿诺德暂代指挥一职。20日，康沃利斯从北卡罗莱纳州的威尔明顿赶来，[95]不久后，阿诺德返回纽约。

加上朴茨茅斯的驻军，康沃利斯的军队共有士兵7000余人。他与总司令克林顿之间存在着严重的意见分歧。克林顿已经开始进攻南卡罗莱纳州，但他的下属康沃利斯认为，除非拿下弗吉尼亚，否则进攻会在沿海地区止步不前。然而，克林顿对此想法并不认同。他认为南卡罗莱纳州资源丰富，人口众多，可以为英国在美洲南方的战事提供有力支持。康沃利斯曾验证过卡罗莱纳州保皇派所谓的实力，却发现他们的实力不足以依仗。因此，他认为应该首先攻克弗吉尼亚州，但克林顿并不赞成这一计划，认为此时兵力不足，难以分兵攻伐。他声称，1780年10月至1781年6月间，已从纽约向切萨皮克派遣7724名作战人员，却没能在弗吉尼亚州歼灭实力薄弱的敌军，着实令人费解。这一点至少说明，再次对其发起进攻也没有可能成功。纽约正处于敌军的围攻之下，所剩驻军不足11000人，根本无力抽兵外派作战。简言之，由于自身兵力不足，部队又分散作战，因此英军在美国的处境如履薄冰。若是外出征战，兵力过于分散，防守都将难以为继。因此，克林顿命令康沃利斯攻占一个防御阵地，用于控制锚地，容纳舰队，并在此养兵蓄锐，等待时机。一番争论过后，双方的分歧有增无减。于是康沃利斯计划在约克镇镇守，此处位于詹姆斯河及约克河形成的半岛上。他率驻军从朴茨茅斯开始撤离，8月22日，驻军抵达约克镇。当时，康沃利斯的部队除却7000余名士兵外，还有1000名左右的海员，以及大约六艘小型舰船。1781年8月30日，德格拉斯率领的法国舰队从海地抵达约克镇，停泊在亨利角附近，将这六艘小型战舰封锁在了林哈文湾内。

7月2日，阿布斯诺特起航返回英国，托马斯·格雷夫斯（Thomas Graves）少将接任阿布斯诺特，担任纽约总指挥官。当天，格雷夫斯派一艘名为"活跃者"（the brig Active）号的横帆双桅船向罗德尼送去消息，称他刚刚截获敌人的情报，一支庞大舰队从西印度群岛出发，将于夏季抵达美国海岸，与纽波特的敌驻军开展军事合作。另一方面，7月7日，罗德尼特派一艘单桅帆船——"燕子"（the Swallow）号16门炮舰向纽约发出急信，信中说，如果他从西印度群岛派遣增援部队，部队将驶入切萨皮克海角，然后从那里向纽约靠岸。因此，他要求在沿途部署巡洋舰，可以随时传递情报。两天后，罗德尼收到确切消息，德格拉斯已经前往弗朗索瓦角，随即他将这一消息发给了牙买加的彼

## 第十章 约克镇沦陷前的海军行动：康沃利斯投降（1781）

得·帕克爵士，并指派塞缪尔·胡德爵士准备派遣增援部队前往美洲大陆。然而，由于罗德尼收到了错误的情报，仅仅派出 15 艘战舰，该情报误报：一支由 14 艘舰船组成的贸易船队由德格拉斯亲自护航，从弗朗索瓦角出发前往法国。24 日，胡德接到指示，领命执行任务。他首先从牙买加出发护送贸易船队到古巴与海地之间的通道，然后以最快的速度前往切萨皮克。当时，有不实谣言称法国船只已从欧洲抵达了马提尼克岛，行动受此谣言影响，稍有延误。护航船队分出两艘战舰前往牙买加，随后彼得·帕克接到命令，从自己的中队中分出力量前往增援，将其护送至美洲。谣传得到证实后，胡德的舰队才继续开拔。8 月 1 日，罗德尼告假返回英国。10 日，胡德率领 14 艘战舰离开安提瓜，向海角进发。因为在 8 月 3 日，他收到了格雷夫斯派"活跃者"号送来的信函，8 日，胡德寄出回信，信中他答复对方，自己将即刻启程。

"燕子"号与"活跃者"号本应先于胡德赶上格雷夫斯的舰队，但结果两艘船都没有赶上舰队。7 月 27 日，"燕子"号安全抵达纽约，但格雷夫斯已于 21 日率领舰队前往波士顿湾，打算在那里对一支即将抵达的法国船队进行拦截，海军部曾就此事向他发出过特别预警。因此，纽约高级海军军官立即派出"燕子"号前往波士顿湾送信，但途中遭到敌军袭击，被迫在长岛上岸，随即与部队失去了联系。"活跃者"号在抵达纽约之前便被敌军俘获，因此，格雷夫斯对眼前的重大危机毫不知情，继续航行，直到 8 月 16 日，他才返回桑迪胡克。在桑迪胡克，他收到了"燕子"号送来信件的副本，但信中只说明了增援部队的行进路

燃海的怒火：美国独立战争中的海军行动

线，并没有告知他胡德已经出发。8月25日，胡德正在切萨皮克附近，寄来了"活跃者"号携带信件的副本，他自己于28日抵达桑迪胡克，而这些信件并没有比他提前多长时间到达。当晚，纽约方面收到消息，德巴拉斯率整个舰队于25日从纽波特起航。胡德的舰队停泊在胡克码头外，与上级格雷夫斯的部队会合。31日，5艘战舰和1艘50门炮舰整装待发，与19艘战舰组成的大部队一起出发前往切萨皮克。据悉，目前法国舰队以及华盛顿和罗尚博的联合军队也已火速赶往切萨皮克。

德格拉斯伯爵在抵达弗朗索瓦角后发现，在前往美洲大陆之前，他应该做好充分准备。首先，他必须采取措施，确保海地的安全；其次，他需要预备一大笔资金和相当数量的增援部队，保证接下来的行动万无一失。但现在已进入8月，时间非常紧迫，他必须在10月之前返回西印度群岛。当时，尽管德格拉斯的军事才能并不出类拔萃，但他干劲十足、精于政事、见识广博，简直是推动美国战事的一位"福将"。他决定率全部战船出战，为此他推迟了舰队出发的行程，与西班牙人进行灵活协商，从他们那里获得了所需的资金，还得到了一支由3300名士兵组成的法国精良部队，而海地方面的安全也得到保障。8月5日，他带着28艘战舰离开弗朗索瓦角，取道老巴哈马海峡，[96]并于30日，也就是格雷夫斯从纽约出发前一天，在切萨皮克河入口处的林哈文湾停泊，格雷夫斯的目的地也是这里。随后，部队立即在詹姆斯河南岸登陆，并很快与拉法耶特（La Fayette）会合，拉法耶特的部队一直与康沃利斯所率英军顽强作战，至此，这支部队人数已增至8000人。与此同时，华盛顿率领由2000名美军及4000

## 第十章 约克镇沦陷前的海军行动：康沃利斯投降（1781）

名法军组成的 6000 人的作战部队，穿过特拉华州，向南进军，来与拉法耶特会师，此举让克林顿措手不及。法国巡洋舰已在詹姆斯河摆开阵势，随时阻拦康沃利斯渡河，以防其向南逃往卡罗莱纳州，还有一部分战舰奉命驻守约克河口。由于部队分头行动，因此主力舰队仅剩下 24 艘战舰。

9 月 5 日上午 8 点，法国负责警戒的护卫舰在亨利角外围巡航时发出信号，报告说一支舰队正向切萨皮克湾驶来。起初，人们翘首以待，以为这是从纽波特赶来的德巴拉斯海军中队，在此之前他们已经得知，该中队正在赶来的路上。然而不久，大家通过人数看出端倪，他们要对抗的是一支由 19 艘战舰组成的敌军舰队，包括 2 艘 98 门炮舰（三层甲板舰）、12 艘 74 门炮艇、1 艘 70 门炮舰、4 艘 64 门炮舰以及诸多护卫舰；法国此时共有 24 艘战舰，包括 1 艘 104 门炮舰（三层甲板舰）[97]、3 艘 80 门炮舰、17 艘 74 门炮舰以及 3 艘 64 门炮舰。

切萨皮克河的河口宽约 10 英里，北起查尔斯角，南至亨利角。主航道位于亨利角和向北 3 英里的一个浅滩之间，此处被称为"中间地带"。英国舰队发现法国舰队时，英舰正升起前帆及主帆，向西南方向的入口处驶去，接近目的地时，队列也随之逐渐形成。此时的风向为东北方向。中午时分，潮水退去，法军开始行动，但他们的船只不得不多次调整航向，才能绕过亨利角，因此延误了编队的时间，舰队从海湾出来时没有形成常规队形、舰船间隔不够紧密。

下午 1 点，格雷夫斯发出信号，命令部队按东西方向形成纵队。依照风向，舰队根据命令将从原有的航线转换到另一航线航行，如此编队使舰队出海时能够迎风而行。此时，舰队根据命令继续向海湾入口处挺进。2点钟，法国先锋舰率先行动，在距离格雷夫斯的旗舰"伦敦"号大约3英里远的地方，转而向南继续行驶，恰好与英军队列的中锋位置齐平。2点13分，英国先锋舰靠近"中间地带"，这些战舰共同转向下风，因此与法国舰队在同一方向行进。起初胡德的舰队一直处于领先位置，如今因舰队转向，顺序发生颠倒而变成了殿后舰队。随后舰队停了下来，以便让双方的中锋战舰并排而行，呈对垒之势（aa, aa.）。目前，两个舰队的航线几乎平行，但由于英军较对方少了5艘战舰，纵队自然无法延伸到法国舰队的后方。事实上，法国舰队仍未完全驶出亨利角。2点30分，格雷夫斯发出信号，命令先锋舰"什鲁斯伯里"号向右舷倾斜（l），朝敌人的方向进发。由于每艘战舰都以导航舰的航向为准，命令结果导致舰队逐渐靠向敌军的航线，其中尤属先锋舰距离敌军相距最近。3点17分，也就是信号发出大约三刻钟的工夫，偏离角度更加明显（bb）。[98]7艘殿后舰处于进攻的不利位置，因此并未加入战斗，这既是这场悲剧性失败的最初原因，也是从始至终的原因。3点34分，先锋舰奉命继续朝敌军方向行进。

3点46分，格雷夫斯再次发出信号，命令所有船只相互拉开一根缆绳的距离，随后立即向敌人逼近并发起进攻，列队战斗的信号旗从始至终一直在空中飘扬。格雷夫斯的旗舰"伦敦"号98门炮舰（f）从顶风停船、装弹到向敌人逼近，一气呵成。在此情况下，先锋战舰当然首当其冲受到炮击，随后战火逐渐扩大至第12艘舰船，也就是"伦敦"号后面的两艘舰船。"伦敦"

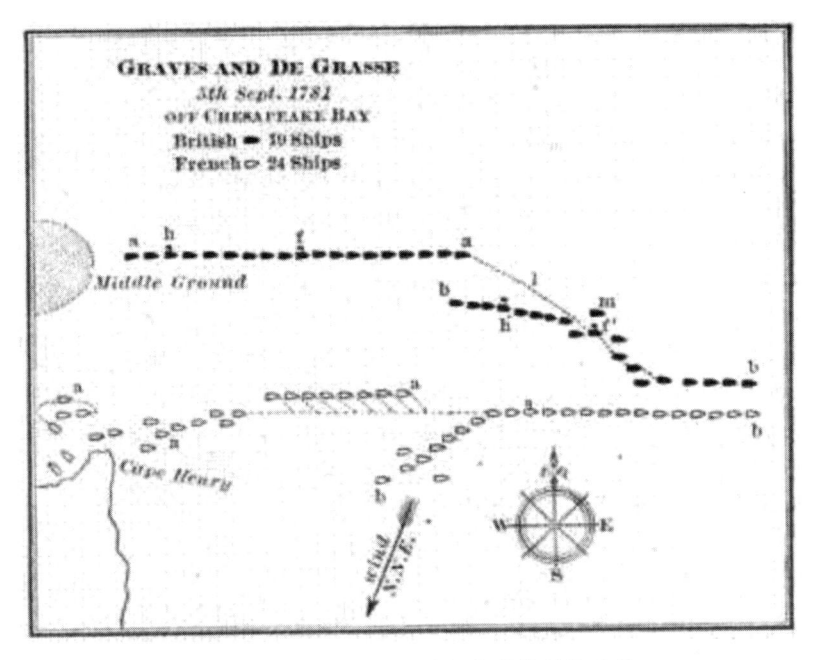

· 第十章　约克镇沦陷前的海军行动：康沃利斯投降（1781）·

**1781 年 9 月 5 日，格雷夫斯与德格拉斯之战**

号的航行日志显示，4 点 11 分，船头的指示列队进攻的信号旗撤了下来，避免对前方近距离作战的舰船形成干扰。但 4 点 22 分，信号旗再次高高飘扬，"而所有船只仍未拉开足够的距离"，这种情况表现出的含义可以从比森的叙述中得知：

"'伦敦'号远远超过了队形中之前排在他前方的多艘战舰，率先向敌人挺近，随后以舷侧受风前行（f′），其他船只也纷纷效仿。结果'伦敦'号前面的一艘舰船（m）几乎撞上了她的上风弦，前方的其他船只也同样挤做一团。"

处于"伦敦"号上风舷的战舰如果不向前绕过"伦敦"号，就无法向敌人开火，这也可以解释为什么这艘旗舰会顶风停船，胡德做出了同样的阐释。"伦敦"号的日志中记载：4点27分，列队信号停止，部队开始进行近距离作战。5点20分，又一轮近距离作战开始，胡德（h）率军（h'）向敌人逼近，而法国舰队也正向他驶来对面应战，胡德决定与敌军保持距离，并未靠近。傍晚时分，双方停止开火。英军伤亡情况为：90人死亡、246人受伤；而法军的伤亡人数只有约200人。

胡德就一些关键过程做出了如下解释：

"下午4点，我们的中锋舰和先锋舰与敌军同时交战，在列队作战的信号发出时，由于相隔距离过远，我军殿后舰几乎都不在射程范围之内，因此未能投入战斗。敌人正不断向前推进，'伦敦'号升起主顶帆,[99]发出近距离作战的信号，同时，命令前方队列拉开半条缆绳的距离。"

"伦敦"号向敌军开火时，与舰队其他船只间距不当，他就这一情况说道：

"'伦敦'号后面的第二艘舰船只是受到了轻微的损伤，而其后第三艘战舰则完好无损，显然，中锋舰队的间隔距离太大了。"

战斗过后的第二天，胡德写下了一份备忘录，其中满是批评之词，此备忘录已被公开发表。其主要内容如下：法国舰队的表现突出亮眼，英军舰队队形零乱，船距松散。先锋舰与中锋舰和殿后舰相距甚远，而且据法军官兵所说，先锋舰的位置似乎在舰队其他舰船的上风口处。因此，先锋舰过于暴露于敌前，极易受到攻击而得不到支援。据胡德估计："殿后舰赶来之前，我方可能已与敌军交战整整一个半小时。"依照当时的风向，舰队在左

## 第十章 约克镇沦陷前的海军行动：康沃利斯投降（1781）

舷行驶，因此格雷夫斯像法军那样，按照东西方向列队。但后来，按照格雷夫斯的战术指示，先锋舰向敌军逼近，其他战舰在后面跟进，结果双方航线不但没有平行，反而形成了一个倾斜角度，英国的中锋舰及殿后舰距离敌人过远，先锋舰距离敌人较近。单是这一点就会导致舰队无法并肩作战，只能相继投入战斗，这简直是个重大失误。胡德认为，舰队总指挥之后又连续发生了指挥错误，那就是列队战斗的信号旗直到下午 5 时 30 分，接近日落时分才撤下。在胡德看来，作战信号一旦发出，格雷夫斯的旗舰位置就决定着其他舰船的位置，任何舰船都不应该越过与敌作战的平行路线。因此，胡德对上级的批判虽严厉尖锐，却并未让人觉得他是在为自己的舰船没能参战寻找理由。

"若是旗舰撤下信号旗，命令中锋舰前去支援先锋舰，必将予以敌人迎头痛击；或是舰队总指挥身先士卒，加入近距离作战，即使列队作战的信号旗一直高挂，敌人的先锋舰也一定会被打得落花流水，英军殿后舰也会在适当的距离随同中锋舰，一起向敌人开火。因此，对于现在这种情况，该舰队的指挥官格雷夫斯少将[100]难辞其咎。"[101]

那天战术上的失策暂且不提，当务之急是考虑接下来如何行动。格雷夫斯打算与敌人重新再战，但傍晚时分，他得知几艘先锋战舰损毁严重，无力再战。然而，面对敌军，他依旧坚守阵地。9 日黄昏，法国军队最后一次露面。随后法国舰队"帆云密布"，集结舰船；10 日清晨，他们便撤退得无影无踪。胡德从他们这段时间的行动推断，德格拉斯无心再战，意欲返回切萨皮克。胡德暗示说，自己曾建议格雷夫斯先下手为强抢占切萨皮克。虽然有些舰船桅顶受损,但英军的炮台几乎完好无损,士兵们也大都安然无恙,部队尚可一战。英军只要在一天内攻下一个锚地,就可以建立起敌人无法攻破的防御,还可以掩护康沃利斯,拦截留在海湾的法国船只。对很多人来说,这样的说法就是吹毛求疵、无稽之谈,不应予以理睬,抱着这样想法的人不在少数。但胡德却值得拥有我们的尊重,因为几个月后,在战斗中陷入更大的困境时,他就是按照之前他所建议的想法做出了选择:他目标的重要性比起解救康沃利斯也不逞多让。考虑到德格拉斯的行事风格,我们有理由相信,如果德格拉斯在切萨皮克湾发现在此停泊的英国舰队,就像次年1月他在圣基茨发现胡德一样,一定会在入口处等待德巴拉斯,然后一并出海。而华盛顿和罗尚博只能眼睁睁看着康沃利斯从他们手中溜走。

9月10日,格雷夫斯决定烧毁"特里贝尔"号74门炮舰,这艘战舰自开战以来就一直处于搁浅状态。处理完毕后,舰队向切萨皮克湾进发,并派出一艘护卫舰前去侦察。13日,上午6时,格雷夫斯写信给胡德,信中称:侦查舰在切萨皮克的马蹄滩,也称浅滩的地方发现法国舰队的踪迹,想听听他对接下来的行动有何建议,胡德回复中安慰他说,这一切尽在他的意料之中。9日,(法国)舰队开始起航,8日晚,德格拉斯的真正意图就已经被他知晓。胡德说他"非常乐意发表意见,但是目前的处境不容乐观,此时实在不知道该如何应对"[102]。10日,德巴拉斯抵达海湾处,11日,他与德格拉斯会合,因此法国战舰已增加至36艘。战局发展至此,格雷夫斯返回纽约,于9月19日到达桑迪胡克。14日,华盛顿抵达约克镇,并在此担任总指挥,

## ·第十章 约克镇沦陷前的海军行动：康沃利斯投降（1781）·

由于法国舰队已经从水路对康沃利斯进行封锁，于是华盛顿下令从陆路靠近康沃利斯的部队。10月19日，7247名士兵和840名海员放下武器，英军被迫投降。在围困期间，众多海员也加入了战斗，在防御工事中坚守，工事中的炮台主要靠舰炮发挥作用。

格雷夫斯回到纽约后不久，罗伯特·迪格比（Robert Digby）少将便于9月24日从英国赶来，接替阿布斯诺特，担任指挥官职务，随行有3艘舰船，彼得·帕克爵士奉罗德尼之命派出的两艘舰船也已抵达港口。相关海陆两军的官员决定尝试支援康沃利斯，并任命格雷夫斯继续担任指挥，直至此次远征结束。然而，10月18日，格雷夫斯还未动身，康沃利斯的失败已成定局。随后，格雷夫斯前往牙买加，接替彼得·帕克爵士的职务。11月11日，胡德率领18艘战舰从桑迪胡克起航，12月5日，舰队在巴巴多斯下锚停泊。11月5日，德格拉斯率领整个舰队离开了美洲大陆，返回西印度群岛。

## 注释：

[94] 见前，第153页有关詹姆斯河谷事件的记录。

[95] 见前，第153页有关康沃利斯做法的描述。

[96] 地处沿古巴北海岸沿岸，位于古巴与巴哈马河畔之间。

[97] 特鲁德在"巴黎维尔"（The Ville de Paris）号装备了104门舰炮，使其无论在体积还是配置方面均称得上是首屈一指。

[98] 此举与拜恩在作战时所犯的错误如出一辙。

[99] 此前"伦敦"号处于停靠状态。

[100] 指胡德本人。

**燃海的怒火：美国独立战争中的海军行动**

[101] 该段文字出自海军记录协会出版的《胡德爵士信札》，参见第32页。列队作战的信号一直持续到下午5时30分，就这一关键事实，胡德所言与"伦敦"号日志中的相关记录大相径庭。据托马斯·怀特（Thomas White）舰长所说，他当时在一艘殿后舰上参与作战。"如果'伦敦'号的航海日志，或者舰队中其他任何一艘战舰的航海日志都能证实这一说法（指胡德对近距离作战的命令反应迟钝，拖拖拉拉），那么难以想象，我那天的所见所闻一定是大脑的幻觉，而那时升起的信号旗也并非英国旗帜，而是魔法召唤出的鬼火在对我发出戏谑嘲笑。"怀特和胡德一致认定，6时30分列队战斗的信号再次发出。（怀特：《海军探秘》，伦敦，1830年，第45页）

[102] 引自《胡德爵士信札》，海军记录协会，第35页。

# 第十一章　欧洲海军战况：达比驰援直布罗陀，多格河岸之战打响（1781）

1781年的欧洲，有两个关键性问题支配着交战方的军事行动：第一个问题是对商业，一方实行保护，另一方刻意破坏；另一个问题是对直布罗陀，一方进行进攻，另一方则采取防御。在欧洲水域，英吉利海峡舰队的军备力量远不及法国和西班牙的联合舰队，而此时荷兰海军也正对英国虎视眈眈。法国政府曾向其盟国表示，只要把海军力量集中到英吉利海峡入口附近，盟军就可以全面掌控局势。但西班牙军队一心要攻打直布罗陀，因此拒绝从加的斯撤军，直到夏末才从加的斯离开；法国海军则坚持将舰队留在布雷斯特。英吉利海峡舰队在实力上绝对优于法国舰队，但数量上不及西班牙舰队。

自1780年2月罗德尼离开直布罗陀以来，直布罗陀一直没有得到过物资支援，因此解决要塞补给问题刻不容缓。为此，1781年3月13日，乔治·达比中将率领28艘舰船组成的船

#### 燃海的怒火：美国独立战争中的海军行动

队，在强有力的护航下，从圣海伦起航。途经科克时，几艘补给船加入舰队，整个船队向直布罗陀进发，随行的还有5艘驶往东印度群岛的船只，以及西印度和美国之间的"贸易"船。航行途中，这几艘随行船只前后离开了主舰队。4月11日，主舰队到达了非洲沿岸的斯巴特尔角附近，并未遭到驻扎在加的斯的西班牙舰队拦截。4月12日中午，船队在直布罗陀湾停靠。当晚，13艘运输船在两艘护卫舰的护航下，悄然前往英属米诺卡岛，英国战舰一直在直布罗陀湾和海峡峡道中机动巡航。

护航队进入海湾时，被敌军围攻，遭到了猛烈炮击，但这并未能阻挠物资到港；途中大部分的阻击来自一支炮艇舰队，该舰队专门为此次围攻组建，舰队的战斗力集中在一门26磅炮上，它的射程已经远超舰队中的其他战舰。炮艇舰队以小船为主，既可以依靠船桨，也可以依靠船帆移动，只要风浪不大，就可以灵活选择攻击距离，频繁地袭扰停泊在锚地的运输船，因此，达比不得不派遣3艘战舰保护运输船。好在这些炮舰没有对护航战舰造成实质性的伤害，虽然袭扰给运输船队带来不小的麻烦和轻微的损伤，但并未妨碍卸货，也没有造成拖延。此次战斗再次表明，小手段难以取得大成果。换句话说，通过取巧的权宜之计，或集合多艘小型舰艇联合作战，也难以对抗大型舰艇的集中火力。"西班牙舰队不断制造麻烦，扰人心神，但迄今为止，他们既没能成功阻止补给被送往驻地，也没能炸毁船队，唯一给船队造成的损失，就是'纳实兹'（the Nonsuch）号的后桅被击中，需要转移。"[103] 4月19日，一个星期的时间，舰队完成物资补给

## 第十一章　欧洲海军战况：达比驰援直布罗陀，多格河岸之战打响（1781）

任务，启航返回英国；5月22日，到达斯皮特黑德海峡停航。

达比返回时，拉莫特·皮凯率6艘战舰组成的舰队和几艘护卫舰从布雷斯特港出海，前往英吉利海峡附近机动巡航。5月2日，英国船队带着在圣尤斯特修斯岛缴获的战利品，从西印度群岛返回，两支队伍狭路相逢。虽然英军大部分战舰都幸运逃脱，但拉莫特·皮凯还是缴获了30艘商船中的22艘，并送到了布雷斯特；达比派出8艘舰艇前往此处试图拦截法军，但为时已晚。

在接下来的长达三个月时间内，达比对舰船进行了整修，随后于8月1日左右再次出海，前去保护即将抵达的大型船队。由于受到逆风影响，行程延误，还未到达利泽德岛时，就有消息传来说，由49艘战舰组成的法国及西班牙联合舰队正在锡利群岛（the Scilly Isles）附近机动巡航。8月24日，他带领仅有的30艘战舰进入托尔湾，舰队在海湾入口处下锚停泊。

盟军的出现令英国当局大吃一惊，好似看到1779年英吉利海峡的入侵事件再度上演。西班牙因未能阻止英军支援直布罗陀而颜面无存，为挽回自己的声誉，便寻求与法国进行合作，攻击米诺卡岛。7月，德吉尚奉命率领19艘战舰出战；联合舰队在西班牙海军上将唐·路易斯·德科尔多瓦（Don Luis de Cordova）的指挥下，护送部队前往地中海，直布罗陀驻扎的巡洋舰对地中海区域鞭长莫及。德科尔多瓦从地中海返回到大西洋上，向英吉利海峡进发。舰队一直在外海区域航行以掩藏行踪。尽管他悄无声息地抵达了目的地，却没有打算利用优势获得战果。在一次军事会议上，与会人员就进攻达比舰队的问题各抒己见，德吉尚极

*189*

力主战，但是投票结果显示，大多数人认为，与其摧毁达比的舰队，不如拦截即将抵达的船队，这样能给予英国更为沉重的打击。最终，会议决定实施拦截计划，然而德科尔多瓦已经急不可耐。9月5日，他通知德吉尚可以随时返回布雷斯特；他自己也率领39艘舰船（其中九艘为法国舰船）回到加的斯。谢瓦利埃称："法国和西班牙对联合舰队巡航一事考虑不周，两国虽具备雄厚的军事力量，但其战果却寥寥无几。"这里还需提及一事，梅诺卡岛在受到六个月的围攻之后，于1782年2月投降。

1781年8月初，达比率领的舰队在英吉利海峡劈波斩浪，海德·帕克中将（后为罗德尼在西印度群岛的副指挥官）正护送一支大型商船队，从波罗的海返回英格兰。8月5日清晨，他们就在西南方向的多格斯班克附近发现了一支由护航队护航的荷兰船队，沿着外围航线，从特瑟尔岛驶往波罗的海方向。若两支舰队不变航向继续航行，很快就会航线相交，舰队相遇。因此，帕克命令船队转为西向驶往英格兰，而他自己率战舰向敌人方向驶去。荷兰海军上将约翰·阿诺德·祖特曼（Johan Arnold Zoutman）的做法相反，他命令商船停留于下风处，将战舰从船队中抽调出来，面向敌军形成战列线。敌对双方均投入七艘战舰作战。英军舰船的行进速度不一致，大都是从骑马道拖来的旧船，用来应付对抗英国的联合兵力带来的紧急战况，除了两艘新式74门炮舰船况良好、装备精良外，部分舰船的船体出现腐蚀现象，被迫减少了炮台数量，这大大削弱了船队的战斗力。而荷兰军舰由于承平已久，战斗力也并不强于

· 第十一章 欧洲海军战况：达比驰援直布罗陀，多格河岸之战打响（1781）·

英军。实际上，悲观地说，这两个舰队都属于入门级。两位海军上将的指挥方式，以及高涨的战斗欲，为这场殊死搏斗增添了几分喜剧色彩。微风吹拂，风向东北，海面风平浪静。荷兰舰队在左舷方向列队，向东南偏东方向航行，在下风处蓄势待发；他们升起上桅帆和前桅帆，舰船之间相距一缆绳的距离。荷兰舰队摆出这样坚守阵地的架势，毫无疑问一场硬仗必定在所难免。但是帕克认为，尽管仲夏的太阳还未升起，我们还是要准备好打败敌人后的全面追击。由于所有船只均需投入战斗，哪怕船况最差的舰船也竖起风帆跟上舰队，士兵们做好战前准备，开始操控风帆。帕克无疑还在为前一年罗德尼批评他的事情而耿耿于怀，另外，他在西印度群岛临时负责指挥时，对是否攻击敌人的岛屿一事举棋不定，再一次受到海军部的申饬，因此他决心这次一定要打出心有斗志的气势。"据说，他早上得知荷兰中队的兵力时，一边提了提马裤，一边说道：'他们的兵力是多是少并不重要，就算他们的兵力多加一倍，我们也会迎战。'"上午 6 点 10 分，所有舰船收到信号，列队齐头并进，几乎顺风而行。这种作战队形更符合规律作战的思路，领航舰可以收起轻帆，等待其他的船只各就各位。舰队行进速度很快，6 点 45 分，舰船受命互相靠近到一缆绳的距离，7 点 56 分，战斗信号旗高高升起。据说，信号升起的那一刻，一艘 80 门炮舰还在固定帆柱，因此可知，备战中随时采取行动，在战场上已是司空见惯。

表面看来这位荷兰海军上将谨慎周全，事实则是帕克轻率仓促。一位英国目击者写道：

#### 燃海的怒火：美国独立战争中的海军行动

"他们看起来秩序井然，吊床、三角帆等物品摆放井井有条，仿佛在海港里展演一样。水兵们肩头扛着滑膛枪，身姿笔挺，如接受检阅般整齐如一。荷兰海军的整齐军姿应该被舰队中的所有人铭记，因为仿佛心有灵犀，我们差点撞上他们的舰船舷侧。直到'坚毅'（the Fortitude）号的桅顶上挂起红旗，子弹打到船上，荷兰的海军上将才发出交战的信号，下令开火。祖特曼上将只把这次作战当成一次演习，我们无须感激他手下留情；他本可以拼尽全力重创我军舰队，然而他的作战方式却极其稚嫩外行，任由帕克按照自己的打算排兵布阵，祖特曼泰然自若地等待'坚毅'号发出进攻信号，他的指挥舰上才发出了开火信号。"

英国人就这样安然无恙地绕到了敌人的迎风处。因作战需要，导航船上的一名舵手接到命令，要拉近与敌方的距离。他问道："你说的靠近，是指离敌舰大约一船宽的距离吗？"英国官方报告称："直到交战两方驶入超近射程的一半以内，双方才开火。"一名旁观者形容帕克精力充沛、容光焕发。但他此时犯了一个常规性错误，多少让他的队伍秩序有些混乱。根据作战传统，旗舰应该对战旗舰，如全面追击的信号发出，所有舰船都要一一追击敌方对应的船只，舰队扩散开与敌人交战。当时，帕克一如既往，在队列中央的第四艘舰船上指挥，但不知何故，祖特曼却在第五艘舰船上。因此，帕克舰队的第四艘舰船对上了敌军舰队的第五艘舰船。结果，后面余出来的一艘英国舰船一时间找不到对战目标，而第二艘和第三艘舰船却发现他们两艘舰船需要与三艘荷兰舰船对战。上午8点，列队战斗的信号旗被撤下，近距离作战的信号旗随后升起，这一错误才得以终止。

· 第十一章 欧洲海军战况：达比驰援直布罗陀，多格河岸之战打响（1781）·

很快，所有舰船战意高昂，投入战斗。战斗分阶段进行，一直持续到上午 11 点 35 分，两支舰队中的领航舰受命到达战列线的下风处，而英国的两艘舰船被迫转移到迎风处站好位置。开战前，英国商船队就已经驶向英国，荷兰船队也效仿此举，在战斗进行到一半的时候，调转航向，回到了特瑟尔岛。两支船队唯一的不同就是荷兰船队放弃了原定航线，而英国船队则按原定航线到达目的地。11 点，帕克起航，带着旗舰在敌舰和"野牛"（the Buffalo）号中间穿过；"野牛"号当时紧挨着帕克指挥舰，在它的前面航行，在英国舰队排在第三个位置；三艘殿后舰船遵循前方列队的命令紧随其后航行，该命令于 10 点 43 分下达。[104]在此次战斗过程中，荷兰舰队攻势猛烈，光荣地坚持到战斗结束。炮击结束后，英国舰队转向下风，战斗鸣金收兵。帕克在日志中写道："我曾努力想要重新列队，再次发起进攻，但最后无法实现。敌人似乎也同样疲惫不堪。两支距离不远的海军舰队迎风停滞了很长时间，之后荷兰舰队和他们的船队向特瑟尔岛驶去，我们已无力追击。"

这场战斗中令人满意之处是将士们英勇无畏，但令人最不满意的是战斗本身，华而不实，不堪称为战斗。英国商船圆满完成了他们的航程目标，而荷兰船队却不得不返回他们刚刚离开的港口，可以说，帕克是最后的赢家，也在此次胜利中起到了举足轻重的作用。除却第二天有一艘荷兰船只沉没，其余情况依旧如故。然而这次战斗英军损失巨大，104 人死亡、330 人受伤，同凯佩尔战役中的损失同样严重，而凯佩尔战役中对峙双方各有 30 艘战舰参战；这个损失程度也堪比罗德尼 4 月 17 日的战斗，

燃海的怒火：美国独立战争中的海军行动

但彼时英军有20艘战舰参战；与格拉夫斯在切萨皮克海的行动相比，本次战斗的损失还要大一些；从人员伤亡比例来看，损失可谓与东印度群岛中苏弗轮与休斯的血战不相上下。有报道称，荷兰军队共142人死亡、403人受伤。从船只损伤情况来看，双方进攻时都瞄准了船体，因为虽然高空炮弹会使船顶桅受到损伤，但是很少有桅杆能够被彻底击断。"野牛"号是一艘小型战舰，在敌方的枪林弹雨中，被39颗炮弹击中了船身，大量的炮弹落空；英国的先锋舰只被14发炮弹击中，说明荷兰舰队的射击命中率很低。

在作战的基本部署上，帕克第二次被罗德尼这样开明的战略家批评，认为他指挥不当，这一点不足为奇。这位海军中将把自己的失利归咎于战舰质量低劣。战斗后，乔治三世在视察舰队时对其赞赏有加，但帕克并没有接受这份赞誉。"我希望陛下可以建造稳固的战舰，招募年轻的军官。"他说，"至于我，如今年纪大了，已无法为国效力。"此战帕克没有获得任何嘉奖，而且他曾直言不讳地表示，即使海军部授予任何嘉奖，他也断然不会接受。他表示在和平时期政府疏于对海军的管理，让国家面对战争毫无准备。这位英勇的老将不久之后受命到东印度群岛指挥战事。他乘坐"加图"（the Cato）号前往驻地，从此杳无音讯。

此次战役，虽战绩平平，帕克的表现却值得永远纪念；毕竟，战斗中虽然战略战术举足轻重，但帕克这种碧血丹心的品质对于作战部队而言同样不可或缺。

· 第十一章　欧洲海军战况：达比驰援直布罗陀，多格河岸之战打响（1781）·

# 注释：

［103］引自比特森，《军事和海军回忆录》，第五章，第347页。

［104］约翰·罗斯（John Ross）爵士曾是旗舰的中尉，他在《索马里兹的一生》一书中提到，旗舰仅仅超越了"野牛"号，殿后舰一直紧随其后。文中的版本参照了埃金斯（Ekins）所著的《海军战斗》，书中另一位中尉对此曾做出详尽叙述。由于埃金斯也是以海军军官的身份出席的，因此算是提供了两个证人的证词。

# 第十二章 西印度群岛的最后一次海战（1782年4月12日）

胡德与德格拉斯短兵相接，罗德尼与德格拉斯兵戎相见

1781年末，西印度群岛海域发生了一次战斗，比欧洲海域的大多数战斗意义更加深远，该战斗将人们的兴趣自然而然地再次转移到了西印度群岛。整个夏天，法国政府一直都觉得有必要向德格拉斯增援船只和补给，但所需的运输舰队和战略物资要到12月份才能募齐。这些增援物资对下一次战役非常重要，英军非常有可能试图拦截这支船队，德吉尚上将奉命率领12艘战列舰保护运输船队离开比斯开湾，前往加的斯。12月10日，德吉尚离开布雷斯特时，5艘驶向德格拉斯的战列舰以及2艘前往东印度群岛的战列舰加入其舰队，使他的舰队中舰船的总数增加至19艘。12日下午，法军舰队航行在距离韦桑岛西南150英里的海面上，风向东南，原本浓雾弥漫、狂风大作的天气突然放晴，

## 第十二章　西印度群岛的最后一次海战（1782 年 4 月 12 日）

舰队迎风扬帆而行。理查德·肯彭费尔特（Richard Kempenfelt）上将率领 12 艘战列舰，一艘 50 门炮舰和几艘护卫舰，于 12 月 2 日离开英国，到达此处机动巡航，等待敌方船队的到来。法军兵力充足、坚不可摧，但德吉尚将军平日行事谨慎小心，他命令其战舰在船队下风处和前方行驶。英军突然以迅雷不及掩耳之势突袭而来，运输船队四散而逃，但无路可去；他们被英军打得拖着船旗左右奔逃时，法军战舰束手一旁，毫无对策。夜幕降临，虽然一些战利品无法得手，但肯彭费尔特还是虏获了 15 艘满载战备物资和海军补给的船只，这些物资不仅价值不菲，而且具有重大的军事意义。几天后，疾风暴雨将法军残部彻底打垮。整个船队只有"胜利者"号 84 门炮舰和"勇士"（Brave）号 74 门炮舰这两艘战舰以及 5 艘运输船有能力继续前往西印度群岛，其余船只则返回了布雷斯特。人们认为，这一事件打响了 1782 年西印度群岛海军战役的第一枪。

肯彭费尔特在返回英格兰之前，将詹姆斯·索玛雷斯（后来成为杰出的海军上将）中校[105]率领的火攻船"提西福涅"（Tisiphone）号 8 门炮舰，派往西印度群岛给胡德送去快件，带去了法国人渐渐靠近的消息。索玛雷斯先是去了巴巴多斯，1782 年 1 月 31 日在圣基茨利背风面的巴斯特雷路与胡德会合；6 天前，胡德凭借一次出色的战斗让德格拉斯从这里溃败撤离，这与去年 9 月他在切萨皮克湾解救康沃利斯时，和格雷夫斯商议的行动计划相似。[106]法国陆军和海军对圣基茨的进攻拉开了 1782 年战役的序幕；法国舰队当时甚至已经在圣基茨与尼维斯之间的下风处机动巡航。

·207·

#### 燃海的怒火：美国独立战争中的海军行动

巴巴多斯是英属东安的列斯群岛中最重要的一个地点，德格拉斯和德布伊尔（de Bouillé）的原计划是攻占这里；但在当时，信风猛烈，使得冬季迎风航行漫长而沉闷，并两次将法军逼返回港口。胡德写道："上个月 17 日，整个法国舰队在圣卢西亚附近活动，试图迎风航行，在与狂风搏斗的过程中，很多舰船的顶桅和帆桁都被大风吹落，无奈于 23 日返回皇家堡湾；28 日，40 只运输船再次被派出进行第二次尝试，目标不变。"1 月 2 日，舰队离开圣卢西亚，在马提尼克稍作停留后于 5 日继续前往圣基茨，11 日在巴斯特尔岛停泊。英国驻军撤退到该岛西北部的一个防御阵地——布里姆斯通山，而岛上的土著居民却向法国军队投降，并承诺保持中立。20 日，邻近的尼维斯岛也以同样的条件向法军投降。

1 月 14 日，圣基茨总督雪利（Shirley）将军向驻守在巴巴多斯岛的胡德发出快信，说：10 日他们从尼维斯的高地上望去，发现一只庞大的舰队正在逼近。接到消息后，胡德在面包和面粉短缺、补给被切断且舰船状况不佳的情况下，仍立即出海驰援。他在给海军部的信中写道，"'总统'（the President）号[107]加入后，我将有 22 艘强大的战舰，我在此通过您向各位大人保证，无论德格拉斯方兵力如何，我定会前去与他决一死战。"途中，一艘向他驶来的舰船带来消息说，法国舰队已经占领了圣基茨。21 日，他在安提瓜停泊，对船只进行维修和补给，在他所计划的行动中，这些准备是维持海上航行和战斗的必要条件，而该行动会持续多长时间根本无法预见。船上大约有 1000 名陆军士兵，加上从舰队抽出的海军陆战队士兵，他的登陆部队人数可达到

## 第十二章 西印度群岛的最后一次海战（1782年4月12日）

2400 人。

圣基茨距离安提瓜不到 50 英里，毫无疑问胡德现在已经掌握了敌军部署的准确信息，可以有的放矢地制定明确、成熟的作战计划。似乎他手下所有的船长早已对此心照不宣，他的学生纳尔逊就是如此——如果说胡德有学生，纳尔逊必在其中。据"加拿大"号的航海日志记载："上午 9 点 15 分，海军上将向所有的海军将官发出了信号；下午 4 点，海军上将和海军准将向他们各自舰队的舰长们发出了信号。"1 月 23 日下午 5 点，舰队起锚向尼维斯进军，要绕过该岛南端，此行须靠近巴斯特尔，因为尼维斯与圣基茨之间的海峡战列舰无法通过，严格上来说，这两个岛屿其实是连在一起的一座岛。此外，由于它们的共同中轴线在西北和东南方向，因此航行只有在南向信风的情况下才不会受到影响。

巴斯特尔是德格拉斯的驻地，与尼维斯南端相距约 15 英里。锚地位于东西两侧，当时法国舰队有 24 艘战舰和两艘 50 门炮舰，毫无秩序地停靠在锚地里，吃水 3—4 米；东面锚地的舰船停泊顺序混乱，很容易让乘着信风从南部逼近的敌人有机可乘，而那些停泊在西面的舰船根本无法迅速赶来支援。事实确实如此。我们得知，当天日落前，风和日丽，胡德从仅 60 英里远的地方出发，希望赶在第二天黎明时分突袭法军，袭击其气象观测船，并从那里沿着敌军航迹寻找有利位置。这样，他的纵队就能整体接近敌人舰队的一端，将敌军队伍拦腰截断。如果敌人仍未撤退，英军将继续向南，掉头迎风前进，再抢风行驶，继续发起进攻。

然而这合理的期待、美好的构思却随着夜里一次撞船意外而烟消云散,一艘名为"妮姆菲"(the Nymphe)号的36门炮护卫舰与前锋战列舰"阿尔弗雷德"(the Alfred)号74门炮舰发生了碰撞,"阿尔弗雷德"号的修理工作延误了舰队的出发时间,舰队靠近敌军时正值白天,被敌军发现。发现英军后,德格拉斯出海迎战。他猜测到胡德的目的是把增援物资运往布里姆斯通山;此外,敌军现在所处的位置正位于己方舰队与从马提尼克岛驶来的四艘战舰之间,其中有一艘在当日刚刚与他会合。日落时分,法国舰队已全部出发,顺风向西南方向行驶,迎向英军,英军于下午1点绕过了尼维斯的南端。天色渐晚,胡德舰队改变方向,也向南向驶去,似乎是在撤退。

随后,整个晚上,为了一直保持迎风位置,英舰队多次抢风行驶。1月25日拂晓,两支舰队行驶至尼维斯以西;英军在靠近岛屿一侧行驶,法军航线与其平行,但距离下风处数英里。虽然在第一个春季,胡德的计划因为意外事件夭折,但他并未放弃建功大业,他提议占领法军撤离的锚地并在那里发展壮大,就像他在切萨皮克向格雷夫斯提议的一样,他认为只有这样才能建立稳固的基地。圣基茨岛具备阵地防守的特殊优势,这里的锚地是一片狭窄的岩脊,旁边就是深深的水涧;舰船如果停泊在这里,敌军就无法轻易靠近。

25日上午5点30分,胡德发出信号,下令在右舷列队迎战,舰船之间间隔一根缆绳距离。[108]据康沃利斯船长指挥的"加拿大"号74门炮舰上的日志记载,该舰7点钟进入指定位置,位于舰队右侧第四位。10点钟,战列线集结完毕,各舰船全部就位。

· 第十二章　西印度群岛的最后一次海战（1782年4月12日）·

10点45分，胡德发出信号，命令舰船前进，先锋舰与旗舰一样升起了顶帆和前帆，中午之前接到它们命令准备下锚，缆绳上装有到缆。法军在左舷向南航行，而英军则在右舷方向停泊，法军在英舰队下锚的时候就开始行动，以首尾纵队形式包抄过来。[109]

中午时分，英国舰队在尼维斯高地的下方海面航行；因为距离岸边太近，一艘护卫舰"索莱贝"号28门炮舰触礁失事。此时旗舰不用再发送任何信号，除非要纠正命令中的违规行为，因为舰长们对于接下来的行动已经了然于胸。法舰队正在步步逼近，但由于他们是向着敌人阵列线的方向行进，所以落后于英军舰队。下午2点，德格拉斯的旗舰"巴黎之城"（the Ville de Paris）号数次向英军殿后舰开火，当时舰队落后，射程只能打到英军殿后舰；此时，德格拉斯舰队的左翼靠近了胡德的旗舰"巴弗勒"（the Barfleur）号以及跟在它后面的英军舰船，即英军纵队的中锋舰，双方于2点30分开火。由于胡德对舰长们信心十足，因而忽视了敌军对后翼的威胁。先锋舰收到张帆下锚的信号，下午3点30分，领航舰在前方列队停好（图1，a），这样，先锋舰队就被他们的殿后舰及后部的中锋舰掩护在了里侧（b）。法国舰队正对殿后舰发动猛烈的炮火攻势。"加拿大"号和它后面的"谨慎"号64门炮舰之间间隔的距离很大，"谨慎"号是一艘大型风帆战列舰。法军海军上将向前逼近，试图从中间切断英军战列线，拦住后方的三艘舰船；但康沃利斯见此情形立刻向"谨慎"号靠拢，挫败了他的计划。他前面的"决心"（the Resolution）号和"贝德福德"（Bedford）号74门炮舰也效仿这一

燃海的怒火：美国独立战争中的海军行动

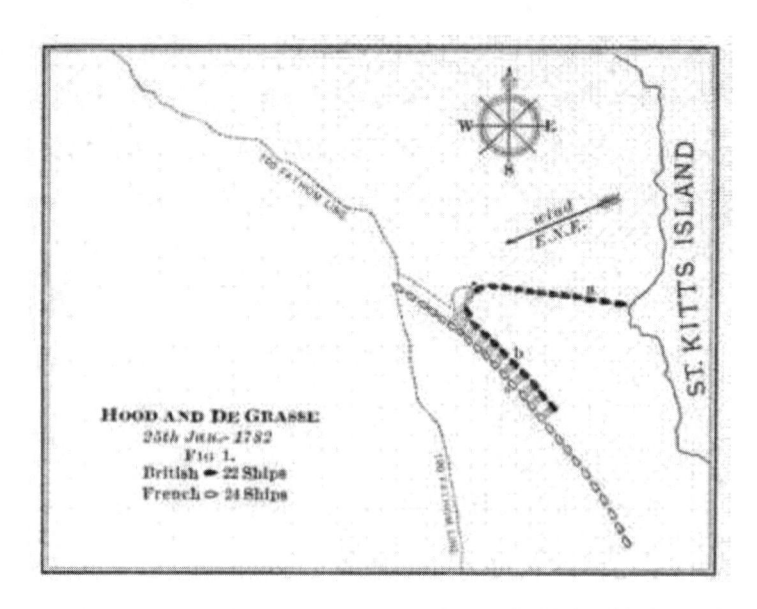

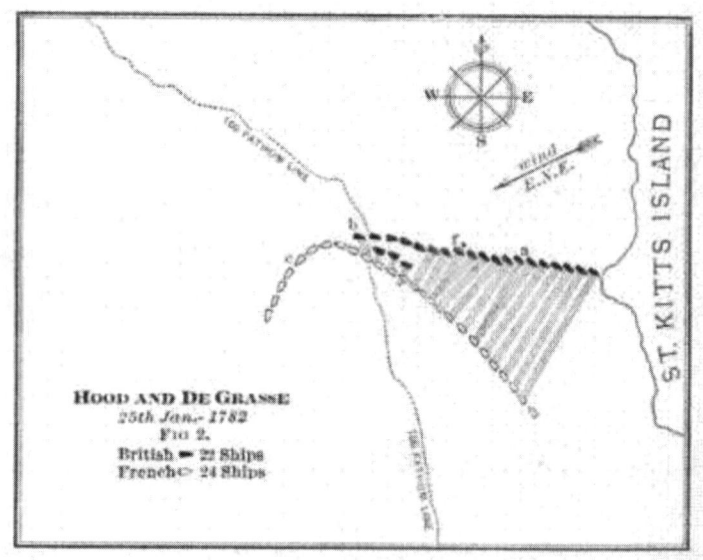

图1和图2 1782年1月25日，胡德与德格拉斯之战

· 第十二章 西印度群岛的最后一次海战（1782年4月12日）·

激励人心的做法。德格拉斯截断敌军的计划付之东流，但当时的确险象环生，一位军官在一艘停泊的船上望去，他说有那么一瞬间他能看到"巴黎之城"号的三角帆已经进入英军战列线内。当英军殿后舰推进就位后，挡住了那些向正在停泊的先锋舰和中锋舰打来的炮火（图2，a），随后，这些舰船共同向敌人开火，此时敌军大部分舰船还在英军纵队后方，先锋舰和中锋舰还没有对应的攻击目标，但它们加快行动，以期尽快投入战斗。胡德的旗舰，(f)，于下午4点03分下锚，4点40分又重新开火。因此，当"加拿大"号和它旁边几艘舰船收缩风帆掉头顶风停下时（b），首当其冲仍然遭到敌军的连续炮轰，前面的己方舰船用密集的炮火对它们进行支援，掩护它们的行动，让敌军无暇旁顾。"加拿大"号逐渐靠近纵队的尾部，随后匆忙驶离，它尾部的两根缆绳断裂，声呐探测显示，它的船锚入水处水深150英寻。法军纵队关掉声呐继续前行，两支舰队距离较近，法舰经过敌舰时开火，随后依次转向下风，向南行驶，在左舷方向退出战斗，(c)，其无效的侧舷射击让战事更加恢宏，气氛更加热烈，给胡德的胜利与勇敢增添了荣耀的光辉，胡德的胜利怎样赞誉都不过分。罗伯特·马内斯（Robert Manners）勋爵是英国舰队后方第五艘船"决心"号的舰长，一周后他对这一成就作出评价，这一评价受到后来学者的肯定。他说："占领这条航线的决策非常英明，将士们行动果断、执行有力，法军虽然有可乘之机，但他们自己与机会失之交臂，因此我军殿后舰没有受到重创。先锋舰和中锋舰正在下锚时，殿后舰与敌军中心部队交战（图1）；随后在我们起锚时，已经停泊且安置好的中锋舰又给我们做了掩护（图2），我想这是我见过的最巧妙的军事配合了。"不管是充分的战前准备、最后挺进前对舰队的巧妙管理，还是他运筹帷幄下的勇气、坚定睿智的战术处理，无论从哪个角度看，胡德的这次行动的辉煌战绩，比起纳尔逊毫不逊色，[110]全部战事于5点30分结束。

当然，在下一次战斗之前，还需要对这种条件下下达的命令进行一些调整。舰队的停泊位置在很大程度上取决于先锋舰的泊位，因此胡德特意在舰上安排了一名来自当地的舵手；然后，战斗结束后，他发现舰队距海岸的距离并没有他预想的那么近。而由于锚地的特殊地理位置，几艘殿后舰自然停位最为混乱。其中三艘殿后舰被安置在先锋舰前方，拉近了船与船的间距，而其他殿后舰也根据具体方向调整了泊位。最后确定的顺序（图3）如下：先锋舰紧靠海岸停泊，不为敌军可能在海岸和先锋舰的中间通过留下空隙；由于外侧的海角和浅滩遮挡住了先锋舰的位置，敌军也不可能借助风势靠近。自先锋舰起，舰船排成一线向西北偏西方向延伸，排到第十五艘船，即胡德的旗舰"巴弗勒"号98门炮舰，随后的舰船转为北向，最后六艘舰船排列方向为南北呈一线列队。这六艘舰船侧舷向西，对自南向北来的敌军形成纵队进行拦截，这是敌舰唯一的来向，如果这条纵队没有拦住敌人，他们就会肆无忌惮地对主战列线进行包抄。主战列线舰船缆绳上都装有到缆，到缆使这些舰船能够调转方向，用它们的炮台射出炮火覆盖一个大圆弧的范围。

次日破晓，也就是1月26日，各舰船开始变换位置，当时法军在东南偏南方向七八英里远的海面上。上午7点钟，法军扬帆航行，编成战列纵队，向英军的先锋舰驶去。"加拿大"号从早上5

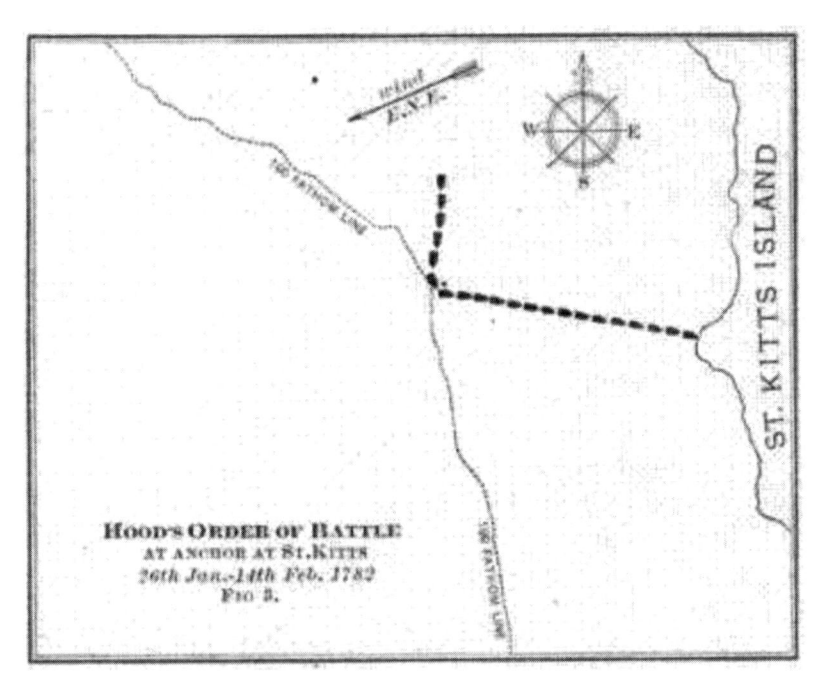

· 第十二章 西印度群岛的最后一次海战（1782年4月12日）·

**图3 1782年1月25日，胡德和德格拉斯之战**

点钟就开始处理200多英寻长的缆绳，最后无奈只能将缆绳砍断，"我们损失了小船锚和两根缆绳，上面挂着的8英寸和9英寸长的系船索被我们弄弯，用来制作到缆"。这艘船需要迎风航行，还要跟上舰队，海军少将命令它继续保持航行。10点50分，命令传来，让其下锚停船，支援殿后舰。行动在上午8点30分和9点之间开始，法军的领航舰驶向英军的先锋舰，似乎想要穿过战列线并将其包围。胡德对此已经做足了预防措施；然而，当敌军舰船靠近时，他的船正处在迎风位置，船速慢只能追上法军的第三艘船。这艘船和前后的舰船一起向胡德的船开火。"旗舰遭到了敌人舷炮

· 215 ·

的猛烈炮击,没有来得及避开对手那冰冷而密集的强大火力,整块船板被炸得飞离了船身。"[111] 接着,旗舰将舵柄向上推,在英军战列线外侧快速行驶,法军舰向它接连开火。旗舰后面的船只也跟随它行驶,不过这些舰船或早或晚都与它拉开了一定的距离,只有德格拉斯的旗舰,不仅靠了过来,还将其后桅桁逆着风向,[112] 放慢行驶速度。远离"巴夫勒尔"号时,德格拉斯的旗舰向左打舵,使船帆向后倾斜,用了很长时间才把英军舰队甩在后面。"在此过程中,它后方和正前方的舰船都来支援解围。在战场一隅的这一场短暂又激烈的冲突中,在长达20多分钟的时间里,浓厚的炮火烟尘笼罩着海面,除却'巴黎之城'号主桅顶上德格拉斯的白旗优雅地在大雾上方飘扬,其余似乎什么都看不到了,微风袭来,吹开一些雾气,一些船只在雾中若隐若现。"[113]

弗朗索瓦·约瑟夫·保罗,　　　　海军上将,胡德勋爵
德格拉斯伯爵,蒂利侯爵

· 第十二章 西印度群岛的最后一次海战（1782年4月12日）·

法国人虽然骁勇善战，但如此老套的战术还是无法对胡德构成威胁。下午法军再次尝试进攻，但士气大不如前，除了对中锋舰和殿后舰发起攻击外，没有取得任何其他成果；最终，法军狼狈撤退，胡德成功占领这片区域。两日来几场战斗的伤亡情况为：英军72人死亡、244人负伤；法军107人死亡、207人负伤。此后，法国舰队继续在圣基茨岛的下风处机动巡航，几乎每天都试图逼近，经常采取要进攻的威胁之态，偶尔也会远距离交火；但双方从未发生过激烈交战。布里姆斯通山仍是英法两军关注的焦点，岛上只有英国的旗帜在孤零零地飘扬。德格拉斯在等待英军向他投降，他自鸣得意地认为，英军将被迫出海，而他的舰队会有舰船接连抵达，战舰将会增加到32艘，届时他一定会找到机会给胡德致命一击，击溃这个在1月25日和26日在技术和战略上完胜他的人。没想到，他高估了自己的能力，低估了对手的迅捷。因兵力不足，胡德无力支援布里姆斯通山；此时法军已有6000人登陆，英军却只有2400人，他们无论单独作战，还是与只有1200人的守军合作，都会寡不敌众，无力扭转战局。没想到，德格拉斯的围困计划却在2月13日夭折了。由于他忽视了船只补给供应，不得不在第二天率队来到尼维斯，在那里停泊后，将那里的补给物资全部运到了船上。当天晚上，胡德召集舰队舰长，向他们解释了他的脱困计划，让大家按照他的表校对了时间，晚上11点钟，缆绳被逐一切断，浮标上留有灯光，英国舰队悄然离去，绕过圣基茨岛的北端，向安提瓜岛驶去。第二天一早，德格拉斯睁开眼睛时，英军已经杳无人迹。罗伯特·马内斯勋爵写道："这次行动没有任何意外发生，我们简直再幸运不过了。从整体上看,虽然我们的目标并未达成,但由于执行力很强,所以在很大程度上牵制了敌人;哪怕敌人都对胡德将军充满溢美之词,哪怕我们只献给他敌人半数的夸奖,塞缪尔·胡德爵士也会在公众中享有很高的威望。"

胡德本想返回巴巴多斯;但2月25日,他在安提瓜的上风处与一周前从英国抵达此处的罗德尼会合,罗德尼此次带来12艘战舰。这位新上任的总司令想要阻止德格拉斯登陆马提尼克岛,没想到法国舰队于26日已经完成了登陆。罗德尼于是前往圣卢西亚,对胡德的舰船进行改装,为即将到来的战役做准备。据了解,盟军的第一个目标是征服牙买加。一支庞大的法国补给船队目前正在从布雷斯特赶来,船队的到来可以补给肯彭费尔特的袭击所带来的损失,以及弥补12月份的恶劣天气所造成的损耗,这也是确保盟军取胜的一个重要条件。当时罗德尼的舰队共有战舰36艘,胡德建议将其一分为二,一部分在多米尼加北部,即该岛与德赛达之间机动巡航,另一部分守卫马提尼克岛与圣卢西亚之间的南部通道。然而,罗德尼并不愿意全部听取这个建议,他只采纳了部分提议,让胡德部队在马提尼克岛北端的上风处驻扎,最远巡航到多米尼加岛以北,让中锋舰队和殿后舰队顺着马提尼克岛的中部和南部的地形驻扎;它们之间通过中间的船只联络。从记载此事的字里行间可以看出,胡德似乎试图按照自己的想法将巡航区域向北延伸,但就在此时,罗德尼将他召回。之后,法军船队在两艘战舰的护航下通过了德赛达北部,并于3月20日安全抵达马提尼克岛。德格拉斯的战舰因此增加到了35艘(含两艘50炮舰),能够与英军的36艘战舰进行抗衡。月底,

## 第十二章 西印度群岛的最后一次海战（1782 年 4 月 12 日）

罗德尼返回了圣卢西亚，并在那里停泊，部署一列护卫舰队监视着皇家堡法军舰队的动向。

德格拉斯目前要解决一个迫在眉睫的难题，即如何迈出征服牙买加的第一步。他需要护送商船队返回法国，还需要将补给船安全送到弗朗索瓦角，这些补给船对他的征服大业至关重要；他要安排舰队的 35 艘战舰保护 150 艘手无寸铁的商船，而英军的 36 艘战舰在一旁虎视眈眈。由于信风风向良好，他打算沿着加勒比海的北部海岸边缘航行，这样他就能靠近交往良好的港口，一旦有需要，船队可以就近避难。

按照该计划，法国军队于 1782 年 4 月 8 日出海。罗德尼很快得知了这一消息，中午时分，他率整个舰队离开锚地，开始追击。这时，巴林顿征服圣卢西亚的重要意义得以凸显；如果英军留在巴巴多斯（这是最有可能的选择），他们对法军的行动将一无所知，并且只能从 100 英里外开始追击，而现在他们与法军仅仅相距 30 英里。如果英军在马提尼克岛前机动巡航时就处于这种劣势，他们就会遇到船只缺水和物资供给不足的困境，而在圣卢西亚，这些资源都可以得以保障。我们既不忽视失败一方的失误，也不夸大胜利一方的功绩。实事求是说，在接下来这激动人心的一周里，从战斗的开局就可以看出哪一方一直累积疏忽大意的恶果，哪一方又不断在战前准备累积成功的基础，这些小的积累在开始可能看起来微不足道，但最后却能明显地警示出：战争博弈中先失一分极其危险。从一开始，由于前任指挥官和自己的错误，德格拉斯就已经失去了先机。圣卢西亚之所以能成为英军的前哨，不止是因为巴林顿锐意进取，德斯坦的懒怠风格以及在战斗中畏首畏尾的表现也是一个重要原因；在德格拉斯放弃圣卢西亚而选择多巴哥和圣基茨岛这一点上，人们甚至会质疑，他本人是否充分了解了当时的战略条件？要知道，在前一年胡德还对此事忧心忡忡。当然，庞大的船队可能让德格拉斯的行动举步维艰，也不能将错误全部归咎予他一人；但是有一个错误却完全是德格拉斯造成的，那就是在追击他的 36 艘船中，有 21 艘是他数周前本就可以一举击溃，这里就更不用提他在 1781 年 4 月遭遇的相似的败仗。[114]

大型船队通常要比小型船队行驶速度慢。英军在出发当天的下午 2 点半，罗德尼的瞭望哨已经发现了法军舰队的身影；日落之前从主力舰队的桅顶上，就可以目力所及。第二天，也就是 4 月 9 日早上 6 点，胡德的旗舰"巴弗勒"号在先锋舰队中航行，从它的甲板上就可以看到敌军的船队和护航舰队。法军转向东北方向，船队延绵 4—12 英里，从多米尼加中心附近一直向北延伸至瓜德罗普岛。英军在夜间加快行船速度不断缩短与法军的距离，中锋舰已经到达多米尼加附近，航行到了敌军殿后舰的下风处，此时敌军殿后舰在多米尼加岛附近由于无风处于滞风状态。大约 14—15 艘法军先锋舰已经穿过了多米尼加与瓜德罗普之间的海峡通道，迎来新鲜的东北信风，他们借助风力转至向北航行；此时，一些舰船偷偷离开了多米尼加高地加入舰队，因而法军队伍渐渐壮大。胡德的所属舰队采取了同样的战术，成为总舰队的先锋舰，占据风向之利，胡德带领八艘舰船排成战列线向北航行。在他的西北方向有两艘法军舰船，这两艘船与主舰队脱离，面临被拦截的危险（i），然而，这两艘舰船非常勇敢，它们

## 第十二章　西印度群岛的最后一次海战（1782年4月12日）

从胡德纵队的队首前面穿过，其中一艘船距离旗舰"阿尔弗雷德"号近在咫尺，"阿尔弗雷德"号被迫向下风行驶，给它让路。罗德尼在早上6点38分发出交战信号，但立即又收回命令，在没有得到命令的情况下，胡德没有开火。因此，这两艘船毫发无损地重新回归了它们的主力舰队。8点30分，法军挂上了他们的发令旗帜，不久之后，来自多米尼加的那些舰船抢风向南行驶，与胡德的方向正好相反。

德格拉斯现在已经意识到，只要继续与补给船队同行，他就必定会和英军交锋。因此他指挥两艘50门炮舰——"实验"（Expériment）号和"射手"（Sagittaire）号，保护补给船队前往瓜德罗普岛，并于当天安全抵达该岛（图1，dd）；然后，他命令舰队迎风穿越多米尼加与瓜德罗普岛之间的海峡通道，在通道中间有一座叫做桑特岛的小岛，之所以取这个名字，是为了纪念4月12日的战役。之所以选择这条路线，他不仅希望可以把敌军的视线从补给船队上引开，还希望通过航速优势摆脱敌军追击，安然无恙地完成任务。法国的舰船比对手的舰船体积更大、吃水更深、组队更快，自然性能也更好，由此看来，即便英军的舰船船底包铜，也无法完全克服英军原有的劣势。

然而，就在德格拉斯刚刚开始按照这个计划行进的时候，在胡德纵队出现的位置，有战机乍现，发出让他无法抗拒的微妙吸引力（h）；面对这样的战机，德格拉斯没有孤注一掷，而是采用了折中的办法。如果能够抓住这个战机，胡德将被彻底击溃，英军舰队会沦为法军的手下败将；胡德受挫后，英军舰队的整体力量会难以为继，或许会打消进一步追击的计划。德格拉斯决定采

### 燃海的怒火：美国独立战争中的海军行动

用第二条航线，命令部分舰队发起进攻。这次行动是由副指挥官德·沃德鲁伊尔（de Vaudreuil）侯爵指挥。参与战斗的战舰从上风处驶来，对胡德的殿后舰发起攻击，然后向北（f）沿着胡德纵队的迎风面，远远地排成平行的一排，超越胡德的纵队后又一艘接一艘向右抢风行驶，绕到己方舰队的最后方列队，（f^2）并重复之前的动作（图1和图2）。这样一来，法军的15艘舰船不断从英军的8艘舰船旁经过，形成了一个连续的椭圆形。法军之所以能实施这个战术，是因为胡德舰队奉命低速前进，以免与英军中锋舰（a）和殿后舰（c）拉开太远距离，由于此时无风，他们只能滞风在多米尼加（图2）附近。法军选择了远距离射击，因为舰队缺少大口径短炮，而英军即使拥有充足的大口径短炮，也由于其射程短，口径大，无法派上用场。如果它们能够发挥作用，就会对法军的锁具和船帆造成重创。胡德的日志记载，第一次交战（图1）从上午9点48分持续到上午10点25分。中午12点14分，战斗再次打响，炮火攻势更加猛烈（图2），一直持续到下午1点45分，当日的交战才停止；罗德尼在2点钟发出了停止作战的信号。这两次交战的情形大致相同，交战中间胡德纵队得到了增援，英军大部分中锋舰也赶来与法军主力舰队发生了交火，尽管只是远距离开炮。那天晚上罗德尼向胡德写信说，"敌军除了两艘殿后舰，其他舰船只是远距离开炮，我没有还击。"

英军参加此次战斗的舰船虽然有一定的损毁，但是情况并不严重，还不至于退出舰队。"皇家橡树"（The Royal Oak）号被打掉了主桅，"勇士"号的主桅在两天后也折断了，有可能是炮

## 第十二章 西印度群岛的最后一次海战（1782年4月12日）

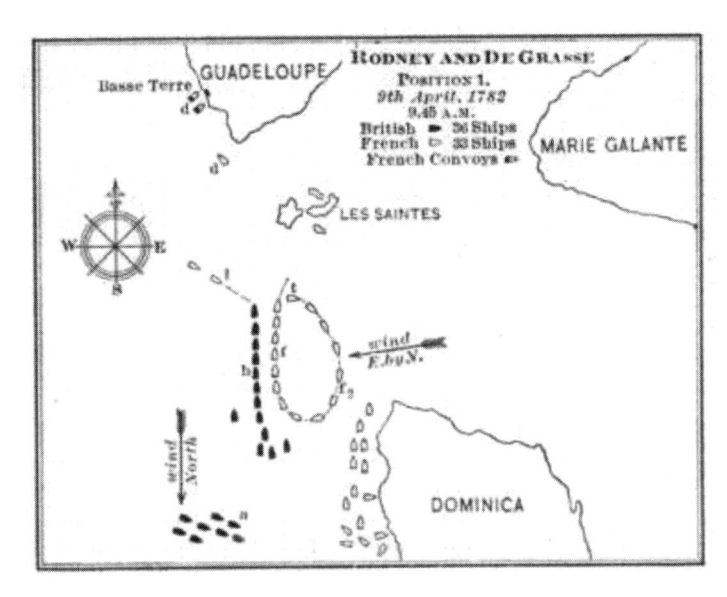

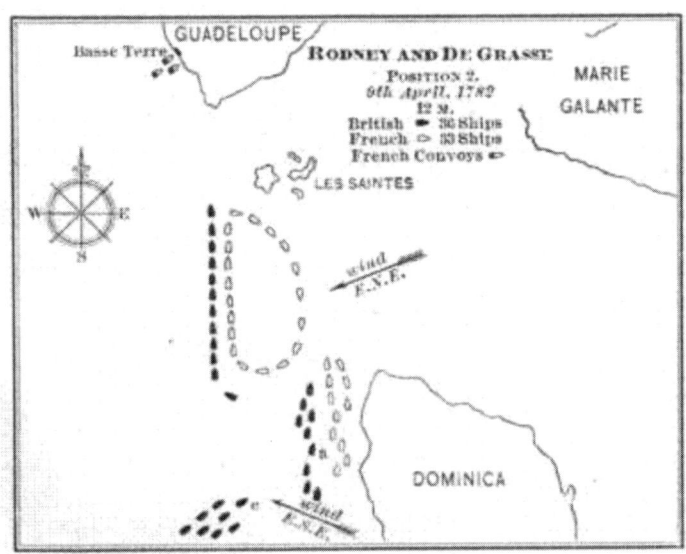

图1和图2　1782年4月9日及12日，罗德尼与德格拉斯之战

击所致；不过这些伤损难不倒海员的灵巧双手，修复后舰船还能继续追击敌军。因此，罗德尼调整了舰队排列顺序，将胡德所率小队调整为殿后舰队，这样他就有时间对船只进行修复，但他既要保证舰船快速跟上，又不能被落下太远，不能超出相互支援的距离。因此，胡德的舰队在12日的战斗中一直处于舰队后方位置。法军的"卡顿"（the Caton）号64门炮舰损坏严重，德格拉斯命令它返回瓜德罗普岛。此处有一点需要牢记，如果舰队正在被敌人追击，其中一艘舰船不幸被击中受损，那么这艘受损船只不仅会影响整个舰队的行动，而且如果舰队选择停下来保护她，还会危及整支舰队的安全，因为追击者会长驱直入趁火打劫。

9日晚，英军向风停船对受损船只进行修理。次日清晨，他们继续迎风追击敌军，但10日和11日均未成功追上。据胡德和康沃利斯的航海日志记载，10日拂晓，与法舰队距离"4—5里格远"，"从甲板上就能看到"。然而，当晚，"泽勒"（the Zélé）号74门炮舰与"杰森"（the Jason）号64门炮舰相撞；"杰森"号受损，被迫随"卡顿"号进入瓜德罗普岛。当日傍晚，罗德尼发出全面迎风追击信号，这样每艘舰船都能在黑夜中按照舰长的判断发挥出最佳状态。然而，11日早上，法军似乎又占了上风，有一点需要记住，此时胡德就在法军后方。上午10点，胡德从桅顶能够看到法军有22艘舰船（并非舰队总数）；康沃利斯继续迎风向前行驶，继而发现法军其实有33艘舰船。法国权威人士特鲁德称，当时几乎所有的舰船都已经绕过桑特岛，这就意味着，所有的法军舰船都已经到达了上风处，看来也许德格拉斯即将成功甩掉追兵。糟糕的是，"泽勒"号主桅落水，同另一艘

## 第十二章　西印度群岛的最后一次海战（1782 年 4 月 12 日）

"马格尼姆"号 74 门炮舰，距离法军主力所在的下风处有数英里远；是推迟航行，还是丢下这两艘舰船不管？微不足道的些许小事又一次在巨大的灾难上添加了影响的砝码。德格拉斯掉头回去掩护受损的船只，因此失去了来之不易的优势阵地，而且在当晚又导致了更大的损失。罗德尼一直在顽强坚持，期待发生奇迹，他仿佛知道对有耐力的人来说，一切皆有可能。当然，也可以说他别无选择；但他的不懈努力和顽强毅力让人交口称赞。根据英军航海日志记载，下午罗德尼发出信号，召集所有的巡洋舰和舰队靠近。这一信号充分说明，英军离德格拉斯的舰队越来越近了。

4 月 12 日凌晨 2 点，"泽勒"号和德格拉斯的旗舰"巴黎之城"号 110 门炮舰在相反方向抢风行驶时发生了碰撞。"泽勒"号失去了前桅和船首斜桅。数月后，约翰·保罗·琼斯（John Paul Jones）经国会允许，以志愿者的身份登上了法军舰队，倾听来自多名海员的一线证词，大家都说如果不是值班军官人数不足，就绝对不会出现这样的事故。当时"泽勒"号甲板上的负责人是一位年轻的少尉，而非经验老道的中尉。当时，当务之急是要让"泽勒"号离开舰队，否则一场战斗将在所难免；于是德格拉斯召来一艘护卫舰将"泽勒"号拖走，并让它们前往瓜德罗普岛整修，其他船只则继续迎风航行。凌晨 5 点，"泽勒"号和护卫舰再次出发，前往瓜德罗普岛，向西北方向行驶了 5—6 英里左右（图 3，a），而 2 点到 5 点的这段时间，这两艘船几乎一动不动，因此在 5 点 30 分天亮时，它们距离胡德的旗舰"巴弗勒"号仅有 2 里格，当时"巴弗勒"号仍在英军殿后舰

燃海的怒火：美国独立战争中的海军行动

中，向南左舷航行。它与法军主力（图3）的距离与前一天晚上相差不大，约有10—15英里，但距离"巴黎之城"号（c）不足8英里。早上近6点，当时罗德尼距离胡德最近，于是示意他和战列线最尾部的四艘战舰（b）共同追击"泽勒"号。德格拉斯发现后，早上6点示意他的船只靠近旗舰，整支舰队全速航行；而他自己则向西在左舷行驶，保持自由航行，试图让罗德尼胆怯，放弃追击的想法。但这位英国海军上将紧追不舍，一直持续到7点钟，此时德格拉斯相当坚定地走上了错误的道路。他将所有巡洋舰召集过来，将舰船间距离拉近至一根缆绳的范围内。[115]不到一个小时，人们就听到了这场伟大战役的开场炮声，该战役后来被称作"4月12日战役"或者"桑特岛战役"，法国海军则将之称为"多米尼加战役"。"卡顿"号、"杰森"号和"泽勒"号接连受损，连同之前两艘50门炮舰和护卫舰的撤离，

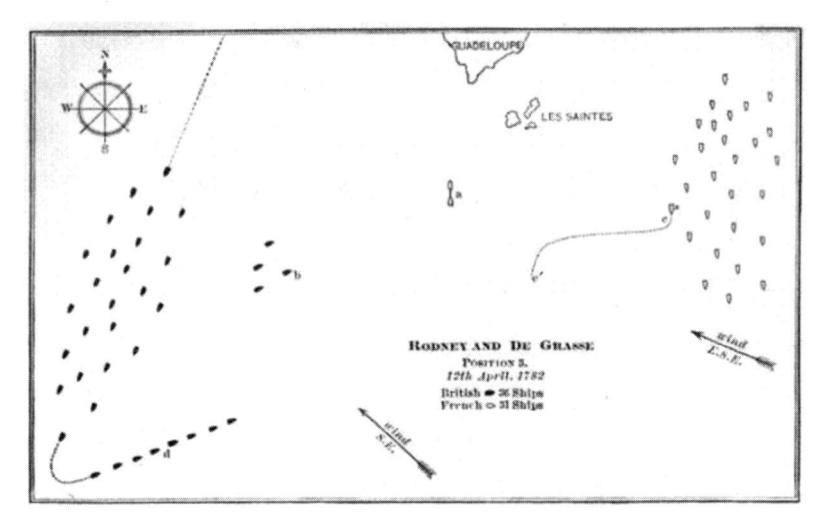

图3 1782年4月9日和12日，罗德尼与德格拉斯之战

· 第十二章　西印度群岛的最后一次海战（1782年4月12日）·

法军有效作战船只的数量从35艘减少到了30艘。而英军的舰船数量一直没有减少，始终保持在36艘。

天亮时，英军似乎保持南向，在左舷行驶；但在派出战舰追击后不久，罗德尼就下令将方位线（从船到船）调整为东北偏北到西南偏南方向，借东风向北行进，显然是为右舷近距离作战做准备。当天早上，风向不同于往常，有一段时间在东南方向，因而英军在右舷（图3，d）按照东北偏东的方向列队，这也正是战斗开始时英军的方向；由于这种情况更有利于迎风向东航行，因此调整方位的信号在发出半小时后就被收回，随后发出的新信号要求各舰船以一根缆绳的间距，按一字排开列战列线。由此可以推断，罗德尼的最初目的是让所有舰船一起抢风行驶，从而让胡德重新回到先锋舰位置；但由于风向突然转南，这支真正的先锋舰（之前在舰队后方）处在了迎风位置，因此当前的权宜之计就是让这些舰船相继抢风行驶，这样才能充分抓住接近敌军的机会。于是在交战中，胡德在殿后舰上指挥作战，德雷克少将则在先锋舰上运筹帷幄。法军所处位置的风向似乎要比英军的风向更偏向东面，这在附近陆地的海面上并不少见。

尽管罗德尼行色匆匆，但他在过去三天里不间断地排兵布阵，目前他的舰队秩序井然，发出的信号基本都是向敌军靠近。而法军总司令一改之前的谨慎风格，一时冲动，判断失误，命令部下匆忙应战，下令后法军舰队的战船零散混乱，舰队有些舰船距离旗舰所在的上风位置已经10英里开外。虽然它们全速行驶，希望与旗舰汇合，但从破晓到早上8点双方开火，并不是每艘舰

214

船都能有充足的时间回到自己的位置。"我们冒着枪林弹雨形成战列线。"[116]法军副司令德·沃德鲁伊尔（de Vaudreuil）侯爵写道。当时他处于舰队的殿后位置，最后才加入战斗，因此有机会对战局进行详细的观察。一开始，德格拉斯完全有权推迟作战，在战斗顺序形成之前，他一直利用短帆，顺风航行；看到法军舰船匆忙应战，前去救助"泽勒"号时，罗德尼识破了他们的目的，立即召集军舰追击"泽勒"号。然而，法军旗舰却没有对"泽勒"号出手相助，而是一直顺风行驶，于是两船发生了相撞，延误了战斗准备。除此之外，德格拉斯还犯了另一个错误，他一直保持左舷行驶，与英军向南朝多米尼加驶去的方向正好相反。于是，他的船只驶入近岸的无风带和风向不定的区域，也就丧失了机动能力。他这样做的目的可能是想将战斗调整成相反方向的两支队伍擦肩而过，在之前所有的交战中，法军都是以这种方式对罗德尼的行动进行干扰。然而，在法国人眼里，这是个明显的失误。"海军上将是被天才魔鬼附身了吗？"沃德鲁伊尔的旗舰舰长杜·帕维隆（Du Pavillon）大声喊道。这位舰长是大家公认的法国最优秀战术家之一，最后在战斗中不幸牺牲。

当两军舰船相互靠近时，法军位于南面，英军在东北偏东方向，此时风向又转到了东向，有利于法军向东南偏南方向挺进，而英军被迫转至东北偏北方向（图4）。因此，法军纵队的领航舰就这样从连天炮火中穿过，越过了罗德尼的领航舰"马尔伯勒"（the Marlborough）号的船头（m），"马尔伯勒"号与法军舰队的第八艘船平行行驶时，进入了法军的射程范围。早上8点钟，法军第九艘战舰"勇士"号74门炮舰最先开火。随后，英军

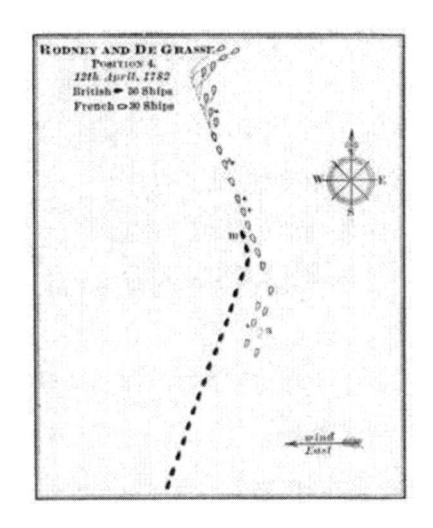

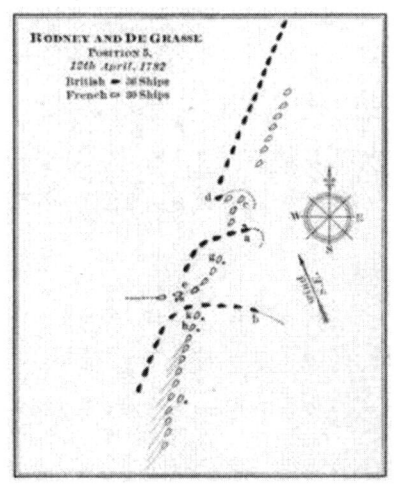

## 第十二章 西印度群岛的最后一次海战（1782 年 4 月 12 日）

**图 4 和图 5　1782 年 4 月 9 日和 12 日，罗德尼与德格拉斯之战**

舰长将舵向上推，沿着西北偏北方向缓慢行驶，在法军的下风处，向其殿后舰驶去。英国舰队的其他舰船则紧随其后，因此形成了两军沿平行线反向推进的战斗队列；当法国舰船陆续越过英军纵队触及他们防线的哪个地方时，就会撤出交战，因为他们的航线的方向偏离了英军航线。于是，当英军殿后舰到达该处时，没有遭到炮火攻击，船身完整；而法国殿后舰早已惨遭英军先锋舰和中锋舰的火力打击，因而两军殿后舰相遇，英军反而占据了优势。为了扭转形势，德格拉斯命先锋舰加入战斗，通过信号示意它们向西南偏南方向挺进，与英军的东北偏北方向保持平行（图 4，a）。因而，双方沿着战列线全员投入交战，很有可能由于法军先锋舰当时没有完成列队，殿后舰的指挥官先于先锋舰的指挥官达到指定位置。[117]

燃海的怒火：美国独立战争中的海军行动

8点05分，罗德尼发出了全员近距离作战的总信号，紧接着又发出另一个信号，命令领航舰朝敌人方向，在右舷前进1度，这表明他对"马尔伯勒"号初始的作战距离并不满意。他的旗舰"威武"号，即纵队中的第18艘战舰，于8点23[118]分开火；但胡德的旗舰"巴弗勒"号，即战列线中第31艘战舰，直到9点25分才开火。这样的时间差距主要是由多米尼加岛附近的轻风与北面开放航道的信风形成对冲导致的，英军的领航舰比殿后舰更早感受到了这种风势。德格拉斯意识到这将对他的舰队造成灾难性的影响，但为时已晚。假设他能摆脱其他不利因素，在英军遇到轻风的时候，他的船也会受困于零级风和轻风，必定会失去更有利的上风位置，而上风位置也是法军摆脱英军追击的希望，是他的首要任务。他两次发出转向下风的信号，第一次要求全体转下风，第二次要求依次转向下风；然而，他的部下虽然接收到了信号，却无法执行命令，因为此时敌军正在背风处逼近。谢瓦利埃公正地评价道："法国舰队已经失去了行动自由。舰队处于敌舰背风火力范围之内，难以突围。"

战斗继续进行，两军舰队慢慢"滑过"对方，9点15分左右，风向突然再次转为东南。由于必须拉满船帆，法军舰船的船头需要朝向敌人的方向（图5），原有战列线纵队被打乱，舰队队形成了几个梯队，或者按照当时的说法，排成了首尾纵队。[119]相反，英军队形则游刃而余，既可以继续前行，也可以朝敌军进发。罗德尼的旗舰（5号，a）率先行动，穿过"格洛里厄"（the Glorieux）号（g）身后的法军战列线，"格洛里厄"号是法军舰列中的第19艘战舰。罗德尼的旗舰船后跟着5艘舰船，紧随身

## 第十二章 西印度群岛的最后一次海战（1782 年 4 月 12 日）

后的第一艘军舰"公爵"（the Duke）（d）号，见到指挥官的行动，也突破了法军第 23 艘舰船身后的战列线。在罗德尼小纵队的右舷，"格洛里厄"号接连受到猛烈的舷炮攻击。9 点 28 分，它的前桅和船首斜桅被击中落水，此时，位于"威武"（the Formidable）号后面第三位的"加拿大"号，刚刚越过"格洛里厄"号；9 点 33 分，"加拿大"号抵达法国舰队的上风处。旗舰"无畏"号两侧的舷炮同时开火，突破了敌军重围。四艘法国舰船在"无畏"号的左舷方向，在无畏号和公爵号之间的狭小空间内挤在一起（c），这其中有一艘船航向有误，在风向改变以后，它的船帆与舰队其他船只船帆的方向完全相反。[120] 这四艘船被"威武"号、"公爵"号和"纳穆尔"（the Namur）号近距离多次攻击，还遭到了英国先锋舰的火力覆盖，受损非常严重。在此过程中，"威武"号后面的第 6 艘战舰——"贝德福德"号，也许被烟雾遮挡了视线，无法看到前方的另一艘军舰，脱离前面的舰线逆风航行（b），12 艘英军殿后舰船紧紧跟随，与其一起穿过法军舰队，来到"恺撒"（k）号后面，"恺撒"号是法军先锋舰中的第 12 艘战舰。这艘船和她前面的"赫克托"（the Hector）（h）号像"格洛里厄"号一样遭到了炮击。9 点 25 分，位于纵队中心的第 13 艘战舰"巴弗勒"号开火，10 点 45 分，它"在超过敌军先锋战舰后，停止了射击"；也就是说，它已经来到了法军舰队的上风处。然而，胡德所属舰队靠后的舰船中午时分仍在交战，至此，全部英舰可能都来到了敌军的上风处。

"公爵"号前方的英军舰船，包括先锋舰以及中锋舰的部分舰船，共 16 艘，继续向北行驶。在罗德尼突破防线的时候，其

**燃海的怒火：美国独立战争中的海军行动**

中有几艘船只已经越过了法军殿后舰，失去了战斗机会。其中，先锋舰中的第 12 艘舰船——"美洲"（the America）号，还没等发出信号，就已经顺风去追击敌军，它身后的舰船"罗素"号（舰长为索玛雷斯）立即跟随。信号仍未发出之时，"美洲"号再次顺风紧随导航舰步伐，"罗素"号则继续前行，已到达法军上风处，这一航线使它在战事最后结束时获得了最卓越的战功。11 点 33 分，罗德尼发出信号，命令先锋舰抢风行驶，但却耽搁了一个多小时，"罗素"号比舰队的其他舰船更早"与不可战胜的敌人正面交锋"。

这几次行动的结果是英军从法军手中夺取了上风位置和进攻位置，此时的法军被分为三组，互相远远分开，队伍混乱（图 6）。处在中间的是旗舰"巴黎之城"号和五艘舰船（c）。先锋舰位于"巴黎之城"号的上风处，两处船距离 2 英里，约有十几艘舰船（v）。殿后舰处在 4 英里之外的下风处（r）。为了恢复秩序并再次将舰队连为一体，他们决定让下风处最底端的船只重新编队；德格拉斯数次发出编队信号。舰船收到了所有信号，但执行起来却不尽如人意。顺风行驶的时候，操船过程中舰船很容易被吹到下风处，如果船只存在不同程度的损坏，在风向不定、伴有轻微侧风的情况下，很难到达准确的位置或进行精准移动。在风向改变、防线被突破后，法军舰船一度陷入混乱；"格洛里厄"号的桅杆被打断（g），它和"赫克托"（h）号、"恺撒"（k）号一起向下风处移动，结果陷入敌军阵线无法突围。

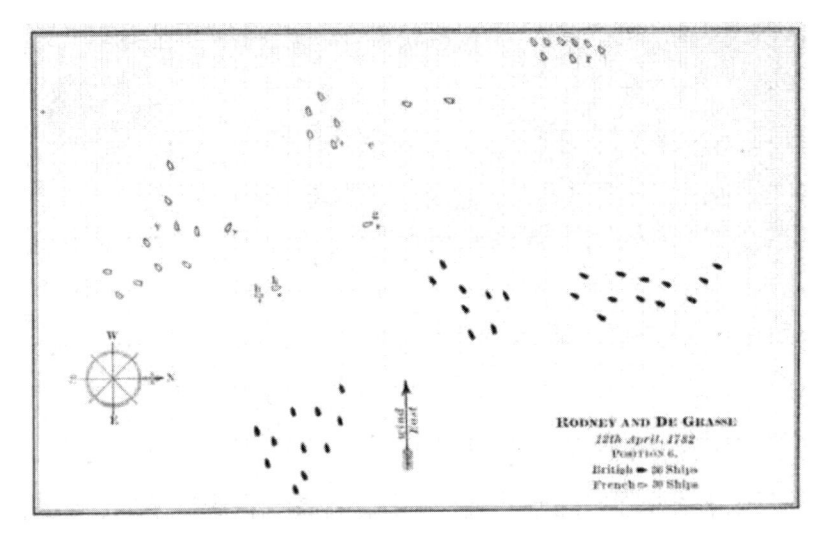

## 第十二章　西印度群岛的最后一次海战（1782年4月12日）

**图6　1782年4月9日和12日，罗德尼与德格拉斯之战**

有人轻蔑地说，英军舰队也被法军打乱并分成三个部分。事实确实如此，但无可争议的是，英军仍在两个方面具有优势。一方面，英军的三个分队借助风向，仍然能够大致重组战列线或列成纵队，而不是像法军那样被彻底打散；另一方面，英军舰队的这三个分队沿着"格洛里厄"号、"赫克托"号和"塞萨尔"号的航线排成纵队经过，给了这三艘战舰最致命的打击；反之，英国舰船中却没有舰船受到集中打击。实际上法军已经损失了三艘舰船，风向优势也已不在。除却这些不利因素，由于船体受到英军攻击，船损严重，船员的士气低落。一名参加战斗的军官随后告诉约翰·罗斯爵士说[121]，法军的火力一直很猛烈，还举例说，英军"公主"号的三个旗杆帽[122]被打飞。吉尔伯特·布莱恩爵士虽然是舰队的随军医生，但在整个作战中都获准在甲板上值守，

· 233 ·

他在战斗的十天后写道:"据我观察,法军在我方接近时火力会减弱,当我方紧靠过去时,法军竟然完全熄火了。"毋庸置疑,再勇敢的敌人在对手强大的火力优势下也会败下阵来;尽管瞄准桅杆和船帆的打法不失为一种阻止敌人靠近的有效方法,但是如果只采用这种方式,则容易因小失大,忽视了"强大火力"这个在决定性战斗中的最关键因素。英军的伤亡情况是最有利的证明。在这样一支由36艘风帆战列舰组成的舰队中,仅有243人阵亡、816人受伤。在这些舰船中,伤亡最严重的是"公爵"号,伤亡多达73人。有关法军的伤亡情况,我们从未得到任何确切的说法。法国当局没有任何可供引用的记录。根据吉尔伯特·布莱恩爵士提供的消息,估计仅"巴黎之城"号一船的伤亡就多达300人。5400名士兵分布在舰队的各个船只上,按照比例来看,伤亡人数只会更多;即便考虑到这一点,谢瓦利埃仍然认为,法军的损失毫无疑问"肯定比英军报道的要多得多"。法军的30名舰长中有6名阵亡,而英军的36名舰长中仅有2名阵亡。

4月12日的战役中的偶发战况提供了绝佳的机会,遗憾的是,罗德尼没有利用好这次良机。他的确允许各个舰船有一定的机动自由,没有下达排兵布阵的命令;下午1点,他发出了近距离作战信号,但半小时后就撤了回来。胡德对当时的情况亲眼见证后合理推测,认为罗德尼应该下达全面追击命令,然后通过特定信号制止草率的个别行为,这将对在场的每一位舰长起到鞭策作用。然而,罗德尼上将没有这么做,胡德对此进行了猛烈的批评。他说,如果这样做了的话——

· 第十二章　西印度群岛的最后一次海战（1782 年 4 月 12 日）·

"我非常有信心在天黑之前拿下敌人的 20 艘帆船。而实际上，他下午的大部分时间都只是将上桅帆升起追击敌军（有时升起前帆，有时是后桅顶帆），而敌军在逃命时，帆鼓到了快要爆掉的程度。"[123]

发出全面追击的信号已经超出一名海军少将的权限；但胡德已经尽了全力，一再向自己分队的各舰船发出信号，让他们升起更多的风帆，奋力追击，他自己在"巴弗勒"号上全力配合，放下小艇拖拽该战舰的船头。吉尔伯特·布莱恩爵士一颗悬着的心终于放了下来。

"切断法军防线后，剩下只是零星的、断断续续的战斗，敌人始终无法形成战列线，（我们的）几艘船也被迫停下修理伤损。由于列队的信号已被取消，每艘舰船只能按照各自指挥官的判断发出攻击，去袭扰敌人。"[124]

对于舰长们这种随心所欲的行为，最正确的补救措施就是像胡德所说的，下令全面追击，同时辅以细致的监督，压制过度鲁莽，鼓励谨小慎微。如果胡德对罗德尼所挂船帆的描述是准确的，那么总司令确实没有树立一个好的榜样。在这种随意的追击中，三艘毁损严重的法军舰船进行了大修，当然它们需要一边修船一边开火迎敌；第四艘船"阿尔当"号 64 门炮舰，由于一直置身事外，随意航行而被俘。接近日落时分，旗舰"巴黎之城"号 110 门炮舰[125]，也就是法军最好的战舰，在下午的大部分时间里都在英勇抵御敌人的进攻，耗尽了所有的弹药，无奈降下旗帜投降。当时与之交战的舰船是"罗素"号和胡德的旗舰"巴弗勒"号，它向"巴弗勒"号正式投降；根据胡德的航海日志记载，投降的确切时间是下午 6 点 29 分。

6 点 45 分，罗德尼发出信号，命令舰队在左舷方向停船（列队停靠），夜间保持原位停泊，而法军则在沃德鲁伊侯爵的命令下继续撤退，德格拉斯被捕后，他接替了总司令的职务。对于这种不求进取继续追敌的作战思路，胡德也表达了强烈的不满：

"'巴黎之城'号已经被俘，他却让舰队停止追击，这一点让我实在无法理解。他轻轻松松的航行不可能追击得上敌军，更无法在夜间看到敌军的踪迹，很明显他第二天其实应该能俘获几乎所有船只……如果我有幸在 12 日指挥陛下的舰队，我可以毫不夸张地说英国国旗现在应该在敌人的 20 艘战舰的船尾上方高高飘扬。"[126]

如果是那些不负责任的人提出这样的批评，我们应该仔细辨别；但胡德是一个无论是在思想上还是行动上都远超常人的人，所以对于他的这些评论，我们不能轻易否定。据说，他的观点得到了罗德尼舰队的舰长查尔斯·道格拉斯爵士的赞同；[127]他们的观点与罗德尼对法军状况进行的推测一致，不过这些推测与已知事实不符。他在阐述不追击敌军的原因时写道，敌人"出发时队形紧密，很有可能会通过车轮战击败了来战的舰船"。"敌人的 *26 艘战舰列队出发*[128]，命令两到三艘最好的风帆战列舰或护卫舰不时亮起指示灯、改变航线，通过这种方式诱使英国舰队紧紧跟随，而他们的主力舰队则熄灭指示灯，隐蔽抢风航行，在天亮前远远地迎风而上，对那些被俘获的船只以及英军中毁损最严重的舰船进行拦截"。他还说，向风群岛可能已经身处险境。但是

· 第十二章 西印度群岛的最后一次海战（1782年4月12日）·

攻占向风群岛对于一支状况良好的舰队尚且可能性极小，对于一支在白天被打得七零八落的舰队来说，更不可能；夜幕降临后，该舰队更换了指挥官，一直处于杂乱无章的混乱状态，直至信号旗帜完全被黑暗吞没。

事实与指挥官这些巧妙的推测完全不符，并不像罗德尼所说的那样法军阵型紧密，沃德鲁伊第二天早晨也只有10艘舰船随其左右；13日全天，也没有任何其他船只加入。他驶向弗朗索瓦角的途中又有5艘舰船加入，因此在他4月25日到达弗朗索瓦港口之前，至多有15艘[129]战舰。他在港口发现了舰队的另外4艘战舰。关于4月12日交战的30艘舰船中有25艘幸存的说法，被6艘前往库拉索的舰船证明只是故事，这几艘舰船直到5月份才重新归队。此处不再赘述法军舰队的"紧密队形"。拿破仑曾经告诫他的将军们不要对各种可能性抱有"自作多情"的幻想。很明显，罗德尼把头脑中的构思作为战斗的理由正验证了拿破仑的告诫；认为战争可以不冒风险取得决定性胜利，罗德尼做出这样结论的基础顶多是一种毁灭性的想法，生动的想象或是懒散的行为都能带来这种想法。牙买加没有被法军占领，并不是因为这场看似漂亮但毫无决定性意义的战斗，而是由于盟军一直犹豫不决。当沃德鲁伊到达弗朗索瓦角时，发现法国船队已经从瓜德罗普岛安全抵达此处，同时到达的还有15艘西班牙战舰，能够前往牙买加的登陆部队多达15000人到20000人。胡德可能是这样写的："在敌人被彻底击溃后，如果乔治·罗德尼爵士的判断能力与每一位舰长明显表现出的胆量、热情和努力成正比，那么所有的困难早就烟消云散。我们本可以随心所欲主动出击,结果现在竟然到了被动防御的地步。"[130]

虽然盟军在人数上占优势,却没有贸然发起进攻。战斗结束后,罗德尼一直在瓜德罗普岛附近停留到4月17日,并对船只进行修整并搜查邻近岛屿,以防法国舰队潜入其中的某个岛屿。大部分时间,英军都因无风无法前进,但胡德说当时的风力足以让他们向西航行20里格;那里的风可能会更大。17日,胡德奉命率10艘战舰追击法军;一两天后,罗德尼亲自前往牙买加。胡德向波多黎各与圣多明各之间的莫纳海峡挺进,为了加速在桅杆顶和桅杆下都挂上了副帆。19日拂晓,波多黎各的西端遥遥在望;不久后,又发现了一支小型法国舰队。经过全面追击,胡德俘获了"杰森"(the Jason)号和"卡顿"号64门炮舰,它们在战斗开始前离开舰队,正在前往弗朗索瓦角的路上。此外,护卫舰"艾马布勒"(the Aimable)号32门炮舰和单桅帆船"赛雷斯"(the Cérès)号18门炮舰也被俘虏。胡德在向罗德尼报告此事时,言语锋芒直指这位上司:"长官,有一个令人痛心的消息与您有关,12日被您击溃的法军舰队在18日那天穿越了莫纳海峡逃离,仅仅比我早了一天。"[131]还有一个情况证明了追击敌人是有效战术,那就是罗德尼比沃德鲁伊晚了六天出发,于4月28日抵达牙买加,比法国人进入弗朗索瓦角只晚三天。因此,胡德在两周的追击中抢回了三天时间。只要是坚持不懈的追击,就没有追不到的敌人!胡德记录的一句话总结了罗德尼当时的心态:"我13日向乔治爵士抱怨说,敌军战列线被击溃时,他没有发出全面追击的命令,因此夜间无法得

## 第十二章 西印度群岛的最后一次海战（1782年4月12日）

知敌人动向，他竟然这样回答我说，'伙计，我们已经干得相当漂亮了。'"[132]

7月10日，海军上将休·皮戈特（Hugh Pigot）从英国赶来接替罗德尼，此前，他一直停留在牙买加；这一人事变动是1782年3月诺斯（North）勋爵内阁倒台引起的连锁反应，在战争胜利的消息传回英国之前就已经成为定局。凯佩尔上将成为海军部的部长。罗德尼于7月22日从皇家港启程回国；随着他的离开，西印度群岛和北美的战争也慢慢画上了句号。皮戈特接任后立即出发前往纽约，并一直在北美水域停留到10月底，之后当他回到巴巴多斯时，首先从主舰队中抽出13艘战舰由胡德带领，在弗朗索瓦角附近机动巡航。有一件事情值得人们注意，胡德归来时从纽约带走了护卫舰"阿尔伯马尔"（Albemarle）号28门炮舰，这艘船一直由纳尔森指挥，他当时在北美驻地服役。这几项变动都是为了应对敌人的行动，要么是应对已发生的情况，要么是做好准备未雨绸缪。这一切都是罗德尼这次不完美的战事所带来的不可避免的不良后果，此后英国舰队一直处于被动防御状态，困惑而被动地等待着对手的主动出击。然而对手却并没有出现，战争目前只是在死亡面前麻木地徘徊。虽然德格拉斯只是局部战败，但是他放弃对牙买加的进攻，对直布罗陀的进攻又遭遇失败，加上豪成功为直布罗陀驻地送去了物资支援，这些都让法国政府和西班牙政府大失所望。虽然盟军在数量上占尽优势，但迄今为止，战果一直差强人意，不过这仍然给英国政府对战争的期望带来了沉重的压力，现在它已经放弃了征服其美洲殖民地的一切希望。1783年和平协定达成后，皮戈特和胡德返回英国,背风群岛驻地交由海军少将理查德·休斯爵士指挥,历史上对这位军官的印象仅仅停留在1785年纳尔森违背他的命令,拒绝执行《航海条例》一事上。

## 注释:

[105] 詹姆斯·索玛雷斯,德·索玛雷斯勋爵,1757年生于英国。1781年任中校。1782年任舰长。1782年在罗德尼的行动中任"罗素"号舰长。1793年因俘获护卫舰"留尼汪"(Réunion)号而被授予骑士勋章。布里德波特(Bridport)行动中,在圣文森特和尼罗河(the Nile)(当时他是副指挥官)任"猎户座"(Orion)号舰长。1801年任少将和男爵。1801年7月12日,在加的斯附近击败法军和西班牙军队。1805年任海军中将。1831年任英国海军中将,成为贵族成员。卒于1836年。

[106] 见前,第183页有关格雷夫斯商议行动计划的描述。

[107] 可能是指"谨慎"(Prudent)号64门炮舰。舰队中没有舰长。

[108] 时间点和总体行动都是根据《胡德日记》及《"加拿大"号航海日志》整理出来的,由海军记录协会出版。出自《胡德勋爵书信集》,第64页,第86页。

[109] 当船只排成战列线或纵队靠近风向时,如果它们同时抢风行驶,仍然能排成一条直线,但在相反方向会形成一定的角度。每艘船都在前方船首的一侧和后方船尾的另一侧有一个同伴,因此这种队形被称为首尾纵队,这样做的好处是,如果朝着敌人进发,他们可以再次一起抢风行驶,形成纵队或纵阵,这是常见的战列线战术。

[110] 在马汉的《海洋力量对历史的影响》一书中第470页和472页可以找到这场战斗其他阶段的说明。

[111] 引自怀特,《海军研究》。

· 第十二章　西印度群岛的最后一次海战（1782 年 4 月 12 日）·

[112] 由于风向在右舷四分之一处，所以右舷转帆锁压力陡增。后帆的风被排空，中和了它们之间的作用，导致船只移动速度越来越慢，使其与锚定的对手距离越来越远。

[113] 引自怀特，《海军研究》。

[114] 见前，第 164 页与胡德、罗德尼作战的记录。

[115] 指 720 英尺。对于当时的战舰来说，每两艘船之间的间隔大约有 4 艘船的长度。以 5 节的速度行驶这一段距离大约需要 1 分多钟。

[116] 可能距离敌人不超过一两百码。

[117] 在法军的顺序中，战斗中船只的位置在图 4、图 5、图 6 处用十字显示。

[118] 据"加拿大"号航海日志记载，时间为 8 点 15 分；按惯例，以胡德的时间为准。

[119] 见前，第 200 页对列队作战的描述。

[120] 该事故发生在 3 艘法军船只上。

[121] 出自罗斯，《索玛雷斯的一生》，第一卷，第 71 页。

[122] 指盖在桅杆顶部的圆形木片。

[123] 引自《胡德勋爵书信集》，第 103 页。海军记录协会。

[124] 引自曼迪，《罗德尼的一生》，第二卷，第 234 页。

[125] 在英国海军清单中，从它被俘到收到它受损消息之间公布的信息看，它是这样被记录的；但实际上，它应该携带了 120 门炮。

[126] 引自《胡德勋爵书信集》，第 104 页。

[127] 出自儿子霍华德·道格拉斯爵士给查尔斯爵士的信；《联合军报》，1834 年，第二部分，第 97 页。

[128] 出自曼迪，《罗德尼的一生》，第二卷，第 248 页。

[129] 指特鲁德。谢瓦利埃说是有 16 艘舰船，与特鲁德有关"勇敢者"号下落中所提到的数量不同。

**燃海的怒火：美国独立战争中的海军行动**

[130] 引自《胡德勋爵书信集》，第 136 页。

[131] 同上，第 134 页。

[132] 同上，第 104 页。

# 第十三章　豪勋爵重返战场，直布罗陀终解围（1782）

诺斯勋爵内阁倒台后，罗德尼被召回英国，豪勋爵也结束了长期以来的"退隐"生活，回来接任海峡舰队总指挥的职务。1782年4月20日，他的旗帜在"胜利"号100门炮舰上高高升起。这个时间点，大不列颠需要多方面全方位努力兼顾，一边要捍卫自己的利益，一边要粉碎诸多联合起来对抗它的敌对行动，因此数月来，海峡舰队派遣海军中队分别在北海、比斯开湾以及英吉利海峡入口处执行作战任务。豪有几位杰出的下属，在海军中享有盛名，其中以夺取圣卢西亚的巴林顿中将，以及肯彭费尔特少将最为出色。在北海，荷兰人被困于港口之中；在英格兰，一支由近400艘商船组成的船队从波罗的海顺利抵达；在比斯开湾，巴林顿发现一支满载物资的船队，正前往东印度群岛为舰队提供补给，他带领12艘战舰前去追击。物资船队的护航船"贝加塞"号74门炮舰，在夜间与英舰"福德罗扬"（the Foudroyant）号80门炮舰（由约翰·杰维斯舰长指挥，后由圣文森特伯爵接管）交战达三小时，之后投降。补给船队的19艘运输船中有13艘被俘，其中还包括一艘携带长笛形火炮装备[133]的64门炮舰船——"埃克森内尔"号，这对伟大的叙弗朗来说是一个沉重的打击，他们在印度的主要困难在于战争物资不足，尤其是缺乏桅杆，而"行动"号装载的物资足以装备4艘战船。巴林顿返航后，肯彭费尔特在海湾进行了为期一个月的机动巡航，航行目的一样，却无事发生。

5月，豪本人先行前往北海，在关键时刻于北海牵制了荷兰人的进攻；他在唐斯留下一个师的兵力，随后被派往英吉利海峡入口。有消息称，一支由32艘战舰组成的盟军舰队已于6月初从加的斯出发，在韦桑特岛和锡利群岛之间机动巡航，这其中只有5艘是法国战舰。据估计，他们会在此与来自布雷斯特的增援部队，以及驻扎在特瑟尔岛的荷兰中队会合，组成一支总数达50艘战舰的舰队，由西班牙海军上将唐·路易斯·德科尔多瓦指挥。也许因为受到了豪在其港口前的兵力震慑，荷兰人并未出现，但来自布雷斯特的8艘舰船使盟军舰队的数量增加到40艘。为了对抗盟军，7月2日，豪率22艘舰船（其中8艘为三层甲板舰）启航。8月7日，在他返航之前，另外8艘战舰（其中大部分为64门炮舰）也加入了他的行列。由于舰队舰船在数量上不占优势，除非有特别有利的机会出现，否则英国海军上将只能寄希望于有效的防守。目前他最关心的事情、每天翘首以待的事情，就是牙买加船队的到来；这里不妨提一下，德格拉斯与"桑威奇"号一起被俘，正在被遣送至英

· 第十三章　豪勋爵重返战场，直布罗陀终解围（1782）·

国的途中。

6月25日，盟军舰队向北航行，途中俘获了18艘驶往加拿大的英国船只。几天后，盟军舰队埋伏在英吉利海峡的入口处，舰船分布在韦桑岛和锡利群岛区域。7月7日晚上，豪在锡利群岛附近发现了这支盟军舰队，他当时身边只有25艘舰船。盟军舰队准备采取行动，不过无论是豪上将本人还是他的军官部下，都对邻近海岸了如指掌，因此他在夜间带领舰队悄悄从锡利群岛与兰兹角之间的通道驶过，向西航行。次日清晨，英军已踪迹全无，敌人对他逃脱的方式毫不知情，已经被豪勋爵彻底甩开。[134] 豪遇到护航队后，一股强烈的劲风迫使盟军南下，豪带领的舰队幸运避开了敌军，随后抵达英国。

豪接到命令准备向直布罗陀派遣援军和补给，该地自1781年4月达比到访以来就没有得到过任何救济。为了完成这项紧急而重要的任务，他决定将整个海峡舰队集中在斯皮特黑德，运输船和补给船也会按照指令在那里会合。就在英军紧锣密鼓准备援助直布罗陀的时候，1782年8月29日，发生了著名的"皇家乔治"号事件，这艘装有100门炮的风帆战列舰在侧倾进行船底维护时，在锚地倾覆并沉没，当时船上有海军少将肯本费尔特，还有包括妇女和儿童在内的900多人，无一幸免，全部遇难。9月11日，远行航程开始，船队共有183艘船只，其中战列舰34艘，较小的巡洋舰12艘，其余均为非武装船只，其中有31艘前往直布罗陀海峡，剩余船只为前往世界不同地区进行交易的贸易船。面对如此庞大的船队阵容，战争期间大型船队数次被俘虏的实例敲响了危险的警钟，因此豪谨慎行船，行程缓慢。据说，在到达菲尼斯特雷角前不久，一阵狂风过后，船队清点船只，当时舰船数量仍保持在183艘。在通过菲尼斯特雷角之后，几艘"商船"可能就会离开庞大的船队前往贸易地。

10月8日，在圣文森特角附近，一艘护卫舰被派往前方打探消息。众所周知，在直布罗陀对面的阿尔赫希拉斯湾，驻扎着一支由战舰组成的强大的联合舰队，他们正在酝酿一场对驻地工事的进攻，但是在此期间尚未定局，就会发生很多事情。果不其然，意外发生了。9月10日，狂风大作，一些盟军舰船被吹离了锚地，其中一艘名为"圣米格尔"（the San Miguel）号的72门炮舰，在直布罗陀炮台的猛烈炮火下被迫投降，但在运输船队必须到达的地点，仅仅4英里之外，就是另外48艘实力强大的敌军战舰正停泊的地方。这是豪必须要解决的问题。更重要的是，探听消息的护卫舰在10月10日再次返回时，带来了令人振奋的消息，那就是敌军计划已久的进攻于9月13日已经发动，但被驻军完美而果断地击退，当然这与豪的任务关系并不大。人们曾对西班牙保护严密的漂浮炮台充满信心，期待它能确保胜利，但这次战斗中这些炮台全都被击中着火，被彻底摧毁。如果豪能带来援助物资，那该地的军事要塞就会起死回生。

豪上将立刻召集部下，下达了关于这项重大任务的全面而具体的指示，同时向补给船的船长发布了直布罗陀当地风向和海流情况的准确信息，以确保他们顺利到达锚地。10月11日，船队已经接近目的地，正向海峡驶去；中午时分，顺着微微的西风，护航舰队进入海峡。船队在前顺风航行，处于护航舰队的下风处，这个位置便于防御；护航战舰在不远处分三路跟随，其中一

## 第十三章 豪勋爵重返战场，直布罗陀终解围（1782）

路由豪亲自率领。下午6点，补给船行驶到海湾口附近，顺着风向海堤港驶去；但是由于没有听从指示，除4艘船外，其余船只都错过了入口，涌入到了东面的岩石区，护航舰队也跟着他们一起进入此处。

13日，盟军舰队出动，由于担心队伍中两艘之前被冲到东面的舰船，他们放弃了在阿尔赫希拉斯的有利位置。当天上午，英国船队靠近直布罗陀以东50英里处的西班牙驻守的海岸。日落时分，看到盟军正在逼近，豪开始排兵布将，他将补给船护送到巴巴里海岸的扎法林群岛停泊，等待时机。次日清晨，敌人已接近北面的陆地，当时还只能从桅顶上看到他们的身影；而英国船队显然已在夜间南下。15日，东风吹向直布罗陀，所有的英军舰船都小心翼翼地朝直布罗陀前行。到16日晚间，船队中的18艘船只安全抵达海堤港；18日，除了一艘应总督要求派遣而来的火攻船（载有1500桶火药）外，所有船只都已到达。在这关键的几个小时里，盟军舰队看起来一直没有出现。无论是有意安排还是无心之举，此时盟军已经到达东侧，在那里停船待命；之前盟军集结了四散的舰船，使军事力量更加集中，却仍允许直布罗陀在一年内获取补给。19日清晨，他们在东北方向出现，当时英军的运送补给任务已经结束，豪率队起航出海。由于对洋流和海岸地势了解不多，他不愿在海峡中部作战，出海时，他会停船撑开一部分船帆，当敌人在上风位置时，诱使敌人攻击这些船帆。次日，也就是20日，接近日落时分时，敌人开始逼近，局部交战一触即发，但这次战斗并未分出胜负，第二天也没有再继续交战。双方伤亡情况为：英方68人阵亡、208人负伤，盟

*232*

### 燃海的怒火：美国独立战争中的海军行动

军60人阵亡、320人负伤。11月14日，英国舰队重新夺回斯皮特黑德海峡。

豪在这次战斗中对祖国的贡献彰显了一个伟大军官特有的高尚品德，在他身上体现出了高度的坚韧与毅力。他才智并不出众，但是能力超绝，他将自己的身心和灵魂，奉献给了海军事业。他渊博而广泛的专业知识并非与生俱来，而是通过后天勤勉习得的，当这些知识与他自身强大的耐力结合在一起时，我们才看到他在特拉华湾、纽约、罗得岛前、英吉利海峡以及现在的直布罗陀的战斗中精彩的表现。豪的军事战术最为精湛、耐心最为持久、毅力最为强大，拥有这些素质，使得在防御性战斗中游刃有余，他当之无愧的声誉正是建立在多次的防御战斗之上。

一位法国军官对这次直布罗陀的救援行动表达了真挚和崇高的敬意:[135]

"豪勋爵在这次短暂的战役中所表现出来的品质，将任务的完成度推到了最佳程度的顶峰。这次行动是美国独立战争时期最出色的行动之一，应该拥有与一场胜利一样的赞誉。当然，这样的行动如果没有运气辅助，不可能成功，即便英国舰队是因为有环境地利之助，但是确保胜利的首要因素，还是舰队总司令敏锐的洞察力、准确的判断力和迅速的决策力。"

这位作者字斟句酌，高度赞扬了这位海军上将，随后又补充了一些话，这些话将这次战争的记录予以封存，可能会让英国海军永远铭记并引以为傲。这场战斗后，直布罗陀的解围标志着欧洲和美洲水域战争的结束。谢瓦利埃船长赞赏英国海军部提供了整齐划一、速度极快的战舰，赞扬豪对这一舰队优势的精准理解

· 第十三章 豪勋爵重返战场，直布罗陀终解围（1782）·

与充分利用，他接着说：

"最后，如果从战争的结果角度来评判，英国舰队总司令一定会对他手下的舰长们感到非常满意。他们的舰船没有掉队，没有碰撞，也没有伤亡；更没有发生海军舰队经常发生的意外事件，这些事件常常迫使海军将领采取与他们的行进目标完全相反的航线。细细思量豪上将的这次无惊无险的航行，我们不能不想起4月9日至12日格拉塞伯爵舰队发生的不幸事件……除了豪勋爵超高的指挥才能外，同时这场胜利还应该补充一个重要因素，那就是他的部下是他手上无往不利的武器。"

此处可以引用另一位法国作家的话："质量在前，数量不显。"

## 注释：

[133] 也就是说，它的大部分枪支都被卸下，低层被作为货船使用。

[134] 谢瓦利埃根据拉莫特·皮克特的日志，将豪的成功逃脱归因于其快速的撤退。（《1778年的英法战争》，第335页）需提及的一点是，豪的目标不只是通过更稳的航行沿着英吉利海峡向东撤退，而是向西越过盟军，如果不采用上述策略，这将是一项难以实现的壮举。

[135] 引自舍瓦利耶，《1778年的英法战争》，第358页。

# 第十四章 东印度群岛的海军行动：叙弗朗的大业（1778—1783）

印度的海军比较独立，军事行动也是单独进行的，除非重要的物资在欧洲水域被拦截才会参与合作，因此对其他地方的战事没有直接影响，当然也不会受到这些战事的影响。造成这种独立现象的原因是印度距离欧洲太远，一支舰队航行至此处甚至需要四到六个月的时间。

1778年7月7日，有关英法战争的一些情报送至印度的加尔各答。当天，总督下令立即备战，准备攻击法国的主要海港——朋迪榭里。8月8日，舰队抵达该海港，同一天，海军准将爱德华·弗农（Edward Vernon）爵士下锚停船于海上通道，对海港水域进行封锁。法国上尉特隆乔利（Tronjoly）率领一支舰队在海上出现后不久，弗农就对其展开了追击，10日，战斗随之而至。交战双方战力相当，如果分有高下，那法国舰队的实力要略胜一筹：其两侧各有1艘60门炮风帆战列舰和4艘小船。法国

· 第十四章 东印度群岛的海军行动：叙弗朗的大业（1778—1783） ·

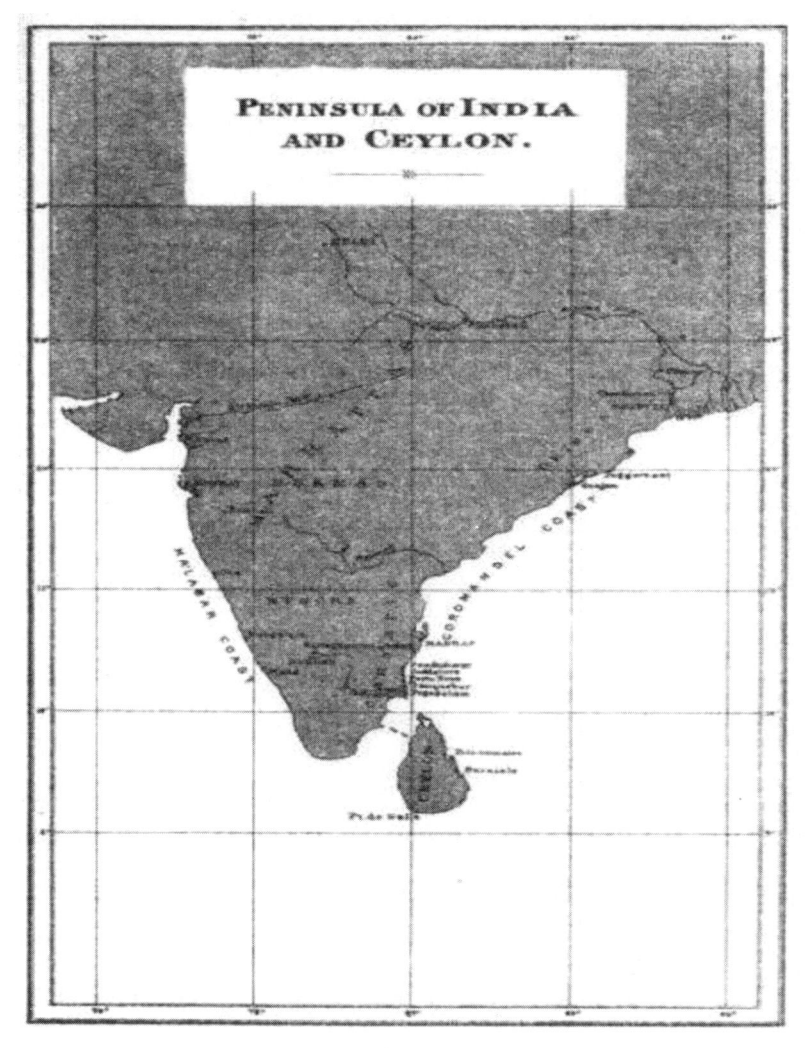

**印度半岛和锡兰**

舰队进入朋迪榭里水域时，立即就显示出了优势；但当弗农于 20 日返航后，特隆乔利不久也放弃了这片水域，回到了法兰西岛[136]。从此，英国舰队对朋迪榭里进行严密封锁，10月17日，朋迪榭里投降。

1779年3月7日，海军少将爱德华·休斯爵士带领一支小型舰队驶向东印度群岛。法国舰队也偶尔派出一些船只；但在1779年和1780年间，这些船只最多到达它们在印度洋的海军基地——法兰西岛。休斯的舰队在这些年里一直难逢敌手。这些年也是一段非常关键的时期，英国舰队正在与印度迈索尔的苏丹、海德尔·阿里（Hyder Ali）以及马哈拉塔（Mahratas）交战；而战斗的胜负完全取决于是否能够掌控海洋。1781年1月，休斯正在孟买过冬，由德奥夫斯伯爵（Comte d'Orves）率领的法国海军中队出现在科罗曼德海岸附近，印度的海德尔·阿里一再恳求与其开展合作，却遭到了拒绝。两位指挥官的不同态度都在当代文献中有所记述。

"我们从圣乔治堡得到消息，1月25日、26日和27日，一支法国海军中队在该地附近出现，该中队有1艘74门炮舰、4艘64门炮舰以及2艘50门炮舰。他们向南行进，与5艘满载粮食和补给的东印度商船相遇，但没有采取任何行动；而只要他们开火，摧毁这5艘船易如反掌，也会给对方以沉重的打击。"

休斯写道："12月8日，在曼加洛尔附近，[137]我看见2艘军舰、1艘二桅帆船、3艘双桅帆船，另外还有很多小船高挂海德尔的旗帜在途中停泊；靠近后，发现它们全副武装，均为战船。我就近停船，派出所有武装船只，当时我方有3艘小型战舰停泊在水深4英寻的地方，在这3艘战舰的掩护下，武装船只向敌人的舰船靠近。两小时后，我军俘虏并烧毁了敌军的两艘舰船，其

· 第十四章　东印度群岛的海军行动：叙弗朗的大业（1778—1783）·

中一艘是 28 门炮舰，另一艘是 26 门炮舰，随后又俘获并摧毁了其他所有船只，只有一艘舰船将所有的物品抛出船外，越过暗礁逃入港口。在这次行动中，有 1 名中尉失踪，10 人死亡，两名中尉和 51 名士兵受伤。"

留意一下那些证明休斯对海战和海军行动观念的佐证，是一件有趣的事，这种观念在英国海军普遍存在；他们的盲目乐观有力地凸显出了他的下一个对手——叙弗朗的品质。叙弗朗的在各个方面都超越了当时法国军官的平均水平。

德奥夫斯回到了法兰西岛。

与荷兰的战争打响，英国政府决定尝试攻占好望角。为此，乔治·约翰斯通（George Johnstone）准将率领一支由 1 艘 74 门炮舰、1 艘 64 门炮舰和 3 艘 50 门炮舰组成的海军中队，会同一些较小的船只，于 1781 年 3 月 13 日护送大批陆军从英国出发，与当时乔治·达比中将所率领的前去支援直布罗陀的海峡舰队相伴航行。法国政府及时得知了英军这次远征的消息，决定出手拦截。为此，他们派出了一支由 2 艘 74 门炮舰和 3 艘 64 门炮舰组成的舰队，由大名鼎鼎的叙弗朗负责指挥。[139] 这些军舰于 3 月 22 日与德格拉斯的舰队一起离开布雷斯特，他们还配有几个营的陆军兵力。

4 月 11 日，英国舰队抵达佛得角群岛的普拉亚港。这个海湾的入海口在南面，从东到西的长度约为 1.5 英里，地处东北部信风的范围之内。虽然约翰斯通得知一支法国舰队正在身后追踪，而且他的日志显示，他也清楚目前舰队所在的地区保持中立立场，无法获得相关政府的保护，但他仍让船只下锚停泊，没有

### 燃海的怒火：美国独立战争中的海军行动

考虑对可能的攻击进行防御。他自己的旗舰"罗姆尼"（the Romney）号50门炮舰被其他舰船围在里面，因此只能小心翼翼地寻找船与船的间隔空隙开炮。4月16日上午9点30分，英国舰队最外围的"伊希斯"号，在东北方向向11艘舰船发送了信号。随后，1500人登岸，他们在岸上取水、捕鱼、装船、嬉闹。这时，不速之客忽至，他们是叙弗朗的部下。法国指挥官没有料到会在这样的情景下与英军遭遇，他进入港口的目的本来只是想给船只加水；但此刻，他当机立断下令进攻，舰队列纵队绕过海湾东边的海角，两艘74门炮舰打头阵，他自己的舰船"英雄"（the Héros）号则在先锋舰队中发送作战信号（ab线）。敌军秩序混乱不堪，"英雄"号时而穿过敌军战列线，时而沿着敌舰队的方向，向敌军中唯一的一艘74炮舰逼近，随后迎风而上，在距离这艘船（f）右舷500英尺的地方下锚停泊，巧合的是，这艘74炮舰的名字也是"英雄"（Hero）号。下锚停船后，他下令两侧舷炮同时开火。紧随其后的"安尼巴尔"（b）号突然出现他的船前，由于距离太近，"英雄"号不得不拉住缆绳转向，到了该船后面（a），正好对上"蒙茅斯"号64门炮舰的船梁。[140]（m）"安尼巴尔"号的舰长以为战斗的命令只是预防性信号，并没有下令采取行动，在毫无准备的情况下被打了个措手不及，舰船也没有发挥出应有的作用。第三艘法国船只（c）到达了自己的战斗位置，但舰长在准备下锚时中弹牺牲，混乱之中，锚没有解下缆绳，这艘船在海面漂浮，与一艘东印度商船发生了碰撞，并将其带离了出海口，来到海上（c′ c″）。剩下的两艘法国舰船（d, e）在通过海湾口时只是简单地开了几

· 第十四章 东印度群岛的海军行动：叙弗朗的大业（1778—1783）·

下炮，由于各种意外或行动迟缓，这两艘船并未能到达指定位置。

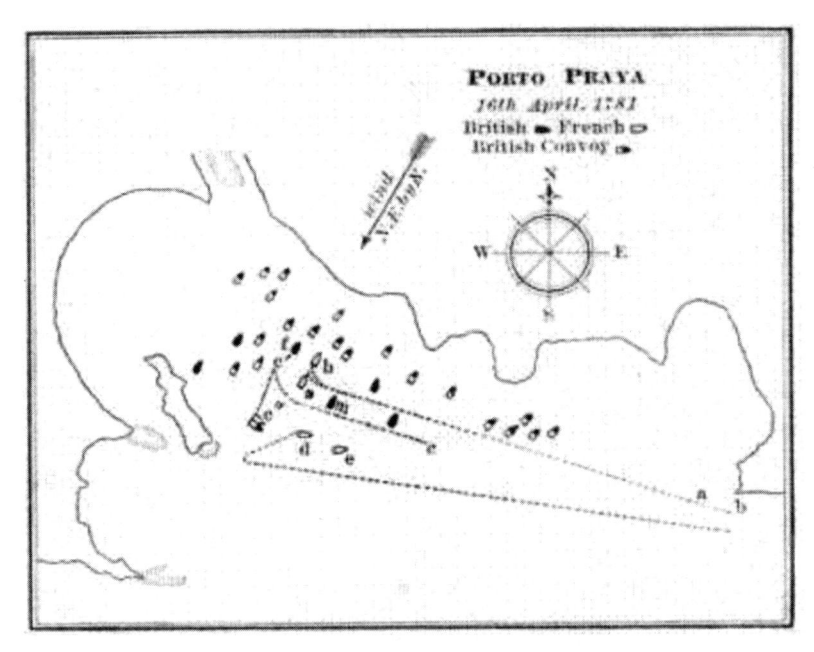

**1781 年 4 月 16 日，约翰斯通与叙弗朗之战**

就这样，进攻变成了一场不合规矩的打斗，在这场战斗中，法军仅靠两艘 74 门炮舰撑起战斗。45 分钟过后，叙弗朗看到进攻失败，便放开缆绳，船行出海。"安尼巴尔"号紧随其后，但它受损严重，所有的桅杆都被打断；幸运的是，船驶出港口前，敌军并没有瞄准它攻击。约翰斯通侥幸躲过了疏忽大意所带来的悲惨后果，他当即召集所有舰长，了解各船情况，然后命令他们释放缆绳，全力追击。所有舰长都依令行船，只有"伊希斯"号的萨顿舰长表示目前从他船上的桅杆和索具情况看，破损过重

### 燃海的怒火：美国独立战争中的海军行动

无法马上起航。约翰斯通命令他无论如何都要出兵，他按令开船，结果前顶桅杆很快便折断落入水中。这艘舰船的破损情况让这位船长心情沉重，追击行动也因此更加迟缓；法国舰队不断将其引向下风处，"安尼巴尔"号受损的前桅上还挂有一些风帆，尚有行动能力。"伊希斯"号和"蒙茅斯"号跟在后面，距离约翰斯通的船尾两三英里远，当约翰斯通靠近它们时，夜幕已经降临；海浪越来越大；如果继续前往下风处，船将难以返回；此前他忘了指定一个集合点让船队会合，因为他并没有想到会在夜间进行战斗。但是，如果放走了敌人，他们可能会聚集在海角迎击己方舰队。简言之，约翰斯通在"残酷的环境下"经历了一场"难以抉择之痛"[141]，最终，他决定不去冒险，而是回到普拉亚港，逮捕了伊希斯号的舰长，并在港口停留了两个星期。叙弗朗匆匆赶回海角，先行抵达后命令后续部队立即登陆，以预防敌人攻击，保护殖民地。一段时间过后，约翰斯通来到海角附近，发现敌人已做好防御准备，于是转向萨尔达尼亚湾，在那里俘获了五艘荷兰的东印度商船。然后他派遣"英雄"号、"蒙茅斯"号和"伊希斯"号前往印度增援休斯，自己则返回英国。

在普拉亚港事件中，英军将领均未受到任何不当行为的指控。"伊希斯"号的舰长虽被送上军事法庭，但体面地洗清了所有的指控。无论负责此次战斗中的军官多么睿智、战斗精神多么昂扬、军事能力多么出众，都难以挽回这次意外战斗带来的名誉损失。据说，在约翰斯通被委以这项重任之前，他甚至连一艘邮船都没有指挥过[142]，之所以被选中担任指挥官，是因为他迎合了政府的喜好，攻击凯佩尔和豪作战战术缺乏专业性，这两位海军

·第十四章　东印度群岛的海军行动：叙弗朗的大业（1778—1783）·

将领当时与政府意见相左。[143]他对舰队荒谬的指挥，对整个海军来说尚在承受范围之内。据报道，英国的战舰上全部人员只有9人死亡、47人受伤。船队中发生了几起因意外造成的伤亡事件，加起来共有36人死亡、130人受伤。法方承认在此次战斗中有105人死亡、204人受伤，其中19起伤亡发生在"英雄"号和"安尼巴尔"号上。虽然这一意外的战斗是由叙弗朗发起的，但就算他自己的舰队也感到措手不及，英军更是如此。当时由于英军已经下锚，且加入战斗的军舰越来越多，因此具有明显的优势；在此优势下，运输船火枪也开始射击加入战斗，因而功劳并不都是法国舰长或舰艇炮兵的。

叙弗朗在海角附近停留了两个月。在确定殖民地安全无虞，无须舰队保护之后，他启程前往法兰西岛，并于10月25日抵达。12月17日，整个法国船队在德奥夫斯的指挥下，向科罗曼德海岸驶去。途中，英国的一艘50门风帆战列舰"汉尼巴尔"（Hannibal）号及其舰长亚历山大·克里斯蒂（Alexander Christie）被俘。1782年2月9日，德奥夫斯伯爵去世，叙弗朗接管了12艘战舰，其中包括3艘74门炮舰、7艘64门炮舰和2艘50门炮舰[144]。15日，马德拉斯港的炮台前发现了休斯的舰队。该舰队共有9艘战舰，包括2艘74门炮舰，1艘68门炮舰，5艘64门炮舰，以及1艘50门炮舰。叙弗朗率队向南面的朋迪榭里方向驶去，此时，朋迪榭里已经被海德尔·阿里控制。夜幕降临后，休斯也整装出发，向南航行。他为锡兰的亭可马里感到担忧，最近，这里成为荷兰的港口，1月5日又被英国舰队攻占。亭可马里是一个非常有价值的海军驻地，但防守却稍显薄弱。

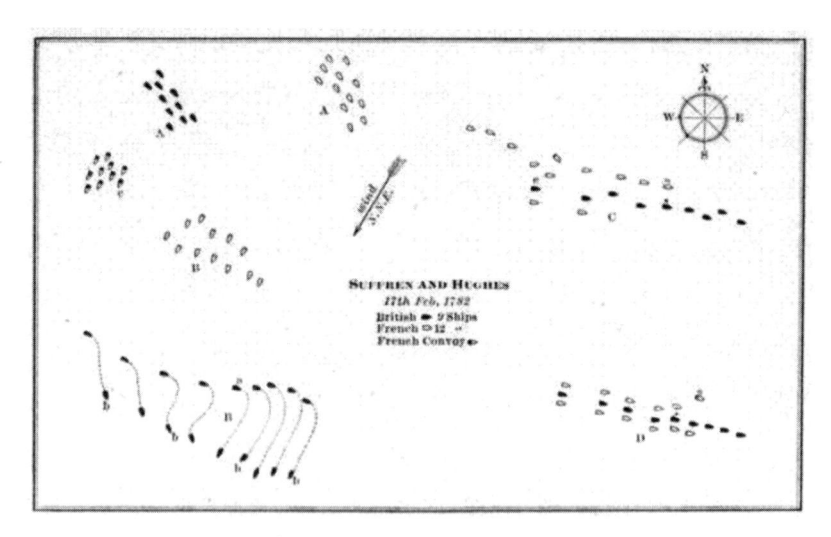

燃海的怒火：美国独立战争中的海军行动

**1782 年 2 月 17 日，休斯与叙弗朗之战**

拂晓时分，英军发现一支法国舰队位于东向 12 英里处（A，A），其运输船队位于西南 9 英里处（c）。休斯追上该运输船队，俘获了其中的 6 艘船只。叙弗朗连忙发起追击，但在日落之前还没有追上，两支舰队在夜间都转向东南方向航行。次日清晨，微风起，风向东北偏北，法国舰队位于英国舰队东北方向 6 英里处（B，B）。英国舰队在左舷列队，方向对着大海；休斯希望能借助海风，迎风行驶。然而，风向并未如他所愿；东北方向的海风将敌军舰队吹离原有航线，休斯趁机带船顺风行驶（b），希望为他的舰队赢得时间，缩小舰船之间的间隔距离，目前舰船之间的间隔距离过大。下午 4 点，法国舰队逼近，他不得不再次在左舷列队（C），向东航行。殿后舰"埃克塞特"（the Exeter）号 64 门炮舰（e）与其他船只分开，没能得到前方船只的适时援助。

## 第十四章 东印度群岛的海军行动：叙弗朗的大业（1778—1783）

叙弗朗亲自率领部分军舰，从后方进入英军战列线的上风处，直抵休斯的旗舰，此时休斯的旗舰位于先锋舰队中的第五个位置。叙弗朗在此处停下，与其保持一半射程的距离，以防止英国先锋舰队的四艘军舰抢风行驶，前去支援同伴，他打算让后半部分的舰队攻击另一侧的英军殿后舰。预定的作战计划如示意图中图 D 所示。实际战斗中，法军只有两艘殿后舰遵循了叙弗朗的计划，在英国殿后舰尾部的下风处与敌交战；法军殿后舰中的其他军舰长时间未采取任何行动（C）。图 C 显示，布局 D 的计划并不完美。然而，由于叙弗朗的旗舰所处的位置阻止了英军先锋舰通过抢风行驶进入战斗，最终的战果，用休斯自己的话来说就是"敌人集中他们性能最好的 8 艘军舰来攻击我方的 5 艘舰船"。巧合的是，双方舰船的数量比例与尼罗河战役第一次作战行动的交战双方比例简直一模一样。"埃克塞特"号与尼罗河战役中的"盖里耶"（the Guerrier）号一样遭到了敌军前面五艘舰船的新一轮弦炮攻击，这艘军舰两侧一直与敌人密集交火，起初攻击他的是两艘敌舰，后来加到三艘敌舰（两艘 50 门炮舰及一艘 64 门炮舰）。当第三艘舰船靠近时，舰长问理查德·金（Richard King）准将（当时准将的三角旗在桅顶上飘扬）："现在我们应该使用什么战术?"金回答说，"什么也不用，唯有死战，击沉他。"第三艘舰船上仍有 10 人死亡、45 人受伤，可见法国舰队的炮弹射击技术水平之低，他们在普拉亚港的表现也差强人意。下午 6 点，风向转为东南风，所有的舰船都转变了航向，英国的先锋舰队终于得以进入战斗。天色渐暗，叙弗朗撤退，去往朋迪榭里停泊。休斯继续前往亭可马里对舰船进行休整。英军有 32 人死亡，

**燃海的怒火：美国独立战争中的海军行动**

其中包括旗舰的舰长威廉·史蒂文斯（William Stevens）和"埃克塞特"号的舰长亨利·雷诺兹（Henry Reynolds），另有83人受伤。法军有30人死亡；洛顿（Laughton）教授估计法军受伤人数为100人。

3月12日，休斯回到了马德拉斯，并在月底携带增援部队和补给再次启程前往亭可马里。30日，刚从英国归来的"苏丹"号74门炮舰和"马格纳姆"（the Magnanime）号64门炮舰在海上与休斯会合。出于战争策略考虑，叙弗朗留在沿海地区，以鼓励海德尔·阿里向法国政府靠拢；3月22日，一支特遣队登陆，协助围攻英国的库达洛尔港，随后，叙弗朗于23日出海，向南行驶，希望在锡兰岛南端拦截"苏丹"号和"马格纳姆"号。4月9日，他发现在舰队的南面和西面都有英国舰队出没，但休斯把加强亭可马里的防御作为第一要务，下定决心既不主动出击也不回避战斗。于是叙弗朗继续航行，此时微风吹拂，风向偏北，11日，他到达锡兰岛港口东北方向约50英里处，调转航向向港口驶去。第二天早上，也就是4月12日，他发现敌军有可能超过他的殿后舰队，因此他在右舷列队，舰船之间保持两根缆绳的间距，朝西驶向锡兰海岸，此时风向由东转北，法国舰队逆风寸步难进（A, A）。叙弗朗命令舰队在同一航线上编队成行（a），与英国舰队平行，并在上午11点发出信号，命令全部舰船向西南偏西方向转舵；航线以斜线方式插向（bb'）南面，朝敌舰进发。法军以12艘舰船对峙英军的11艘舰船，第12军舰受命从英军后方转向另一侧，对其进行夹击。

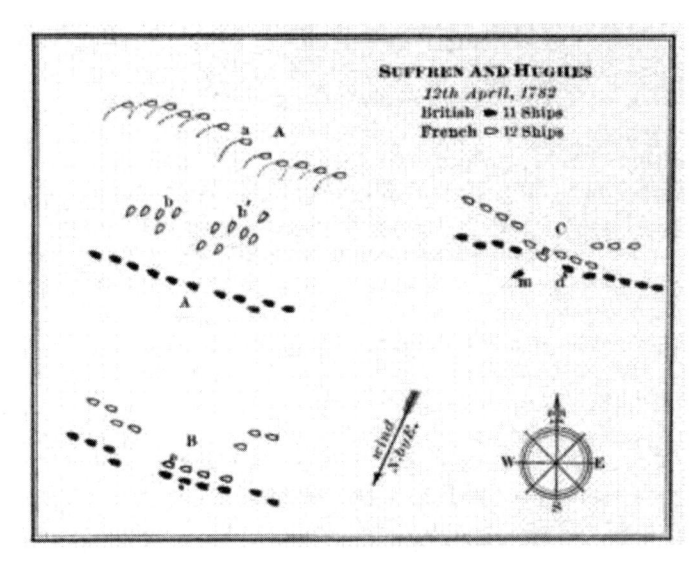

· 第十四章　东印度群岛的海军行动：叙弗朗的大业（1778—1783）·

**1782 年 4 月 12 日，休斯与叙弗朗之战**

作战双方同时向彼此靠近时，通常会出现如下情况：进攻时的队形不再与敌人的舰队平行，双方先锋舰靠得越来越近，殿后舰则越来越远。当时的情况也是如此。英军在法军领航舰进入射程范围后立即开火，领航舰立即停下来反击。叙弗朗处于舰队中心位置，他希望能近距离战斗，于是再次发出信号，示意各舰船拉开距离，他所在的指挥舰以迅猛之势向休斯冲去，距离拉近到超近射程之内；在这一过程中，他得到了前方的一艘、后方两艘己方军舰的就近支援。法军的殿后舰虽然也参加了战斗，但相隔的距离太远。因此，法军的战列线就像一条曲线，中锋舰的四五艘舰船与英国的中锋相切（B）。此时，休斯的旗舰"超级"（the Superb）号 74 门炮舰（C，d），以及它前面的"蒙茅斯"号 64 门炮舰成了法舰的主要攻击对象。法军"英雄"号的索具

#### 燃海的怒火：美国独立战争中的海军行动

被炮火打断，无法缩短船帆，被"超级"号击中，与"蒙茅斯"号并排而行。"蒙茅斯"号此前已经与同级别的一艘舰船进行了激烈交锋，实力严重损耗，在新一轮的交火中失去了主桅和后桅，于下午3点被迫退出了战列线（m）。在"卓越"（the Brillant）号64门炮舰的援助下，"东方"（the Orient）号74门炮舰取代了法军"英雄"号的位置，该位置就在"超级"号旁边；"蒙茅斯"号退出时，"英雄"号船尾有法军的6艘军舰正在追击，此时它们加强了对"东方"号和"卓越"号的攻击；法军的"英雄"号已经切入英军战列线，正在向"超级"号的船头开火。这5艘舰船（其中有2艘英国舰船，有3艘法国舰船）之间的战斗是海军史上损失最为惨重的战斗之一；"超级"号的伤损为59人死亡、96人受伤，蒙茅斯号的伤损为45人死亡、102人受伤，与特拉法加战斗中的纳尔逊和科林伍德的大型军舰的损失不相上下。3艘法国舰船的损失为52人死亡、142人受伤；"斯芬克斯"号64门炮舰的损失也应该算在其中，它是"蒙茅斯"号第一艘与之交战的战舰，它的伤亡情况为：22人死亡、74人受伤。下午3点40分，休斯担心如果继续向西航行，会困于岸边无法脱身，于是他率舰队转向下风，在左舷列队，驶离海岸。法国舰队也转向下风，叙弗朗希望能俘获位于两军战列线之间的"蒙茅斯"号；但英军"英雄"号的舰长霍克（Hawker）反应迅速，及时用一根牵引绳将其拉住，将它拖离了危险。休斯在5点40分下锚停船，叙弗朗也在晚上8点下锚。此次英军共有137人阵亡、430人负伤；法军137人阵亡、357人负伤。

## 第十四章　东印度群岛的海军行动：叙弗朗的大业（1778—1783）

精疲力竭的敌军在公海上停泊，与英军相距 2 英里，休整了一周时间。4 月 19 日，法舰队有了进一步行动，他们在英军面前故意挑衅示威，希望引其出战，但并没有发动攻击；"蒙茅斯"号船况不佳，休斯无法行动。因此，叙弗朗前往锡兰的巴塔卡洛，此处位于亭可马里南部，于此处掩护欧洲而来的船队，以便敌军逼近时采取侧攻。4 月 22 日，休斯来到亭可马里，他在那里停留至 6 月 23 日，之后前往内加帕坦，这里曾是荷兰人的领地，后被英军占领。他在此处得知，叙弗朗在距离他北面几英里处的库达洛尔俘获了几艘英国运输船，库达洛尔是于 4 月 4 日被海德·阿里占领的。7 月 5 日下午 1 点，法国海军中队现身。下午 3 点，休斯出海，并在夜间向南顺风航行，此时风向正是西南季风。

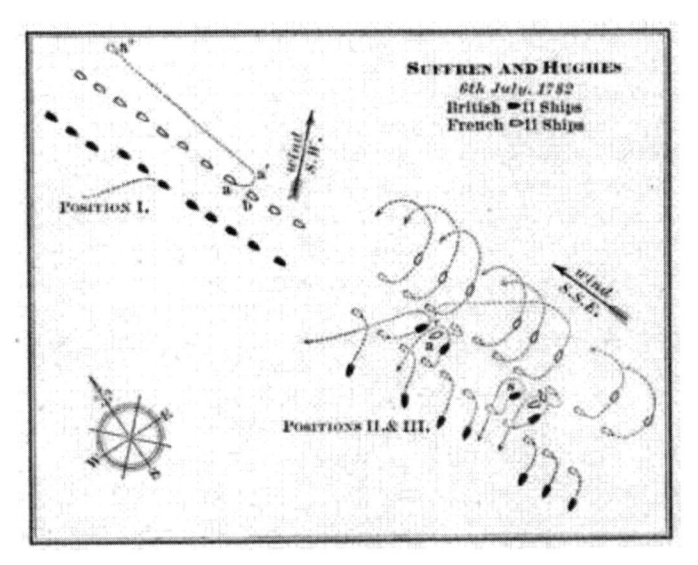

**1782 年 7 月 6 日，休斯与叙弗朗之战**

### 燃海的怒火：美国独立战争中的海军行动

次日拂晓，法国舰队在七八英里处的下风处停泊。早上 6 点，他们起锚出发。舰队中的一艘 64 门炮舰"阿贾克斯"号，由于前一天下午的狂风，主桅和后桅被吹断，不在队列中。因此，目前英法双方各有 11 艘舰船。这次被称为内加帕坦的行动于快 11 点的时候开始，当时两支舰队都在右舷朝东南偏南方向航行，风向为西南风。英国舰船位于上风处，休斯命令舰队同时向下风航行并发起攻击这正是 4 月 12 日叙弗朗采用的战术。如往常一样，先锋舰之间距离较近，殿后舰之间距离较远（位置 I）。法国舰队中的第四艘舰船"卓越"号 64 门炮舰，早早就被打落了主桅杆，落到了战列线的下风处，（a'），位于它指定位置的（a"）的后面。中午 12 点半，风突然转向东南偏南方向，船因为海风稍微偏向了左舷。双方的大部分舰船都与敌军舰船拉离开了一定的距离，此时英国舰船在右舷航向，法国舰船在左舷航向；然而，匆忙混乱之间，还有 6 艘舰船留在了双方队列中间，其中包括 4 艘英国舰船和 2 艘法国舰船，它们转向了与主力舰船相反的方向（位置 II 和位置 III）。[145] 这 4 艘英国舰船是："伯福德"（the Burford）号、"苏丹"号、"伍斯特"号和"老鹰"号，它们在英国队列分别排在第四、第五、第八和第十位；法国的两艘舰船为："塞维尔"（the Sévère）号（b），排在法军队列第三位，以及桅杆被击落的"卓越"号，它位于战列线后面的位置（a）。在这种情况下，"塞维尔"号 64 门炮舰与"苏丹"号 74 门炮舰进行了短暂的近身交战。根据"塞维尔"号舰长的日志记录，他们还与另外两艘英国舰船进行了交火，交火的英舰舰长用自己的话对该事件的其余部分予以了说明。

· 第十四章　东印度群岛的海军行动：叙弗朗的大业（1778—1783）·

"德西拉特（de Cillart）舰长发现法国船队正在驶离（除了'卓越'号之外，所有的船都向另一个方向撤退），他认为此时坚持防御已毫无意义，于是把旗帜撤了下来。与他交战的舰船立即停止了炮击，他右舷的那艘军舰也离开了。这时，'塞维尔'号向右舷侧倾，拉满船帆。德西拉特舰长于是命令唯一一门还有人操控的下层甲板火炮，继续开火，随后军舰重新归队。"

"塞维尔"号的旗帜降下时，叙弗朗正带着他的旗舰靠近。"苏丹"号试图转向下风，重归舰队战列线，遭到了"塞弗尔"号的袭击。"卓越"号与一艘战舰交火，主桅被击落，对方战舰可能是"苏丹"号或是"伯福德"号，这两艘重型舰船在战斗的后期，在"伍斯特"号和"老鹰"号的炮火之下受到重创。"卓越"号的舰长德圣菲利克斯（de Saint-Félix）是叙弗朗手下意志最为坚定的军官之一。"卓越"号虽然被旗舰救了出来，但还是损失惨重，最后伤亡为 47 人死亡、136 人受伤。这是一场令人难以置信的杀戮，伤亡数量已经超过一艘普通 64 门炮舰上三分之一的船员；叙弗朗的舰船也面临着人手也不足的窘境。

对英军来说这些战斗插曲令人振奋，英军的四艘分开的舰船也各自与敌人接近利于进攻，于是休斯下达转向下风的命令，命令全体展开追击；列队作战的信号旗帜被降了下来，新下达的信号要求所有的主力舰船为分散的舰船提供支援，不用考虑战列线顺序，这样各舰船就能充分利用剩余的航行能力进行最大限度的追击。然而，舰队中的两艘舰船发出了船只受损无法行动的信号，休斯只得取消了命令，并在 1 点 30 分命令左舷列队，并召回作战船只。两支舰队现在都紧靠海岸，下午 6 点左右各自下锚

### 燃海的怒火：美国独立战争中的海军行动

停泊；英军在内加帕坦附近，法军在该地向北约 10 英里处。此次战斗中，英国舰队 77 人死亡、233 人受伤；法国舰队 178 人死亡、601 人受伤。

第二天，叙弗朗启程前往库达洛尔。到达后，他收到消息说，"伊勒斯特"（the Illustre）号 74 门炮舰、"圣·米歇尔"（St. Michel）号 60 门炮舰以及一支载有补给物资和 600 名士兵的船队将在不久后到达加勒角（Pointe de Galle），加勒角位于锡兰的西南侧，当时这里是荷兰的港口，掩护这些船只非常必要。18 日，叙弗朗准备出海，但由于必须同海德·阿里面谈，不得不将去巴塔卡洛的日期推迟到 8 月 1 日。9 日，他到达巴塔卡洛，21 日，他的队伍加入了一支增援力量。48 小时内，补给船只卸货完毕，海军中队再次出航，目标是攻占亭可马里。25 日，叙弗朗率舰队到达亭可马里港口附近，积极推进作战行动，该地于 8 月 31 日投降。

人们总是不禁回想，以休斯所拥有的力量，如能及时赶到，这一不幸事件也不会发生。实际上，9 月 20 日休斯才到达马德拉斯，这已经是亭可马里投降两周之后；尽管他也曾担心有敌军企图进攻亭可马里，却延迟到 8 月 20 日才启程。当他于 9 月 2 日到达亭可马里时，该地已经落入了法军手中，而且原本攻入岸上的敌军也已经重新集结登船，卸下的武器也重装完毕。在得知休斯正在靠近时，叙弗朗加快了出海的准备工作，第二天早上，破晓之际，法国舰队扬帆出海。上次行动后"权杖"（the Sceptre）号 64 门炮舰加入了休斯舰队，因此 9 月 3 日在亭可马里附近的战斗中，英法双方的兵力是 12 比 14，即：英国舰队有 3 艘 74 门炮

### 第十四章 东印度群岛的海军行动：叙弗朗的大业（1778—1783）

舰，1 艘 70 门炮舰，1 艘 68 门炮舰，6 艘 64 门炮舰，以及 1 艘 50 门炮舰；法国舰队有 4 艘 74 门炮舰，7 艘 64 门炮舰，1 艘 60 门炮舰，以及 2 艘 50 门炮舰。叙弗朗还将 1 艘 36 门炮风帆战列舰"康索兰特"（the Consolante）号[146]编入了战列线。

法国舰队从亨可马里出发时，英国舰队的位置在入口的东南偏南方向，紧靠右舷航行，风向为西南季风。当休斯通过船旗识别出敌军的位置时，他避开了四个方向点[147]，转向东南偏东方向，仍以纵队排列，将短帆布升起（A）。叙弗朗在后追击，逆风航行，仍在后面紧跟，舰队的航向与列队的方向偏差出一个角度，也就是说，战列线方向与航向没能保持一致，这种前进方向与战列线方向不在一条线上的阵型（A）是很难保持的。休斯是水手出身经验丰富，他还有一批优秀的舰长，他希望将法国舰队引到港口的下风处，那样无论眼前的战局如何，都能取得决定性战果；于是他与急于一战的敌人进行了战术周旋。叙弗朗写道："他一直在躲避我，却没有逃走；或者说，他以井然有序的方式在逃离，他的舰船上此刻掌帆的是最差的水手；而且，他逐步拉开与我方的距离，不断变换方向，航线多达 10 到 12 条。"休斯虽然对自己的目标非常清楚，凭经验就能得知对手的作战目的，但对敌人的优柔寡断还是感到有些困惑。叙弗朗继续写道："他们有时慢慢驶近，有时停船；没有固定的顺序，仿佛无所适从。"这样的航向不定显然是由于无法保持方位线造成的，方位线即战列线；维持战列线越来越困难，因为休斯在不断地改变舰队航线，叙弗朗的舰船速度也不一致。

终于，下午 2 点，在距离港口东南方向 25 英里处，法国舰队渐渐逼近。为了保证行动准确无误地进行，所有的船只一起行动，叙弗朗对之前的顺序做了调整，命令舰队在右舷迎风行驶。但调整之后的效果不佳，速度无法提升，情况正如纳尔逊后来所说的那样，"一天的时间很快就在不断地编队中过去了"，叙弗朗渐渐耐心耗尽。2 点 30 分，为了激发各舰船涣散的斗志，法国海军上将发出了进攻的信号，(a)，指定各舰船进入近距离射程。即使这样也没能让那些散漫怠懒的舰船迅速加入旗舰的战列线，旗舰为此开了一炮敦促他们服从命令。在她等待其他舰船列队的过程中，仍与英国舰队对垒，甲板下的海员将之前的开炮当作是开火的信号，于是整个侧舷的炮台纷纷开火。其他舰船也随之开火，因此这次交战并不是近距离作战，而是在半炮射程内展开的交锋。

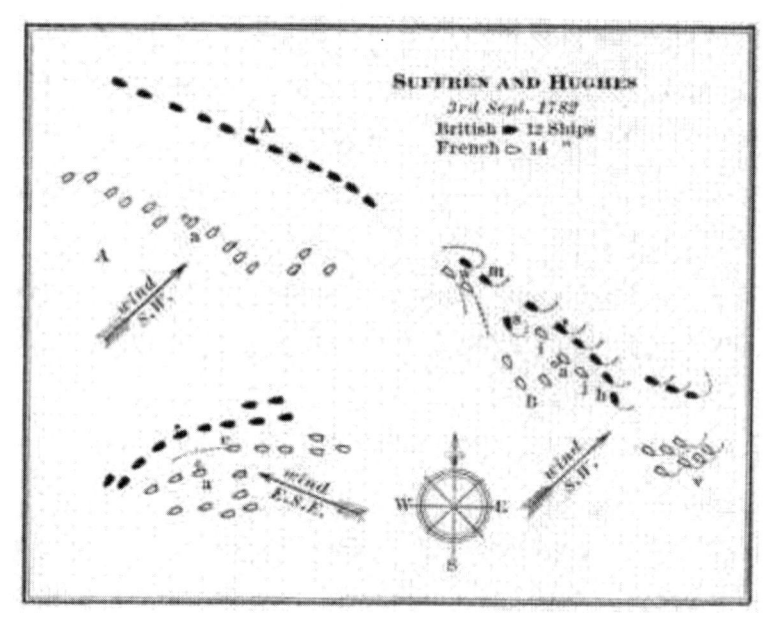

1782 年 9 月 3 日，休斯与叙弗朗之战

· 第十四章　东印度群岛的海军行动：叙弗朗的大业（1778—1783）·

休斯的撤退克制而谨慎，此时，他的舰队战列线整齐，排列有序，队形严密。法国舰队从一开始就队形凌乱，他们在炮火中行进艰难，完全陷入了无序状态（B）。七艘战舰过早地绕到了敌人面前，舷侧正对英军，船头朝前，队列混乱（v），此时，他们的位置在英国先锋舰前面不远，离上风处还有段距离。由于部署不当，各个舰船相互干扰，无法全力开火。这七艘舰船后面的法国舰队也存在着类似的情况。叙弗朗希望他的大部分战舰能迎风与英军作战，他指示"复仇者"（the Vengeur）号64门炮舰和"康索兰特"号36门炮舰从舰队的最后方加速前进，前往下风处；但他们发现敌军并没有在迎风面，害怕如果就此前往下风处，会被英军拦腰截断。于是他们选择迎风而上，向殿后舰"伍斯特"号64门炮舰（w）发起攻击，此时"蒙莫斯"号64门炮舰降低航速，赶来对其进行支援，由于"复仇者"号的后桅遭到炮击，这两艘军舰被迫撤退。只有叙弗朗自己的旗舰"英雄"号74门炮舰（a），和它身后的"伊勒斯特"（the Illustre）号74门炮舰（i），立即与英国舰队的中锋舰进行了近距离交火；随后法舰"阿贾克斯"（the Ajax）号64门炮舰成功地从后方混战中脱离出来，行进到了"英雄"号的前面（j）。在这场战斗中，这三艘船首当其冲，它们不仅受到了对面舰船的舷炮攻击，而且，在此时风力减弱，风向不定的时候，前方和后方的英国船只（h，s，）有的抢风行驶，有的拉开距离，也对它们发起了攻击。"敌军在我们周围形成了一个半圆形，"叙弗朗的参谋长写道："当我们变换船舵方向，向下风处驶去的时候，我们受到了敌军的前后夹击。"在当天的战斗中，两艘74门炮舰在这场炮火中被击溃。失去了主桅和后桅，旗舰的前桅也被打掉。后来抵达的阿贾克斯号，并没有引起敌军注意，只被打掉了一根顶桅。

英军各舰船的伤亡人数比较平均。只有一艘殿后舰损失了一根重要的主桅杆。前面提到过，它和两艘领航舰"埃克塞特"号和"伊希斯"号遭到了法国舰队最猛烈的炮火攻击。从法军7艘殿后舰的位置来看，他们只能攻击英军的先锋舰。"埃克塞特"号被迫退出战列线。当天法军有82人死亡、255人受伤；其中死亡的64人和受伤的178人均在"英雄"号、"伊勒斯特"号和"阿贾克斯"号上。英军有51人死亡、283人受伤；其中一艘舰船伤亡56人，是所有舰船中损失最严重的。奇怪的是，在这份死亡人数不多的名单中，竟然有3位指挥官，他们是"苏丹"号的瓦特（Watt）舰长、"伍斯特"号的伍德（Wood）舰长以及"伊希斯"号的卢姆利（Lumley）舰长。

下午5点30分，风向突然从西南转向东南偏东方向（C）。英国舰队集体转向下风，在另一个方向列队，继续战斗。下午6点，战斗接近尾声时，法国旗舰的主桅杆被打落。4点之前，法国舰队的先锋舰已经用小船牵引着调转船头，以便在叙弗朗发出信号时，能够前来支援中锋舰；但风力太小，微风和无风阻碍了他们的行动。随着时间的推移，他们慢慢接近，在本军受损的舰船和敌军舰船之间（c）以纵队通过。这次战列线移动，以及白天的战斗的失败，加速了战斗结束的进程。根据休斯所述，他的舰队中有几艘舰船"从船底的弹孔中灌进来大量的海水，无法抵挡炮火的袭击；整个舰队的桅杆和索具也都遭到了严重的破坏"。亭可马里在敌人手中，而锡兰的东海岸锚地在季风交替时非常不

## 第十四章 东印度群岛的海军行动：叙弗朗的大业（1778—1783）

安全，休斯不得不返回马德拉斯，并于 9 月 9 日到达此处停航。当月 7 日，叙弗朗重新回到亭可马里，但"东方"号 74 门炮舰在入口处靠岸后便不知所踪，而 17 日之前，他一直停留在港口外面，负责从沉船上抢救物资。

当时西南季风的到来，伴随着猛烈的飓风，随后就是东北季风到来，在此期间，虽然半岛和锡兰东海岸之间有一片海岸背风处，但此处风浪较大。因此，海军行动在冬季暂停。在这个季节，亭可马里是唯一安全的港口。由于它已经被法军占领，休斯决定于 10 月 17 日离开马德拉斯，前往孟买。4 天后，一支由 5 艘战舰组成的增援部队从英国驶来，由准将理查德·比克顿（Richard Bickerton）爵士负责指挥，他率队跟随总司令前往西海岸。12 月间，英国的全部兵力在孟买会合。

亭可马里有一处不错的锚地；但由于军事资源不足，再加上其他军事考虑，叙弗朗决定在苏门答腊岛西端的阿切恩（Acheen）过冬。他于 11 月 2 日到达阿切恩，首先拜访了库达洛尔，在那里，"奇异"（Bizarre）号 64 门炮舰因疏忽造成失事。12 月 20 日，叙弗朗离开阿切恩，前往科罗曼德海岸，处于策略考虑，他缩短了在东部的停留时间。1783 年 1 月 8 日，他到达奥里萨海岸的甘加姆，然后于 2 月 23 日回到亭可马里。3 月 10 日，他在亭可马里与来自欧洲的 3 艘战舰会合，其中包括 2 艘 74 门炮舰和 1 艘 64 门炮舰。在它们的护航下，德·布西（de Bussy）将军率领的 2500 名士兵，立即被派往库达洛尔。

4 月 10 日，休斯中将从孟买返回，在前往马德拉斯的路上

#### 燃海的怒火：美国独立战争中的海军行动

经过亭可马里，自9月3日的战役以来，沉船、增援等海上事件频发，使双方的战力发生了逆转，休斯现在有18艘战舰，其中一艘是80门炮舰，而叙弗朗手下只有15艘战舰。1782年12月7日，海德尔·阿里去世，这是印度战局中的另一个重要事件。尽管他的儿子蒂普·赛博（Tippoo Saib）继续施行他的政治策略，法国军队还是受到了沉重打击。在这样的形势下，英国当局重拾信心试图收复库达洛尔。负责该行动的舰队从马德拉斯出发，绕过库达洛尔，在其南部的海岸扎营。补给舰和轻型巡洋舰在附近停泊，而舰队则再向南航行。由于当时西南季风已经到来，舰队位于上风处，因此能够对作战行动进行掩护而不会受海上的干扰。

6月初，英军对该地的陆路和水路的兵力投入已经完成。6月10日，叙弗朗收到了相关情报，在布西的指示下，他将受损舰船留在亭可马里，继续进行整修，而他自己则在收到以上的消息后，立即率队离港，13日于海上发现了英国舰队，当时英军正停泊在库达洛尔以南不远处的诺沃港附近。待他靠近，休斯立刻远离，在距离锚地5英里处停船。在接下来的两天里，法国舰队深陷季风之苦；17日，西南季风又起，叙弗朗再次向敌军靠近。休斯中将不愿意在锚地展开战斗，于是他再次起锚，此后一直到20日，他都远离锚地航行，试图寻找有利位置，当时由于风向多变，他遇到了很多困难。与此同时，叙弗朗在诺沃港附近停泊，与海军上将保持着联络，由于炮台上的海员人手严重不足，为了接下来的战斗能够取胜，他配备了1200名士兵；双方都心知肚明，对海洋的控制直接决定了围攻的成

· 第十四章 东印度群岛的海军行动：叙弗朗的大业（1778—1783）·

败。18 日，叙弗朗权衡局势，哪怕风向不定，风力较小，双方舰队为取得优势位置都在列队航行，英国舰队此时距离岸边更远。

6 月 20 日，风向稳定在西风，面对叙弗朗咄咄逼人的进攻，休斯决定应战。叙弗朗以 15 艘战舰对决英军的 18 艘战舰，在兵力上处于明显劣势，他正酝酿一次对库达洛尔命运具有决定性意义的战斗，他希望在这次行动中，法军舰船不仅不会出现被俘或损毁的情况，而且会迫使对手从此地离开，去别处对受损的舰船进行修整。英国舰队在左舷列队，向北进发。叙弗朗以同样的方式列队，与敌军并列行驶，并在仔细核查命令后才开始行动。在进攻的信号发出后，法国舰队一起出发，再次来到英军的上风舷处，恰好处在短射程内。这次战斗从下午 4 点多一直持续到将近 7 点，双方均全线参与作战；殿后舰的交战情况没有先锋舰和中锋舰那样激烈，这和以往的情况一样。双方舰船都没有被俘；也没有出现重要桅杆被击中的情况。英军有 99 人死亡、434 人受伤；法军有 102 人死亡、386 人受伤。

法军的船头朝北，他们继续保持航线向北行进。次日清晨，叙弗朗在库达洛尔以北 25 英里处停船。22 日，休斯发现了他的停靠地，休斯从战斗结束后的第二天起一直在此处停留。据休斯中将记录的日志显示，英军的几艘舰船严重受损，大批士兵（有 1121 人之多）因患坏血病而倒下，饮用水严重短缺。休斯认为由于形势所需，需要前往马德拉斯，并于 25 日到达后下锚停泊。23 日下午，叙弗朗再次回到库达洛尔。他的归来和休斯的离开让军事形势发生了彻底改变。英国舰队作战计划中必不可少的补

### 燃海的怒火：美国独立战争中的海军行动

给船只，在叙弗朗第一次靠近时，就被迫离开了，现在当然也不可能马上回来。"自从补给船队离开后，我的心就一直悬着，没有一刻是放松的时候，"25日，指挥官写道，"考虑到叙弗朗先生的性格，以及法国舰队的绝对优势，我们只能依靠自己了。"

爱德华·休斯爵士，K. B.　　皮埃尔·安德烈·德·萨夫伦·圣特罗佩

这次于1783年6月20日在库达洛尔附近发生的战斗是1778年的最后一次海战。实际上，这场战役是在1783年1月20日签署初步和平协议整整五个月后发生的。尽管两支舰队的相对兵力没有变化，但无论在战术，还是战略上都是法国更胜一筹。在战术上，法军因为舰队受损，一直严守阵地，仍然拥有战场的主动权；在战略上，由于它掌控了库达洛尔的命运，因而也暂时拥有了这场战役的胜利。而且，这还是一位海军总司令对战另一位海军总司令的胜利，是强者战胜弱者的胜利。休斯的撤退等于承认

· 第十四章　东印度群岛的海军行动：叙弗朗的大业（1778—1783） ·

了他的对手作战技术更加高明。出现"缺水"情况时，由于英军拥有 18 艘舰船的数量优势，所以可以抽调出船只前去取水，这样的事情本不应该发生；"桅杆受损"是此次战斗后才有的后果；"人员短缺达 1121 人"，实际上叙弗朗只带了 1200 名海员，是休斯的不作为才让他有机会与港口联系。尽管英国军官与海员的航海技术更佳，且顽强不屈，然而在整个战役中，叙弗朗再次证明了一条古老的经验，即在战争中，军事指挥才是至关重要的因素。叙弗朗在资源匮乏的情况下，一开始舰船数量不占优势，但通过稳定的进攻，不断给英国海军上将施加对亭可马里的焦虑情绪，叙弗朗诱引休斯陷入了毫无意义的防守之中。夺取亭马可里，占据了这个根据地，之后他坚定地站在战场上守护这里。在英国舰队无奈撤退到孟买的时候，叙弗朗仍然留在亭可马里，使迈索尔苏丹继续保持对英军的尴尬敌意。最后，尽管英国舰队数量更占优势，但叙弗朗还是通过有序准备和随机应变的战场表现，挽救了库达洛尔。在人员配备和船况各方面都处于劣势的情况下，他仍然能战胜休斯，堪称伟大的船长，而休斯无法胜任这个称号。

6 月 29 日，一艘名为"梅迪亚"（the Medea）号的英国护卫舰打着休战旗到达库达洛尔。它带来了缔结和平的讯息；双方同意停止敌对行动。

## 注释：

[136] 指现在的毛里求斯。

[137] 位于在马拉巴尔（Malabar）西海岸。

### 燃海的怒火：美国独立战争中的海军行动

[139] 见前，第 163 也，指法军停靠在皇家堡的四艘战舰。（原书缺注 138。——译者注）

[140] 我从叙述中推断，"蒙茅斯"号在"英雄"号（英军）的东面，法国舰队率先从"蒙茅斯"号身边经过，"英雄"号（法军）目前在它的左舷正侧面；但这一点并不确定。

[141] 此为约翰斯通日志中的表述。

[142] 然而，查诺克（Charnock）说，1762 年，他在接受委任后，立即接任指挥"欣德"（the Hind）号和"瓦格"（the Wager）号 20 门炮舰。此外，在他被任命为 1781 年远征军的指挥之前，曾是里斯本（the Lisbon）驻地的准将。但他作为舰长在海上待的时间相对较少。

[143] 见前，第 79、80 页对凯佩尔和豪与政府意见相左的描述。

[144] 其中一艘是缴获的英国"汉尼巴尔"号 50 门炮舰，由莫拉德·德·加列斯（Morard de Galles）舰长指挥，保留了 Hannibal 名字的英文形式，以区别于已经在海军中队服役的"安尼巴尔"号 74 门炮舰。

[145] 指平面图中的位置 II 和位置 III，位置 II 上的舰船用虚线绘成。这两个位置显示了风向转为东南偏南前交战中的两军战列线。风向转变后，形成了第三个阵地，它与第二个阵地连接，此位置上的舰船用实线绘成。

[146] 前身是英国的东印度货船"伊丽莎白"号。

[147] 呈 45 度。

# 索 引

阿尔赫西拉斯，位于直布罗陀湾，当时成为围攻直布罗陀的法国—西班牙舰队驻地，121，230，231

阿布斯诺特，马里奥，英国海军司令，1779年任北美站指挥官，113，148

    对罗德尼闯入他的指挥部感到愤怒，150

    1780年，支持对查尔斯顿发起进攻，151

    驻扎在加德纳湾，151，170

    1781年，与德斯特奇斯领导的法国中队展开行动，171

    重新获得切萨皮克湾的指挥权，174

    1781年，卸任，176

"阿雷图萨"号，英国护卫舰。与法国护卫舰"贝尔·波尔"号的交锋标志着1778年与法国战争的开始，62，82

    1780年武装中立，3，158

阿诺德，本尼迪克特，美国上将。1776年他在尚普兰湖行动后的影响，3，4，7，25

1775 年与伊桑·艾伦一起，夺取提康德罗加和皇冠点，8

俘获或摧毁了尚普兰湖上的所有敌军船只，9

穿越缅因州森林，在魁北克前与蒙哥马利会合，10

在英国中队到来，一直对魁北克进行封锁，10

撤退到皇冠点，部队物资匮乏，11

计划保留尚普兰湖指挥权，12

他的部队及其特点，14，15，17

受到岸上炮台威胁，放弃尚普兰湖的下游狭道，15

选择瓦尔库尔岛作为防御阵地，15

宁愿冒着被摧毁的危险也绝不撤退，18，19

完善的战略和战术思想，20

瓦尔库尔岛之战，21

失败后成功撤退，23

被英军赶上，船队被摧毁，25

他的抵抗阻碍了英国人的前行进程，25

他的行为、勇气和英雄主义始终如一，27

后来的叛变，18，27，152

指挥英国在弗吉尼亚州的分遣队，153，169，170，174

亚洲移民所涉及的危险，4

巴巴多斯，西印度岛，英国背风群岛驻地的总部，99

圣卢西亚岛的优势，104，144，207

残破的船只最引人注目，144

1780 年，被飓风毁坏，159

巴林顿，塞缪尔，英国海军司令，在背风群岛驻地任指挥，99

占领圣卢西亚岛，100—102

成功阻止了德斯坦重夺圣卢西亚岛，103，104

被拜伦取代了总指挥的位置，105

在拜伦的行动中与德斯坦分担责任，107，109

受伤回家，112

1780 年，拒绝担任海峡舰队的总指挥，157

在豪的手下服役，227

俘获前往东印度群岛的法国护航队，227

1782 年，位于圣基茨岛的巴斯特尔周围的行动，196—205

锚地的特点，199

战斗顺序的定义，93，200

1776 年 10 月 11 日，瓦尔库尔岛海军战役，19—23

1776 年 6 月 28 日，查尔斯顿港战役，33

1778 年 8 月 10 日和 11 日，德斯坦与豪之战，73—75

1778 年 7 月 27 日，韦桑岛战役，84—91

1778 年 12 月 15 日，圣卢西亚，巴林顿与德斯坦之战，102—104

1779 年 7 月 6 日，格林纳达，拜伦与德斯坦之战，105—112

德·兰加拉与罗德尼之战。